AF357517

MAISON

RUSTIQUE,

POUR SERVIR

A L'ÉDUCATION DE LA JEUNESSE,

OU

RETOUR EN FRANCE

D'UNE FAMILLE ÉMIGRÉE;

OUVRAGE où l'on trouve toutes les instructions nécessaires pour bâtir une maison de campagne, pour la meubler, pour y établir une chapelle, une bibliothèque, un laboratoire, un cabinet d'histoire naturelle, un jardin de plantes usuelles, etc.; et tous les détails relatifs à la bâtisse d'une ferme, à l'économie domestique et à tous les genres de culture.

> *Tout ce que nous voulons au-delà de ce que la nature peut nous donner, est peine, et rien n'est plaisir que ce qu'elle nous offre.* BUFFON.

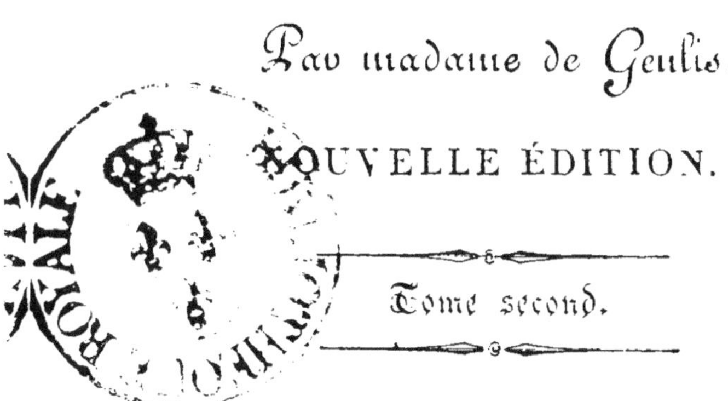

Par madame de Genlis.

NOUVELLE ÉDITION.

Tome second.

PARIS,

LECOINTE ET DUREY, LIBRAIRES,

QUAI DES AUGUSTINS, nº 49.

1826.

MAISON RUSTIQUE.

II.

Imprimerie de DANICOURT-HUET, à Orléans.

MAISON

RUSTIQUE,

POUR SERVIR

A L'ÉDUCATION DE LA JEUNESSE,

OU

RETOUR EN FRANCE

D'UNE FAMILLE ÉMIGRÉE;

OUVRAGE où l'on trouve toutes les instructions nécessaires pour bâtir une maison de campagne, pour la meubler, pour y établir une chapelle, une bibliothèque, un laboratoire, un cabinet d'histoire naturelle, un jardin de plantes usuelles, etc.; et tous les détails relatifs à la bâtisse d'une ferme, à l'économie domestique et à tous les genres de culture.

Tout ce que nous voulons au-delà de ce que la nature peut nous donner, est peine, et rien n'est plaisir que ce qu'elle nous offre. BUFFON.

Par madame de Genlis.

NOUVELLE ÉDITION.

Tome second.

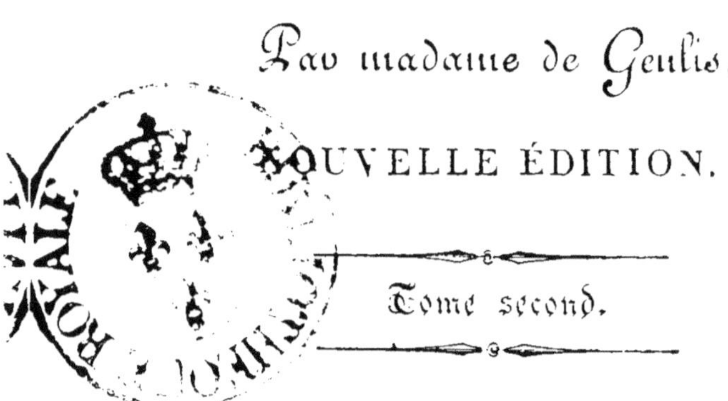

PARIS,

LECOINTE ET DUREY, LIBRAIRES,

QUAI DES AUGUSTINS, n° 49.

1826.

NOUVELLE

MAISON RUSTIQUE,

POUR SERVIR

A L'ÉDUCATION DE LA JEUNESSE.

CHAPITRE PREMIER.

Des volailles.

On donne le nom général de *volailles* aux gros oiseaux domestiques que l'on élève dans des basses-cours et autour des demeures : ce sont ordinairement les poules, les canards, les oies, les dindes et les pigeons. On connoît onze espèces de poules, sans les variétés. Les jeunes poules se reconnoissent à la crête et aux pattes, qui sont lisses et douces au toucher. Le caractère le plus distinctif est l'arrangement des plumes près l'anus. Dans les jeunes, cette partie se termine en pointe, et, à mesure qu'elles pondent et qu'elles vieillissent, la masse des plumes s'écarte et présente une forme presque carrée. On doit écarter de la basse-cour toutes les poules dont les ergots s'allongent, ou qui chantent à la manière des coqs, parce qu'elles sont farouches et troublent l'ordre. Ces animaux aiment toute espèce de grains, si on en excepte les vesces sauvages. En général, les poules ne sont pas difficiles sur le choix des alimens. Une bonne ménagère doit régler la quantité de ses volailles sur les provisions dont elle pourra disposer ; car un petit nombre de poules bien nourries rendra beaucoup plus que si le nombre étoit double et les provisions rares. Le poulailler doit être tenu dans une propreté scrupuleuse si on veut y donner à manger aux poules : la fermentation des ordures, leur corruption, engendrent des odeurs qui les dégoûtent, et qui sont le germe des maladies qui attaquent la volaille. Dans la supposition d'un poulailler tenu proprement, le repas donné dans son intérieur est infiniment économique, parce que rien ne se perd, et que les autres animaux n'enlèvent point aux poules leur subsistance. Le plus léger dérangement contrarie ces animaux ; et, comme depuis sept heures du matin les poules s'occupent de pondre, il est indispensable que leur repas soit matinal et ne varie pas. Il faut que ce soit la même personne qui ait soin de leur donner à manger, de changer la paille des nids, de balayer le poulailler, de nettoyer les bâtons du juchoir. De cette manière, les poules n'iront pas pondre hors de leur demeure, elles ne s'effraieront pas lorsqu'on y entrera, et ne dérangeront pas leur ponte. Le reste de la journée, elles vont chercher leur nourriture en insectes et en grains ; c'est à elles à y pourvoir, et on n'a pas besoin de s'en mettre en peine. Les poules qui se disposent à couver pondent chaque jour, et même quelquefois deux œufs par jour : le moment où elles cessent de pondre pronostique celui du couvage. Un second caractère l'indique encore, c'est leur manière de glousser continuellement, ce qui diffère de leur chant ordinaire. Mais toutes les poules qui désirent couver n'y sont pas propres. Les jeunes poules ne valent rien pour cette œuvre ; celles qui sont farouches, ou qui ont des ergots comme les coqs, ne valent pas mieux : il faut des poules paisibles et fortes ; il faut aussi qu'elles aient au moins deux ans : celles qui en auront trois ou quatre vaudront encore mieux. On doit, à mesure que les poussins naissent, les laisser sous la mère un jour ou deux, en attendant que toute la couvée soit éclose. Si au vingtième jour tous les œufs ne sont point ouverts ou éclatés en quelque partie, il faut les jeter. Le temps de l'incubation fini, on sort les poussins du nid, on les loge avec la mère dans un grand panier. Ce panier doit être garni d'étoupes, pour qu'ils n'aient pas de froid ; ensuite on les accoutume peu à peu à l'air ; on les parfume avec du romarin et de la lavande. Au bout de sept ou huit jours, on les met sous une cage à clairière, afin qu'ils puissent entrer et sortir à volonté, et se réchauffer sous la mère, qui ne sort pas de la cage. Cette cage sera sous un hangar ou bâtiment, parce que le duvet de ces animaux n'est pas capable de les garantir du plus léger froid. Le millet cru est alors la nourriture qui leur convient le plus après l'orge et le froment, qu'il faut faire bouillir. Les miettes de pain trempées dans du vin leur donnent du courage et de la force. Si on voit qu'ils ne mangent pas de bon appétit, on peut avoir recours aux miettes de pain trempées dans du lait ou dans le caillé. Les jaunes d'œufs durcis et émiettés ne leur sont utiles qu'autant que ces petits animaux sont relâchés. Dans les pays septentrionaux on substitue au millet les criblures de froment ou d'orge bouillie, ou miettes de pain; enfin, si on veut élever avec succès des poulets, à compter du moment où ils sont éclos, on ne doit jamais perdre de vue ces maximes: 1º un lieu chaud et exempt de toute espèce d'humidité; 2º propreté la plus scrupuleuse; 3º nourriture appropriée, abondante et sans cesse renouvelée : il en est ainsi de l'eau; 4º mettre les poussins au soleil, autant que les circonstances le permettront; et s'il est trop actif, couvrir le haut de la cage avec un linge, une planche, etc., afin de les mettre à l'ombre sans les priver de la chaleur.

Les maladies des volailles sont la pépie; la disette ou la malpropreté de l'eau en est souvent la cause : la maladie du croupion; c'est une petite tumeur enflammée, qui survient et se place à l'extrémité du croupion : le cours de ventre ; il est occasionné par une trop grande quantité de nourriture sèche et échauffante : l'ophtalmie, ou inflammation des yeux.

La mue est un état maladif commun à tous les oiseaux ; ce sont ordinairement les poulets qui en sont attaqués quand ils sont jeunes.

Les jeunes volailles ont encore une maladie qu'on peut comparer à la dentition des enfans ; c'est lorsque les plumes de la queue commencent à pousser. Dans ce cas, il faut préserver les jeunes poulets de l'humidité, les bien nourrir, les tenir chaudement, et ne pas laisser la mère avec eux.

Il ne faut pas, dans un ménage rustique, négliger l'éducation des canards : non-seulement ces animaux sont d'un très-grand produit, parce qu'ils multiplient beaucoup, mais, parmi tous les autres, ils sont ceux qui exigent le moins de soin, même dans leur premier âge ; le moindre bourbier leur suffit.

Mais si on a une eau courante, claire, et dans laquelle l'animal puisse nager, sa chair sera plus délicate, et il grossira beaucoup plus. C'est depuis le commencement de mars jusqu'à la fin de mai, que la ponte a lieu. Le temps de la couvée est de vingt-neuf à trente jours. Si la canne est trop bien nourrie, elle couve mal ; il faut, dans ce cas, confier ses œufs à une poule ou à une dinde, alors on sera assuré de la couvée ; lorsque la canne couve, il faut tenir près d'elle une nourriture convenable.

Tous les alimens sont propres à cette volaille : grains, légumes, herbages, rebuts de
cuisine, chairs, boyaux, son, recoupe de
farine, etc. La nourriture des cannetons, pendant les premiers jours, doit être du pain
émietté et imbibé d'eau ; on en prépare peu
à la fois, parce qu'il aigrit facilement ; quelques jours après, il convient d'y ajouter des
herbes potagères, cuites ou hachées. Lorsqu'ils sont un peu forts, du son mouillé et
des herbes crues ou hachées suffisent ; enfin,
du son et des criblures qui restent après que
les grains sont vannés. Sous tous les rapports,
il y a plus d'avantage à confier les œufs à une
poule qu'à une canne. Dès que les petits sont
éclos, la canne va à l'eau, les petits la suivent,
et l'impression froide de l'eau en fait périr
beaucoup ; au lieu que, conduits par une
poule, les cannetons ne quittent cette mère
adoptive que lorsqu'ils sont un peu forts :
la mue du canard arrive au temps de la
couvée, et celle de la canne lorsque ses
petits sont en état de se passer de ses soins.

Les propriétaires d'un grand nombre de
canards et de cannes trouvent dans leurs
plumes un bénéfice assuré ; ils les plument
de la même manière que les oies.

On peut facilement tirer parti des œufs
des cannes sauvages ; quand on en a trouvé,
on peut les confier, comme ceux des cannes
de basse-cour, à une poule ; ils restent alors
dans l'esclavage, comme les canards domestiques, surtout si on a eu soin de leur cou-

per le fouet, c'est-à-dire la petite extrémité d'une des deux ailes. Sans cette précaution, ils s'envoleroient avec les canards
sauvages, qui séjournent habituellement dans
le pays où ils passent. Si l'on nous demande
quel avantage on retire d'élever des oies dans
une ferme, nous répondrons qu'il n'y a nul
profit à élever quelques oies, mais qu'un
grand nombre dédommage amplement de la
dépense occasionnée par le guide qu'on leur
donne lorsqu'elles vont paître. Au surplus,
il faut consacrer aux pâturages des oies des
portions de terrains où nul autre animal ne
trouve de subsistance que ces animaux. On
nomme *oies* les femelles, *jars* les mâles, et
oisons les petits. Quant au bénéfice qu'on
retire des oies, on vend les grandes plumes
de leurs ailes et leur duvet (1). L'animal
jeune et engraissé est un assez bon manger ;
on sale la chair ; ainsi rien n'est perdu dans
l'oie. L'oie pond quinze, seize, dix-sept
œufs, et couve vingt-sept à trente jours ;
elle est bonne couveuse, pourvu qu'elle soit
tenue chaudement, qu'on ne l'interrompe
pas, et qu'elle ait à portée de son nid de
l'eau et du grain ; elle ne mange pas beau-

(1) On fait avec le duvet des oies des couvre-
pieds presqu'aussi légers et aussi chauds que ceux
qu'on appelle *édredon*. M. Cartier, aubergiste à
Villers-Coterets, en fait un petit commerce, et
les vend à très-bon marché.

Le véritable édredon est fait avec le duvet de
l'*eider*, ou canard d'Islande.

coup tout le temps de l'incubation. Quand des œufs éclosent avant les autres, ce qui arrive souvent, il faut tirer les petits de dessous la mère, afin qu'elle n'abandonne pas le reste de la couvée ; on prépare aux nouveau-nés une nourriture faite avec de l'orge gruée, trempée dans du lait, ou du lait caillé ; le son peut la suppléer : si le soleil est chaud, on laisse sortir la mère pendant quelques heures ; si le temps est froid, il faut les enfermer dans l'endroit où ils sont habitués à vivre et à prendre leur nourriture.

Ces animaux sont sujets à deux maladies : la première est une diarrhée qui devient souvent épizootique. On leur fait prendre avec succès du vin chaud dans lequel on a fait cuire des pelures de coings, ou gros comme une noisette de thériaque, ou de glands de chêne. La seconde ressemble à un vertige qui les fait tourner pendant quelque temps sur eux-mêmes, ils tombent et meurent ; c'est à peu près la même maladie que celle du mouton. Dans ce cas, il faut les secourir promptement ; c'est l'effet du sang qui leur porte à la tête. On saigne l'animal avec une épingle, une aiguille, etc., en perçant une veine assez apparente, située sous la peau qui sépare leurs ongles.

Les dindes ou dindons sont, dans une ferme, encore un objet de considération ; elles aiment la solitude : c'est pourquoi il faut établir près de leur demeure des cases ou

cachettes où elles puissent déposer leurs
œufs ; les séparer des mâles tout le temps
de leur ponte ; et comme elles aiment à
courir aussitôt qu'elles en trouvent l'occa-
sion, il faut les empêcher de sortir, afin
qu'elles ne perdent pas leurs œufs. On connoît que la femelle veut couver, lorsqu'elle
reste sur son nid plus d'une demi-heure de
suite, et qu'elle ne le quitte plus ; une dinde
peut couver jusqu'à vingt et un ou vingt-trois
œufs de son espèce, et jusqu'à trente et un
œufs de poule ; l'incubation dure depuis trente
jusqu'à trente et un et trente-deux jours ; pendant tout ce temps, la femelle ne quitte pas
ses œufs, elle y mourroit plutôt que de les
quitter. Le premier âge des dindonneaux est
extrèmement critique, et il en périt beaucoup ; le froid, l'humidité et le grand soleil
leur sont infiniment contraires ; une assez
longue privation d'alimens leur est funeste.
Comme ils ne savent pas becqueter et prendre
leur nourriture ainsi que le petit poulet quand
il sort de l'œuf, il faut absolument donner à
manger aux dindonneaux, en leur ouvrant
le bec qu'on remplit de pâtée. Pour première
nourriture, on leur donne un mélange d'œufs
cuits, de mie de pain et d'orties, le tout
haché très-menu. On supprime peu à peu les
œufs ; les orties cuites, ou d'autres herbages
mêlés avec du son ou de la farine quelconque, suffisent ensuite ; l'orge, le millet
et autres grains semblables leur apprennent
à becqueter et à acquérir ce coup-d'œil si

juste, que dans la suite ils enlèvent le plus petit grain de terre sans la toucher. Enfin, on ne sauroit leur donner à manger trop souvent et les tenir dans un lieu trop sec : si le temps est beau, il est prudent de les conduire dehors avec leur mère ; mais si le soleil est très-chaud, on les met à l'ombre de manière qu'ils participent de la chaleur : si on couvre la terre d'un peu de sable sec, les petits dindonneaux se rouleront dedans et y joueront avec le plus grand plaisir. Quand ils piaulent, c'est un signe certain que la faim les presse ; leur estomac est si chaud, que la digestion des alimens est faite dans une demi-heure, et moins ils attendront la nourriture, et plus ils prospéreront. Quand on s'aperçoit qu'ils ne mangent pas avec la même avidité, quelques gouttes de vin données à propos les rétablissent. Rien de plus aisé que d'engraisser en peu de temps ces oiseaux, au moyen de boulettes de pommes - de - terre, de farine d'orge, de maïs, de sarrazin et autres grains trempés dans du lait ; enfin, les apprêts les plus recherchés sont des œufs cuits, hachés et mêlés avec une de ces farines ; les châtaignes cuites et pelées leur conviennent infiniment.

On peuple un colombier en y mettant des jeunes pigeons des premières couvées de l'année précédente, en les y tenant enfermés, en leur donnant à manger et à boire de l'eau qu'on renouvellera très-exactement : ces pigeons, bien nourris, tenus proprement, ne tarderont pas à entrer en amour; dès qu'on s'aperçoit qu'ils commencent à avoir des œufs éclos, on ouvre alors la trappe, et le mâle ou la femelle, entraînés par leur première éducation, vont dans les champs chercher la nourriture pour leurs petits; on continue encore pendant quelque temps à leur donner du grain, qu'on diminue peu à peu, et l'on cesse tout-à-fait après l'incubation de la seconde ponte; il convient néanmoins de choisir les premières couvées destinées à peupler les colombiers, à une distance de trois lieues au moins, afin que la proximité et la vue de l'endroit où ils sont nés ne leur donne pas envie d'y retourner. Dans les champs, les pigeons se nourrissent de la graine de toutes les plantes à fleurs en croix et à fleurs papilionacées et sauvages, ainsi que de celles de la nombreuse famille des graminées : il est constant qu'ils préfèrent le froment, le seigle, l'orge et l'avoine, le maïs, le sarrazin, et surtout les vesces.

Mais dans le temps des neiges, dans les grandes pluies, pendant lesquelles ces oiseaux ne sortent pas, il faut leur donner à manger au colombier. On doit surtout les nourrir aux deux époques des semailles, afin que ces animaux ne nuisent pas aux dépôts précieux confiés à la terre; il faut encore les renfermer aux approches de la récolte, surtout si les grains sont versés, parce qu'alors le ravage qu'y font les pigeons est très-préjudiciable.

Outre la nourriture qu'il faut leur donner,

à ces différentes époques, il faut apporter un
soin extrême à retirer la colombine ou fumier,
dont l'odeur forte fait déserter les pigeons ;
il faut que ce soit toujours la même personne
qui leur porte à manger, et que l'heure ne
varie pas ; de cette manière l'animal n'est pas
effarouché, il ne sort pas brusquement de
dessus ses œufs, de dessus ses petits, et ne les
précipite pas brusquement en sortant du bou-
lin. On doit renouveler l'eau tous les jours,
quand on est éloigné des ruisseaux, fontaines
ou rivières : outre ces précautions indispen-
sables, on peut avec succès mettre dans les
colombiers des pains de sel ou de nitre, que
les pigeons aiment beaucoup, ce qui ne contribue pas peu à les fixer dans le colombier et à
prévenir leurs maladies. Ces pains se font
avec de l'argile, des vesces et du sel pétris
ensemble, et séchés au soleil ou dans le four,
après que le pain en est retiré.

Il y a quelque différence entre les pigeons
de volière et les bisets dont nous venons de
parler ; ces derniers couvent communément
vingt et un jours, et c'est ordinairement vers le
quarante-cinquième que la femelle pond de
nouveau ; celle du pigeon de volière ne met
que quarante jours d'une ponte à l'autre ; elle
passe la nuit sur ses œufs, et y reste jusqu'à
dix ou onze heures du matin ; alors le mâle
prend sa place et y reste jusqu'à nuit close.
Ces pigeons, si on les laisse libres, ne s'écar-
tent guère de la métairie ; mais ils pondent
moins souvent que lorsqu'ils sont captifs ; d'ail-

leurs ils sont habitués à l'esclavage, et ne sentent nullement le prix de la liberté ; ils engraissent, grossissent et reproduisent plus vite que lorsqu'ils voltigent dans les cours. Il faut qu'ils aient abondance de nourriture, de l'eau fraîche, changée au moins tous les deux jours en été ; leur volière doit être nettoyée souvent, ainsi que leurs boulins ; quand on ne les laisse pas en liberté, il faut, pour qu'ils puissent prendre l'air et se chauffer au soleil, établir en avant de la volière une cage en fil-de-fer, proportionnée à la quantité de pigeons qu'on y renferme. L'hiver, on intercepte le passage de la volière à la cage, par une trappe ; par ce moyen ils peuvent braver la rigueur des hivers. Pendant la gelée on veille à ce que leur eau ne gèle point, et on leur en porte deux fois le jour. Dans la belle saison, on place au milieu de la volière des terrines plates remplies, où les pigeons vont se baigner.

CHAPITRE II.

Des animaux destructeurs.

Les animaux destructeurs sont les taupes, les rats, les loirs, les fouines, les belettes, les loutres, les renards, les loups, les charancons, et les insectes de tous genres. On parvient à détruire les taupes en les veillant

pendant la journée, en approchant très-dou-
cement et sans bruit des sillons qu'elles tra-
cent ; aussitôt qu'on aperçoit la terre remuer,
on enlève avec une bêche la terre qui remue
à trois pouces en arrière, de manière qu'on
tire l'animal, qui n'a plus aucun moyen d'é-
chapper à la mort, quand il est sorti des
routes qu'il s'est frayées sous terre. Il y a des
hommes tellement adroits à les détruire par
ce moyen, qu'il est très-rare qu'il leur en
échappe. Les économes proposent, pour détruire les taupes dans leur retraite, d'y jeter
des noix entamées par un côté, et qu'on aura
fait bouillir dans une forte lessive ; dès que
la taupe a mangé de ces noix elle périt ; mais
ce moyen est lent, et il seroit difficile de
l'exécuter dans un champ un peu vaste. Les
rats nuisent aux fruits qu'ils dévorent, ainsi
qu'aux blés et autres grains farineux ; les mulots font beaucoup de mal dans les prairies,
dans les terres, où ils creusent une multitude
de souterrains ; les souris infestent les maisons, les granges, les champs même ; elles y
rongent tout ce qu'elles y trouvent ; les rats
dévastent encore les colombiers, et mangent
les pigeons qui sont dans le nid. On préserve
les colombiers en cherchant scrupuleusement
les ouvertures, pour les boucher exactement
avec des feuilles de fer-blanc, ou de maçon-
nerie bien solide ; on les empêche encore d'y
grimper, en établissant une saillie en pierre
de six pouces de largeur, qui doit régner à
l'extérieur. On ne doit point employer, pour

détruire les rats, les mélanges d'arsenic
avec de la farine; il en résulte des inconvéniens plus à craindre que les animaux qu'on
a le dessein de détruire; souvent les enfans,
les grandes personnes mêmes, deviennent
victimes de cette imprudence. L'expérience
prouve que la noix vomique est un poison décidé pour tous les quadrupèdes; c'est donc le
cas de s'en servir : les gros rats aiment singulièrement les raisins de carême; on choisit
les grains les plus fins, on les ouvre par le
milieu, on saupoudre l'intérieur de noix vomique réduite en poudre aussi fine que la farine; ces grains, ainsi préparés, sont placés
dans tous les endroits les plus fréquentés par
les rats; on s'aperçoit bientôt, par les débris
de leurs pellicules, que ces grains ont été
mangés sur place; si on ne les retrouve pas,
c'est une preuve que les rats les ont emportés
dans leur retraite. On renouvelle ces grains
tant que ces animaux ne sont pas détruits; on
peut encore mêler la noix vomique, réduite
en poudre, avec de la farine, et exposer ce
mélange dans des cartes; mais il faut le renouveler tous les huit jours, parce qu'au bout
de ce temps les rats n'en veulent plus. Les mulots et les souris qui causent des dégâts dans
un champ sont très-difficiles à détruire; on
n'y parvient qu'avec peine par des labours
fréquens; d'ailleurs, on ne fait que les éloigner
de son champ pour en infester les voisins;
l'écobuage les éloigne également, mais tout
cela est insuffisant. J'ai vu employer avec suc-

cès des pots vernissés qu'on enterroit au niveau du sol, et dans lesquels on mettoit un
peu de farine; les animaux s'y plongeoient et
ne pouvoient plus en sortir; c'est peut-être le
seul expédient qui ait eu quelque succès pour
prévenir les grands dégâts que font ces animaux dans les champs semés en blés et dans
les prairies.

Moyens mécaniques.

Ceux qu'on emploie le plus communément
sont les piéges; il y en a de différentes sortes;
on ne citera que les deux suivans : l'un est le
quatre-de-chiffre ; tout le monde sait comment on le fait, comment on le place ; de petits brins de bois, un peu de lard ou de pain
grillé qu'on fixe sur l'un d'eux, une tuile ou
une pierre, voilà tout l'appareil. L'autre est
plus simple encore, parce que l'appât fait
partie du piége. On casse au tiers la coquille
d'une noix sans détacher la noix, on met la
partie de la coquille qui reste, sous le bord
d'un pot renversé, de manière que la noix soit
en-dedans; le rat ou le mulot, pour la manger, la tire à lui, et se prend sous le vase.

Des limaçons, fouines, belettes, etc.

Quand l'automne est un peu chaud, que
les blés sont sortis de terre, enfin, lorsque
les froids ne surviennent pas de bonne heure,
ces insectes se multiplient à un tel point

qu'ils dévorent tous les blés et laissent la terre nue, et on est obligé de resemer. Dans ce cas, on a conseillé de conduire la volaille sur les champs; cet avis n'est pas mauvais, quand les champs sont près de la métairie, et lorsqu'ils ne sont pas vastes; mais, dans tous les cas, il est préférable, lorsqu'un champ est dévasté par les limaces, de lui donner un fort labour, qui enterre ces animaux et les fait périr; il reste au moins la ressource de semer, dans le temps, des blés marsais. Les belettes commettent les mêmes dégâts que les fouines; elles cassent les œufs, les sucent avec avidité; d'un coup de dent à la tête, elles tuent les petits poussins et les pigeonneaux, les transportent les uns après les autres dans leur retraite. Dès qu'on s'aperçoit des ravages qu'elles occasionnent, on doit multiplier les piéges; tels sont les quatre-de-chiffre et les traquenards; un œuf doit servir d'appât, et c'est le plus sûr et le meilleur. La loutre vit assez long-temps dans l'eau, mais elle est obligée de revenir respirer à la surface, ce qui fait dire à Valmont de Bomare que la loutre n'est point amphibie; on la chasse avec des chiens, des fourches, des fusils, des filets, selon la situation des lieux et des eaux qui lui servent de retraite; on la chasse, tant pour s'en défaire que pour avoir sa fourrure.

Les renards sont des animaux carnivores, qui, au défaut de poules et de lapins, mangent avec avidité les rats, les souris, les

mulots. Si donc il est avantageux pour les basses-cours de détruire les renards, qui y portent
la désolation et la mort, il est peut-être infiniment dangereux d'en détruire l'espèce.
L'expérience a prouvé que dans les cantons
où il n'y a plus de renards, les mulots s'é-
toient multipliés au point qu'ils abîmoient
les prairies et les récoltes : il en seroit de
même si on détruisoit tous les corbeaux ; les
hannetons et d'autres insectes dévasteroient
toutes les productions. La nature n'a rien fait
en vain. On se garantit du renard, en ten-
dant des piéges, ou traquenards, avec une
préparation qui sert à les amorcer ; ce procédé consiste à fricasser des morceaux de
pain dans de la graisse de porc, la plus fraîche possible, un oignon blanc, gros comme
une demi-fève de camphre, deux cuillerées
de miel, qu'on met sur le pain après qu'il
est préparé. On ne doit tendre le traquenard
qu'avec des gants, et une graisse préparée
avec du camphre, une poignée de bois de
morelle ou de douce-amère, du suc de fiente
de cheval, de l'iris de Florence, gros comme
une coquille de noix, un oignon blanc, un
quart de livre de graisse d'oie ou de canard,
le tout bouilli ensemble, passé dans un linge
fin et mis dans un pot de terre neuf, bien
bouché ; la plus vieille est la meilleure : sans
ces précautions, le renard, qui est très-fin,
évite d'approcher du piége, parce qu'il reconnoît à l'odorat la transpiration de l'homme.
On l'amorce encore avec des traînées de vian-

des corrompues, qu'on conduit depuis le bord
du bois jusqu'aux traquenards , que l'on
couvre avec de l'herbe ou quelques brins de
paille légère ; ce moyen est infaillible. Les
dévastations des loups sont malheureusement
trop communes; la chasse du loup est difficile, et n'est pas un moyen prompt pour
les détruire ; il faut avoir recours aux piéges; le plus sûr est le traquenard. Avant de
le tendre , on traîne un animal mort dans
une plaine que les loups ont coutume de tra-
verser. On reconnoît aisément si un loup s'est
approché du piége, par les traces que ses pas
laissent sur la terre qu'on a égalée avec le
râteau. Cet animal est tellement défiant, qu'il
rôde plusieurs nuits autour de cet appât avant
d'en approcher ; il faut le laisser s'y rendre
plusieurs fois ; alors on tend plusieurs piéges
autour, et on les couvre de trois pouces de
terre pour lui en dérober la connoissance ;
l'habitude lui fait perdre la défiance , et lui
donne une sécurité qui le trahit. Un autre
moyen de diminuer les loups dans les cantons où ils sont communs , est de prendre
un chien, d'incruster dans différens endroits
de sa chair des noix vomiques râpées fraîchement, de recoudre les plaies ou les couvrir de graisse , de mettre ces animaux dans
le fumier pour hâter la corruption et leur faire
perdre l'odeur et l'attouchement de l'homme;
on suspend ensuite ces animaux à des arbres ,
à la hauteur où les loups peuvent atteindre ,
et dans l'endroit qu'ils habitent le plus sou-

vent. A peine en ont-ils dévoré quelques lam-
beaux , qu'ils ont en eux une mort certaine
et prompte.

L'insecte appelé charançon est un petit sea-
rabée , d'une ligne et demie environ de longueur , sur une demi-ligne de largeur ; celui
qui attaque les grains est communément noir,
quoiqu'il soit couleur de paille au sortir de
sa dépouille de chrysalide ; il brunit et noircit à mesure qu'il vieillit ; le genre des charançons renferme un très-grand nombre d'espèces ; la plus redoutable est celle qui attaque
les grains. C'est dans les tas de blé qu'on
trouve ordinairement ces petits insectes , à
quelques pouces de profondeur , et non pas
à la surface , à moins qu'on ne les ait troublés dans leur retraite , et qu'ils cherchent
à s'enfuir : en observant un monceau de blé ,
on ne peut guère reconnoître , à la seule inspection des grains, quels sont ceux qui sont
attaqués par ces insectes , parce qu'ils rongent toujours au milieu du grain, en épar-
gnant l'enveloppe , de sorte que les grains
dans lesquels ils sont logés ont la même forme,
la même apparence ; ils paroissent enfin aussi
gros, aussi pleins que ceux qui ne sont point
attaqués. On peut connoître au poids les grains
dont l'intérieur a été rongé par les charançons. On sait combien doit peser une mesure de blé , à une ou deux livres près ; lorsqu'il y a une différence considérable pour
le poids, c'est-à-dire qu'il est moindre qu'il
ne devroit être , c'est une marque certaine

que les charançons ont dévoré la substance farineuse des grains, à moins que le blé ne soit d'une si mauvaise qualité que les grains soient ridés. Tout cela est aisé à connoître à la vue et au maniement : la marque la moins équivoque, c'est lorsqu'on jette plusieurs poignées de grains dans l'eau. Ceux qui paroissent beaucoup, et qui surnagent, annoncent qu'ils ont perdu une partie de leur substance farineuse par les dégâts du charançon. Le moyen le plus sûr, le moins coûteux, et conséquemment celui qui convient le mieux aux agriculteurs, est celui que propose Lottinger, médecin de Sarrebourg. « Il faut, dit cet homme instruit, lorsqu'on s'aperçoit, au retour du printemps, que les charançons sont répandus dans les monceaux de blé qui ont passé l'hiver dans les greniers, en former un petit tas de cinq ou six mesures, qu'on place à une distance convenable du tas principal : on remue alors avec la pelle le blé du principal monceau où ces insectes sont établis. Les charançons, qui aiment singulièrement la tranquillité, étant troublés par ce mouvement dans leur asile, cherchent à fuir pour s'échapper du danger qui les menace : voyant un autre tas de blé à côté de celui dont on les force de déloger, ils courent s'y réfugier, espérant qu'on ne les inquiétera point dans cette retraite. Il est rare qu'ils cherchent les murs pour se sauver, quand ils voient un monceau de blé à leur portée, qui leur offre un asile pour se retirer. Cependant, s'il y en a qui cherchent les murs pour échapper à la mort qui les attend, les personnes qui veillent à leur fuite ont soin de les rassembler avec un balai qu'elles doivent avoir à la main, vers le tas où les autres se retirent, ou de les écraser avec le pied : cela est d'autant plus facile que cet insecte ne bouge plus, et qu'il contrefait le mort dès qu'on le touche. On peut le conduire où l'on veut avec le balai, sans craindre qu'il cherche à fuir : il ne se réveille de son état de mort apparent pour se sauver, que quand on ne l'inquiète plus, et qu'il s'aperçoit qu'on ne songe plus à lui ; si on l'a ramené près du petit monceau mis en réserve, il cherchera tout de suite à y entrer et à s'y enfoncer dès qu'on ne l'inquiétera plus avec le balai. On jette ensuite le tas de blé où sont réunis les charançons dans de l'eau bouillante, ou, si on n'a pas de vases assez grands, on verse l'eau bouillante sur le blé, qu'on remue avec la pelle ; les charançons se trouvent étouffés ou meurent brûlés. On fait sécher le blé, et on le passe au crible pour le purger des charançons morts. Voici la liste des autres insectes destructeurs : la blatte, la cantharide, le charançon-rouleur, la courtillière, ou taupe-grillon, le gribouri, le hanneton, la galle-insecte, la fausse-teigne, la fourmi, les pucerons et les mouches. Il y a plusieurs espèces de blattes ; mais nous ne parlerons que de la blatte des cuisines et des greniers, qui est la même. Ces insectes se rassemblent au-

tour des cheminées et des fours : leur larve
ou ver se nourrit de farine, de pâte, et fait
beaucoup de dégâts, ce qui la fait nommer,
dans beaucoup d'endroits, le pannetier. On
doit s'occuper de détruire ces animaux vo-
races, en bouchant tous les repaires, en blan-
chissant les murs à la chaux vive. En parlant des cantharides, nous ne proposons point
de détruire ces insectes, qu'on trouve ordinairement sur les frênes, sur l'ormeau et sur
les troënes ; on doit seulement veiller à ce
qu'il n'y en ait point sur les feuillées qu'on
donne l'hiver aux animaux. Il est intéressant
qu'un cultivateur apporte tous ses soins pour
que ses bestiaux n'en avalent point : leur estomac s'enflamme bientôt, la suppression d'u-
rine, le pissement de sang, des tiraillemens,
des tensions, surtout dans le bas-ventre. Le
camphre est le vrai contre-poison ; mais il ne
faut pas négliger les boissons acidulées, les
boissons mucilagineuses, faites avec la graine
de lin ou avec les feuilles de mauve, de guimauve, etc. Si l'inflammation, si le pissement de sang sont bien caractérisés , il faut
saigner et donner des bains, si l'eau n'est pas
trop froide. L'insecte qu'on nomme courtillière, ou taupe-grillon, est un animal hideux
et des plus singuliers; il est de la longueur
du doigt, d'un gris obscur, doux au toucher ; il a la tête petite, allongée ; ses pattes
antérieures sont grosses, aplaties ; ses jambes sont très-larges, et se terminent par quatre grosses griffes en scie ; il se nourrit de

froment, d'orge , d'avoine. Cet insecte est le
fléeau des jardins ; il coupe et ronge les racines ; il est d'autant plus dangereux qu'on
ne s'aperçoit souvent de ses ravages que
lorsqu'il n'est plus temps d'y remédier. Le
meilleur moyen pour détruire ces insectes
est de mettre plein un verre d'huile de che-
nevis ou de térébenthine dans un arrosoir
rempli d'eau : on arrose ensuite leur trou
à la manière ordinaire ; aussitôt ces insectes redoutables fuient de leur retraite, font
quelques pas lentement, noircissent et meurent , attendu que leur respiration est in-
terceptée sur-le-champ, ce qui les suffoque.
Le gribouri est un des ennemis les plus
dangereux de la vigne ; il est de la couleur
et de la figure d'un hanneton. Le moyen
de prévenir le ravage de ces animaux est
de semer des fèves en quantité dans plusieurs endroits du vignoble : ils quittent très-
souvent la vigne pour ce nouveau feuillage,
qu'il est facile de multiplier en peu de temps ;
on enlève à propos ce feuillage inutile et l'insecte qui y loge, pour brûler le tout au pied
de la vigne. On peut encore mettre du fumier,
les gribouris s'y logent ainsi que bien d'autres
insectes ; on y met le feu à la fin de l'hiver,
et on extermine à coup sûr bien des animaux
malfaisans. Les cendres de ce fumier sont un
engrais presqu'aussi bon que le fumier même.
Parmi les insectes dévastateurs, le hanneton
mérite, plus que tout autre, l'attention des
cultivateurs. On a conseillé, pour détruire ces

insectes, d'enfumer les arbres sur lesquels les hannetons sont perchés : cette opération n'est pas seulement inutile, elle en attire un plus grand nombre le lendemain. Le seul moyen est de secouer l'arbre s'il n'est pas trop gros, ou d'en gauler les branches, et de choisir, pour cette opération, depuis dix heures du matin jusqu'à deux de l'après-midi, par le grand soleil; de rassembler dans un sac tous les hannetons, à mesure qu'ils tombent, et de les jeter au feu ; mais il faut, pour que cette mesure soit salutaire, qu'elle s'exécute dans toute l'étendue du canton, et encore mieux dans toutes les contrées. Cette opération, suivie pendant plusieurs années de suite, en diminueroit singulièrement le nombre; on parviendroit presque à en supprimer l'espèce. On doit, autant que faire se peut, s'occuper de cette destruction aussitôt que les hannetons sortent de terre, afin de prévenir la ponte des femelles. La galle-insecte, moins dangereuse, parce qu'elle n'est pas en si grande quantité, naît et croît sur les arbres, les arbrisseaux, et communément sur les plantes qui passent l'hiver, parce que ces animaux, vivant près d'un an, ont besoin d'y trouver leur nourriture : ils semblent être de petites boules attachées contre une branche ; ils ont été fécondés par une mouche à deux ailes, dont la tête, le corps et le corselet sont d'un rouge foncé. Les jardiniers doivent avoir le plus grand soin d'en purger leurs arbres, sans quoi les galles-insectes épuisent en quelque sorte la sève, ce qui les fait languir et même périr. On parvient à les détruire, en frottant les branches qui en sont attaquées avec un morceau de drap ou avec un morceau de bois fait en forme de couteau. La fausse-teigne est une petite chenille dont le corps est ras et blanchâtre, qui se loge dans un grain : elle a l'adresse d'en lier plusieurs ensemble avec de la soie qu'elle file, et dont elle se forme un tuyau, qui est ordinairement recouvert du son et de la farine que cet insecte a broyés. Quand il se trouve de ces fausses-teignes dans un grenier, on voit tous les grains de la superficie du tas liés les uns aux autres par des fils de soie, ce qui forme une espèce de croûte qui est quelquefois de trois pouces d'épaisseur. On parvient à les détruire en remuant le tas de blé : elles fuient et montent aux murailles; mais elles ne tardent pas à revenir au tas, si on ne les écrase ; aussi, lorsqu'on fait cette opération, on balaie les murs et le plancher très-scrupuleusement, pour jeter les fausses-teignes au feu ou dans l'eau. Passons aux fourmis que l'on rencontre presque partout : pour parvenir à ce but, on a publié une infinité de secrets et de moyens, qui tous sont infructueux. Le seul qui paroisse réussir avantageusement est de placer, dans les environs d'une fourmilière, des feuilles de papier qu'on couvre légèrement de miel; on les voit incessamment couvertes de ces insectes : alors on enlève promptement ces feuilles; dans les prairies , il faut couvrir de paille la fourmilière, en y mettant le feu. Quand il y en a dans un champ qu'on veut ensemencer , il ne faut semer que ce qu'on peut recouvrir de suite avec la herse ; à ce moyen , elles trouvent des obstacles presque insurmontables, qui les empêchent de se réunir et de former des magasins. Les pucerons, quoique très-petits, sont aussi nuisibles ; ils causent des altérations aux plantes , et font souffrir la végétation de celles qui sont délicates. L'essence de térébenthine est la meilleure recette, non-seulement pour détruire les pucerons , mais même tous les insectes. Il seroit difficile, pour ne pas dire impossible, de détruire cette immense quantité de mouches qui incommodent et portent partout la corruption : on est trop heureux de pouvoir s'en préserver. L'homme peut y parvenir, en évitant avec soin d'avoir, dans la partie de la maison qu'il habite , des fruits, des viandes , des sucreries, etc. , en mettant à ses croisées des cadres garnis de canevas ; par ce moyen, l'air pénètre aisément , et les mouches ne peuvent entrer dans les chambres. Ce moyen est le seul qui garantisse de ces insectes : à la vérité , on en fait périr beaucoup avec de l'orpiment délayé dans de l'eau et exposé dans une assiette ; mais il en reste toujours beaucoup plus qu'il n'en faut pour être importuné.

CHAPITRE III.

Des abeilles.

Toutes les abeilles, soit sauvages, soit domestiques, vivent en société, et forment entre elles des espèces de républiques, dont un chef unique dirige tous les individus. L'histoire de cet insecte est véritablement merveilleuse, mais il seroit bien puéril et bien ridicule de placer son admiration sur *une mouche*, sans remonter à la source qui produit les prodiges qu'on va décrire ; car si l'on ne voit pas uniquement, dans ce tableau, la main toute-puissante qui seule fait agir ces insectes, il faudra croire que les abeilles joignent à de grands principes politiques, des connoissances géométriques ; l'esprit de divination de cette science universelle, uniforme, accordée à chaque espèce d'animaux, et qui forme, suivant leur destination, cette multitude infinie de prodiges divers que nous nommons *instincts*, n'est pas seulement un bienfait, il est encore une impulsion irrésistible donnée par la suprême sagesse. Les castors, les abeilles, etc., ne sont que des instrumens qui obéissent aveuglément à des lois générales et souveraines. L'homme créé libre, et avec une âme immortelle, ne devoit point avoir un instinct servile et mécanique : cependant, il en falloit un à cette créature, à la fois si noble et si fragile, à cet être forcé tant de fois, dans ses erreurs et dans ses

foiblesses, d'implorer la miséricorde divine !
Dieu mit au fond de son cœur la pitié ; voilà
son instinct, sentiment sublime qui le distingue de tous les animaux, qui, privés d'âme
et de liberté, ne pouvoient avoir besoin de
pardon.

Ainsi, mes enfans, dans tout ce que je
vais dire, n'admirez que le véritable auteur
de ces merveilles ; c'est Dieu qui les opère,
c'est Dieu qui dirige tout, qui fait tout.

On distingue quatre espèces d'abeilles domestiques : celles de la première espèce sont
grosses, longues et très-brunes ; celles de la
seconde sont moins grosses, leur couleur est
presque noire ; celles de la troisième sont
grises et de moyenne grosseur ; celles de la
quatrième, beaucoup plus petites que les
deux premières, sont d'un jaune aurore, luisant et poli : on les nomme communément *les
petites hollandaises* ou *les petites flaman-
des*, parce qu'elles nous viennent de la Hollande et de la Flandre. Ces dernières abeilles
sont les plus laborieuses et les meilleures;
après celles-là, on préfère la seconde espèce.
Celles, au contraire, des première et troisième espèces, sont presque toujours sauvages,
farouches et pillardes.

Dans chaque espèce d'abeilles on distingue des individus de trois genres ; la reine,
qui est la seule femelle d'un essaim ; les
faux-bourdons (1), qui sont les mâles, et

______

(1) Ainsi nommés pour les distinguer de ces
bourdons velus qui volent dans la campagne.

les ouvrières, qui n'ont aucun sexe, et qu'on nomme, pour cette raison, *les neutres* ou *mulets*. On ne trouve pas en tout temps des abeilles de ces trois genres dans une ruche; les faux-bourdons, vers la fin de l'été, sont exilés de la ruche, ou massacrés par les abeilles ouvrières; il n'en paroît plus qu'au printemps suivant, après la première ponte de la reine.

Quoiqu'il y ait plusieurs jeunes femelles dans la ruche, après la première ponte de la reine, il n'en est pas moins vrai que la reine, qui est le chef unique de l'état, en est aussi la seule femelle, parce que les jeunes ne pondent point dans le lieu de leur naissance; elles attendent le départ des essaims pour se mettre à leur tête, et aller fonder quelque établissement hors de leur domicile. Celles qui ne sont point choisies pour conduire les colonies sont chassées ou massacrées si elles s'obstinent à vouloir rester dans la ruche, parce que les abeilles ne veulent qu'un chef pour les gouverner.

Les anciens n'ont point connu le sexe du chef de la république des abeilles, auquel ils donnoient le titre de *roi*; mais il est constaté, d'après les expériences de M. de Réaumur, de Swammerdam, etc., que ce chef est une reine.

Il est très-aisé de distinguer la reine, ou mère-abeille, des ouvrières et des faux-bourdons : elle surpasse en longueur et en grosseur les abeilles ouvrières et les faux-bourdons; ses ailes, aussi grandes que les leurs, paroissent plus petites, parce qu'elles n'accompagnent pas le corps dans toute sa longueur. Avec ces ailes disproportionnées, elle ne peut voler qu'avec peine, aussi en fait-elle rarement usage; elle se tient constamment dans la ruche, elle n'en sort que pour voltiger à l'entour quand le temps est beau. Elle est armée d'un aiguillon qui surpasse de beaucoup en grandeur celui d'une abeille ordinaire, mais qui, au lieu d'être droit, est un peu courbé sous le ventre; elle ne s'en sert jamais que lorsqu'elle a été irritée fort long-temps. Ainsi, avec de plus grands moyens de faire du mal, elle est et moins irritable et moins vindicative que ses sujettes; véritable image de la royauté, car la puissance et l'autorité ne méritent la vénération que lorsqu'elles sont réunies à la bonté et à la générosité.

L'abeille commune, ou mouche à miel (en latin *apis*), est un insecte de l'espèce des mouches à quatre ailes; elle est à peu près trois fois aussi grosse que la mouche commune.

Entre les parties extérieures de l'abeille ouvrière, les plus remarquables sont la tête, le corselet ou la poitrine, le corps ou le ventre : à la tête, on remarque deux yeux à réseaux placés sur les côtés, deux antennes, deux dents, serres ou mâchoires, qui jouent en s'ouvrant et se fermant de gauche à droite : ces serres leur servent pour recueillir la cire, la pétrir, en bâtir leurs alvéoles, jeter hors de la ruche ce qui les incommode. Au-dessous de ces deux dents on aperçoit une trompe, machine admirable, formant un canal par lequel le miel est conduit; cette trompe, par ses mouvemens vermiculaires, fait monter le miel dans le gosier. L'abeille a six jambes, dont les deux dernières sont plus longues que les autres, et ont extérieurement dans leur milieu un enfoncement en forme de cuillère, bordé de poils un peu roides, et c'est ce que M. de Réaumur appelle *la palette triangulaire.* C'est dans ces espèces de corbeilles que les mouches ramassent peu à peu les particules de cire brute qu'elles recueillent sur les fleurs. Les extrémités des six pattes se terminent en deux manières de crocs avec lesquels les mouches s'attachent ensemble aux parois de la ruche et les unes aux autres. Du milieu de ces crocs s'élèvent, à leurs quatre jambes postérieures, quatre brosses, dont l'usage est de ramasser la poussière des étamines attachée aux poils de leur corps; ces brosses font l'effet des mains. On observe, sur le corselet et sur les anneaux du corps de l'abeille, de petites ouvertures en forme de bouche, par où l'insecte respire; ce sont ses poumons, on les nomme *stigmates.* Cette partie, d'une structure merveilleuse, leur est commune avec tous les insectes en général.

L'intérieur du ventre consiste en quatre parties : les intestins, la bouteille de miel, celle de venin, et l'aiguillon. Les intestins, comme dans tous les animaux, servent à la digestion de la nourriture. La bouteille de miel, lorsqu'elle est remplie, est grosse comme un petit pois, transparente comme le cristal, et contient le miel que les abeilles vont recueillir sur les fleurs, et dont une partie demeure pour les nourrir. La meilleure est rapportée et dégorgée dans les cellules du magasin, pour nourrir toute la troupe en hiver. La bouteille de venin est à la racine de l'aiguillon, au travers duquel l'abeille en darde quelques gouttes pour les répandre dans la piqûre, lorsqu'elle est irritée. L'aiguillon, situé à l'extrémité du ventre de l'abeille, est long d'environ deux lignes, et pénètre avec une extrême vitesse, par le moyen de certains muscles qui le font mouvoir. Ce petit dard, qui paroît si délié, est un tuyau creux de matière de corne ou d'écaille, qui contient l'aiguillon, composé lui-même de deux aiguillons accollés qui jouent en même temps ou séparément au gré de l'abeille; de sorte que ses piqûres peuvent être plus ou moins fâcheuses, suivant le degré de sa colère. L'extrémité des aiguillons est taillée en scie, dont les dents sont tournées dans le sens d'un fer de flèche qui entre aisément, et ne peut sortir qu'avec effort, et en faisant des déchirures douloureuses. Aussi, presque toujours la piqûre d'une abeille lui est-elle fatale; l'aiguillon entraîne avec lui la vessie, et quelquefois une partie des intestins ; et telles sont toutes les vengeances, les suites en sont toujours funestes pour ceux mêmes qui les exercent !

Les faux-bourdons, ou mâles, sont très-faciles à distinguer des ouvrières; ils sont plus longs d'un tiers, et ont la tête plus ronde et plus chargée de poils ; leurs antennes n'ont que onze articulations, celles des autres en ont quinze. Ils n'ont point de *palette triangulaire* entre leurs pattes : leurs brosses ne sont point propres aux mêmes usages que celles des abeilles. Les reines ou mères-abeilles, exemptes aussi du travail, n'ont ni *palette triangulaire* ni *brosses.*

Récolte de la propolis et de la cire, pour la construction des alvéoles.

Le nombre des habitans d'une ruche est très-considérable ; il s'y trouve une reine, qui est seule de son sexe, avec deux, trois, jusqu'à sept ou huit cents, et même mille mâles, ou faux-bourdons, et quinze à seize mille abeilles sans sexe, qui sont les ouvrières. Lorsque les mouches s'établissent dans une ruche, leur première occupation est de boucher tous les petits trous ou fentes qui s'y trouvent, avec une matière gluante qui durcit ensuite, à laquelle on a donné le nom de *propolis.* La propolis est une résine dissoluble dans l'esprit-de-vin et l'huile de térébenthine. On croit que les abeilles en font la récolte sur des arbres résineux. La propolis a communément, quand elle est échauffée, une odeur aromatique fort agréable : on en fait usage, en médecine, comme étant digestive. M. de Réaumur prétend que, dissoute dans l'esprit-de-vin ou l'huile de térébenthine, on pourroit la substituer au vernis qu'on emploie, pour donner une couleur d'or à l'argent et à l'étain réduits en feuilles. L'activité est extrême parmi les abeilles ; tandis que les unes bouchent les fentes de la ruche, les autres travaillent à la construction des gâteaux ou rayons, composés d'alvéoles ou cellules très - régulières. Chaque rayon a deux ordres d'alvéoles opposés l'un à l'autre, qui ont leur base commune. Il n'y a entre deux rayons qu'autant d'espace qu'il en faut pour que quelques abeilles puissent passer à la fois. Chaque rayon est traversé par des trous, pour leur abréger le chemin ; l'épaisseur de chacun de ces rayons est d'un peu moins d'un pouce : ainsi, la profondeur de chaque alvéole destiné pour les abeilles ouvrières est d'environ cinq lignes, et leur largeur est constamment de deux lignes deux cinquièmes, dans tous les pays où il y a des abeilles.

Outre ces alvéoles, qui sont les plus nombreux, les abeilles en construisent un petit nombre d'autres qui sont un peu plus grands, destinés à recevoir les œufs desquels doivent naître les faux-bourdons, au lieu que les premiers, en grand nombre, sont destinés pour ceux d'où doivent sortir les abeilles ouvrières. On distingue ces cellules des faux-bourdons, de celles des abeilles, parce qu'elles ont des dimensions différentes. Les abeilles commencent à établir la base de l'édifice dans le haut de la ruche, et travaillent à la fois aux cellules des deux faces. Dans des circonstances où elles sont pressées, elles ne donnent aux nouveaux alvéoles qu'une partie de la profondeur qu'ils doivent avoir ; elles les laissent imparfaits, et diffèrent de les finir, jusqu'à ce qu'elles aient ébauché le nombre de cellules qui sont nécessaires pour le temps présent.

Le plus grand nombre des ouvrières est oc-cupé à dresser, à limer, à polir ce qui est en-core brut, à perfectionner le dedans des al-véoles : elles en finissent les côtés et les bases, avec une si grande délicatesse, que trois ou quatre de ces côtés, posés les uns sur les au-tres, n'ont pas plus d'épaisseur qu'une feuille de papier ordinaire; elles construisent encore plusieurs autres alvéoles destinés à être le berceau des *reines;* pour lors elles abandon-nent leur architecture ordinaire, comme étant trop commune pour une telle destination ; elles bâtissent exprès des cellules de figure arrondie et oblongue, qui ont beaucoup de solidité. Une de ces cellules pèse autant que cent ou cent cinquante cellules ordinaires : il y a, par conséquent, infiniment moins d'éco-nomie dans celles-ci. La cire y est employée avec profusion, les dehors en sont guillochés;

ce sont (comme le dit Bomare) des cellules vraiment royales. Les travailleuses paroissent prévoir ce que doit pondre la mère, puisqu'elles proportionnent à la ponte le nombre des berceaux ou cellules. Les géomètres admirent comment, dans la disposition et la forme de ces alvéoles, qui sont hexagones ou à six pans, on trouve résolu un des plus beaux et des plus difficiles problèmes de la géométrie : *Faire tenir, dans le plus petit espace possible, le plus grand nombre de cellules, et les plus grandes possibles, avec le moins de matière possible.* Une observation très-curieuse est que les abeilles varient l'inclinaison et la courbure de leurs rayons selon le besoin. On lira avec intérêt, dans l'ouvrage de M. de la Lauze (*Traité des Abeilles*), le développement de ces structures merveilleuses, et le détail des observations de plusieurs savans sur ce sujet. Les abeilles, pour composer la cire, volent sur les fleurs de diverses plantes, et s'y roulent au milieu des étamines, dont la poussière s'attache à une forêt de poils dont leur corps est couvert; la mouche en paroît quelquefois toute colorée; elles ramassent ensuite toute cette poussière avec les brosses qu'elles ont à l'extrémité des pattes, et l'empilent dans la palette triangulaire. Chaque palette est de la grosseur d'un grain de poivre un peu aplati. Quand les fleurs ne sont pas encore bien épanouies, les mouches, pressant avec leurs dents les sommets des étamines, les forcent à s'ouvrir pour y faire leur récolte. On voit bientôt les abeilles rentrer dans la ruche, chargées, les unes de pelotes jaunes, les autres de pelotes rouges ou d'autres nuances diverses, selon la couleur des différentes poussières. Cette poussière qu'elles rapportent est la matière à cire, ou la cire brute, car elles ne rencontrent nulle part la cire toute faite.

A peine les mouches, ainsi chargées de la récolte, sont-elles arrivées, que plusieurs abeilles viennent détacher avec leurs serres une petite portion de cette matière à cire, qu'elles font passer dans un de leurs estomacs; car elles en ont deux, l'un pour la cire, l'autre pour le miel. C'est dans ces estomacs que se fait une merveilleuse élaboration; la véritable cire y est extraite en très-petite quantité de la cire brute, c'est-à-dire de la poussière des fleurs rapportées par les abeilles; une partie leur sert d'aliment, une autre est rejetée en excrément. Les mouches dégorgent la cire sous la forme d'une bouillie ou pâte par la bouche : avec cette bouillie, et à l'aide de leur langue, de leurs dents, de leurs pattes, elles construisent les alvéoles : dès que cette pâte est sèche, c'est de la cire telle que notre cire ordinaire.

Les gâteaux nouvellement faits sont blancs, mais ils perdent peu à peu leur éclat en vieillissant; ils jaunissent, et les plus vieux deviennent d'un noir de suie. Il y a même des cires que l'art ne peut rendre d'un beau blanc.

Dans les mois d'avril et de mai, les abeilles

recueillent du matin au soir la matière à cire ; mais lorsqu'il fait plus chaud, dans les mois de juin et de juillet, c'est surtout le matin, jusque vers les dix heures, qu'elles font leurs grandes récoltes.

Usages des alvéoles, police des abeilles, etc.

Les alvéoles servent à contenir le miel, la cire brute que récoltent les ouvrières, et le couvain que la reine-mère y dépose.

L'abeille, nommée la reine-mère, est prodigieusement féconde ; c'est à elle seule que doivent leur naissance toutes les nouvelles mouches qui naissent dans une ruche ; aussi n'est-il point d'attachement qui puisse aller plus loin que celui que les abeilles ont pour elle. Les abeilles lui font un cortége plus ou moins nombreux ; elles la caressent avec leur trompe ; si elle périt, tous les travaux cessent, et les abeilles se laissent mourir de faim ; la seule espérance de voir bientôt renaître une mère parmi elles suffit pour les ranimer ; car si, au lieu d'une mère-abeille, on met simplement une nymphe de mère-abeille, le travail renaît aussitôt. La fécondité de cette reine est telle qu'elle peut mettre au jour, en sept ou huit semaines, dix à douze mille abeilles et plus. Suivie de son cortége, la reine entre la tête la première dans chaque cellule, apparemment pour voir si elle est en bon état ; elle en ressort, et y fait entrer sa partie postérieure, pour déposer dans le fond de la cellule un œuf qui s'y colle à l'instant. Elle passe ainsi de cellule en cellule, et pond jusqu'à deux cents œufs par jour. Elle choisit les alvéoles les plus grands lorsqu'elle va pondre les œufs d'où doivent naître les faux-bourdons, et les cellules royales, lorsqu'elle est prête à mettre au jour les œufs d'où doivent éclore les reines. Au bout de deux ou trois jours il sort de l'œuf un ver que l'on voit au fond de la cellule. Les abeilles ouvrières sont aussi les nourrices des vers, qui se nourrissent d'une espèce de gelée de miel que les abeilles avoient mise d'avance dans leurs cellules. Les abeilles visitent soigneusement ces vers, pour renouveler leur nourriture. En moins de six jours le ver prend tout son accroissement ; alors les abeilles, qui connoissent qu'il n'a plus besoin de nourriture, ferment la cellule avec un petit couvercle de cire. A cette époque, le ver a consommé toute sa provision de gelée, car les nourrices ont eu soin de ne lui en donner précisément que la dose nécessaire. Le ver se déroule, s'allonge, tapisse de soie les parois de sa cellule, car il sait filer comme la chenille ; il passe à l'état connu sous le nom de *nymphe*, c'est-à-dire qu'il perd toutes les parties dont il avoit besoin étant ver, comme la filière et autres. Les parties qui lui sont nécessaires pour son nouvel état de mouche se développent. L'abeille, sous son enveloppe ou pédicule, est ordinairement dans son état de perfection au bout de vingt et un jours. Elle fait usage de ses dents pour sortir de sa prison et rompre son enveloppe. Alors, dégagée de sa dépouille grossière, elle fait aussitôt usage de ses ailes pour s'élever vers les cieux ; image si frappante d'une âme affranchie de ses liens terrestres, qu'il n'est pas étonnant que les anciens aient fait du papillon l'emblème de l'immortalité de l'âme ! C'est sans doute ce phénomène qui leur a donné cette idée.

Dès que la mouche est libre, viennent d'autres mouches raccommoder la cellule, la nettoyer et la préparer pour recevoir ou de nouveau couvain ou du miel. Pendant ce temps, la jeune abeille est aux champs, tout aussi habile à recueillir le miel et la cire que les abeilles les plus expérimentées.

Récolte du miel.

On a ignoré long-temps que les fleurs ont, au fond de leurs calices, des espèces de glandes, pleines d'une liqueur miellée. De tout temps les abeilles ont connu ces glandes, que les botanistes modernes ont découvertes. Les abeilles puisent le miel de ces glandes nectarifères, et c'est dans leur estomac qu'elles le façonnent. La trompe de l'abeille lui sert à la récolte du miel, et le conduit dans le premier estomac, qui, lorsqu'il est rempli de miel, a la figure d'une vessie oblongue. Quand les vessies sont pleines, les abeilles retournent à la ruche ; comme elles ne rapportent point de pelote de cire, on croiroit qu'elles n'ont point travaillé ; mais toute leur récolte est dans l'intérieur de leur corps ; cependant elles font quelquefois les deux récoltes ensemble. Le miel qu'une abeille porte à la fois n'est qu'une petite partie de celui que l'alvéole peut contenir ; aussi faut-il le miel d'un grand nombre d'abeilles pour le remplir. Qu'il y ait peu ou beaucoup de miel dans un alvéole, on remarque toujours une espèce de petite couche épaisse qui, par sa consistance, empêche le miel de couler. L'abeille qui apporte du miel dans l'alvéole fait passer dans cette pellicule les deux bouts de ses premières jambes, et par cette ouverture elle lance et dégorge le miel dont son estomac est plein. Avant de se retirer, elle raccommode la petite ouverture qu'elle avoit faite ; comme la masse du miel augmente, elle fait reculer la pellicule, et la cellule se trouve, par cette industrie, pleine d'un miel fluide. Les abeilles ont soin de couvrir d'un couvercle de cire les alvéoles où est le miel qu'elles veulent conserver pendant l'hiver ; mais ceux où est le miel destiné à la nourriture journalière sont ouverts, et à la disposition de toutes les mouches. Le miel réservé pour l'hiver est toujours placé dans la partie supérieure de la ruche. Souvent l'abeille, au lieu d'aller vider son miel dans une cellule, se rend aux ateliers des travailleurs ; elle allonge sa trompe pour leur offrir du miel, comme pour empêcher qu'elles ne soient dans la nécessité de quitter leur travail pour aller en chercher.

Quand les abeilles ont commencé à naître dans une ruche, on en voit quelquefois plus de cent sortir de leurs cellules en un jour; la ruche se peuple rapidement, et dans l'espace de quelques semaines le nombre des habitans devient si grand qu'à peine elle peut les contenir; ce qui donne lieu à une colonie qu'on appelle *jeton* ou *essaim*.

C'est après avoir considéré toutes les merveilles qu'on vient de décrire, que l'auteur des *Considérations sur les corps organisés* s'écrie : *Qu'une ruche est aux yeux du sage un abîme, où se perd le génie le plus vaste.*

Mais *le génie le plus vaste* peut se *perdre* de même, en considérant non-seulement les astres, et tout le système de l'univers, mais en examinant la fleur des champs la plus commune, sans parler de celles qui offrent des phénomènes si curieux et si inexplicables. Tout est prodige dans la nature, parce que tout est l'ouvrage d'une intelligence suprême, au-dessus de toutes les conceptions humaines. Avec cette seule lumière, *le vrai sage*, loin de voir des *abîmes* dans une ruche, n'y voit que la main puissante qui conduit ces travaux merveilleux, et il ne s'étonne pas de ne pouvoir les expliquer; sa raison même lui dit que les mystères les plus surprenans de la création ne lui seront jamais dévoilés dans cette vie. Quand vous regardez, mes enfans, le mécanisme de ma montre, vous n'êtes pas surpris de ne le point comprendre, vous ne vous extasiez point sur *l'habileté* de ces petites roues et de ces ressorts légers, qui produisent des mouvemens si extraordinaires, si bien réglés et si utiles ; vous n'admirez en cela que l'artiste ingénieux dont la science a tout fait. Le sage considère ainsi une ruche, un nid d'oiseau, une fourmilière, une république de castors; partout où il voit l'ordre, la divination, la science souveraine, il voit Dieu avec évidence; tous ces prodiges sont des manifestations divines. Contemplons-les avec reconnoissance, avec amour, notre admiration alors est un culte.

Lorsqu'une ruche se trouve si remplie de mouches, que sa capacité ne suffit plus pour les loger à l'aise, il en sort une colonie qui va fonder ailleurs son établissement. L'émigration de cette colonie, qu'on appelle *jeton* ou *essaim*, n'a lieu que lorsqu'elle a un chef, c'est-à-dire une reine propre à perpétuer l'empire qu'elle va fonder. Une seule reine suffit pour conduire l'essaim. Lorsqu'une nouvelle mère a quitté sa dépouille de nymphe au bout de quatre à cinq jours, elle est fécondée et prête à pondre; elle est en état de se mettre à la tête d'une troupe disposée à la suivre partout. Lorsqu'on peut saisir la reine-abeille, on est sûr de conduire les mouches d'une ruche où l'on veut.

Les essaims sortent naturellement en différens temps, mais c'est le plus ordinairement au commencement ou au milieu de mai jusqu'à la fin de juin. Les essaims qui viennent plus tard ne peuvent guère réussir, à moins d'être mariés, c'est-à-dire réunis à d'autres.

Plusieurs signes annoncent la sortie d'un essaim , lorsque le soir on entend un bourdonnement très - considérable , lorsque les abeilles ouvrières ne vont point à la campagne en aussi grande quantité , etc.

Ce n'est guère que sur les dix heures du matin jusque vers les trois heures après-midi, que les essaims sortent des ruches ; quelquefois les mouches en sortant s'élèvent beaucoup , surtout s'il fait du vent, et elles vont si loin qu'on les perd de vue. Si on leur jette du sable ou de la poussière , elles s'arrêtent à l'instant ; ce qui est plus sûr encore, c'est de leur jeter de l'eau qui fasse aspersion de pluie. Communément l'essaim se pose sur un arbre, quelquefois l'essaim qui a deux ou plusieurs reines se divise et se place en deux pelotons séparés l'un de l'autre. Lorsque les mouches sont ainsi fixées on les fait entrer dans une ruche frottée de miel ou d'herbes d'une odeur agréable : il faut que celui qui recueille l'essaim ait soin de secouer les deux pelotons dans la ruche , c'est - à - dire les branches sur lesquelles sont les troupes de mouches , sans quoi l'on risqueroit de voir sortir toutes les mouches de la ruche, pour retourner à la branche où la mère peut être restée ; quelquefois elles retournent à l'ancienne ruche , si la jeune reine ne les a pas suivies.

Les abeilles du nouvel essaim ne se mettent à l'ouvrage que lorsqu'elles sont assurées d'avoir une mère féconde et unique. Toutes les mères surnuméraires de ce nouvel essaim sont massacrées, on n'y conserve la vie qu'à une seule, et c'est peut-être à celle qui est la plus prête à pondre.

Il est à observer que l'essaim est composé d'abeilles de tout âge, et qu'il reste aussi dans la mère-ruche des abeilles de tout âge. Quelquefois l'essaim est composé de quarante mille mouches ; le poids d'un pareil essaim est d'environ huit livres, car il faut cinq mille trois cent soixante-seize abeilles pour le poids d'une livre. Ces essaims si forts ne sont pas toujours les meilleurs ; les mouches ne pouvant suffire à les tuer avant l'automne, ils affament la ruche.

Lorsqu'un essaim a été considérable, et qu'il a paru de bien bonne heure, il donne quelquefois un autre essaim dans la même année, mais le plus ordinairement un essaim n'en donne un autre qu'à la seconde année.

Mariage des essaims.

Le moyen d'avoir des ruches toujours nombreuses, c'est, lorsqu'on recueille des essaims, d'en mêler deux ou trois ensemble si on les trouve trop foibles, ce qu'on appelle *marier les essaims*. Rien de plus facile que d'unir ainsi deux essaims ; le mieux est de le faire dès l'instant de leur sortie de la mère-ruche. On fait cette opération différemment suivant la forme des ruches, on abouche ces ruches nouvelles, où sont entrés les essaims, et on les met l'une au-dessus de l'autre, et à l'aide de la fumée on fait passer les abeilles d'une ruche dans l'autre ; le mieux est de faire l'opération le soir ; les deux peuples, étourdis par la fumée, ne songent point à se livrer bataille ; dès le lendemain ils vivent en bonne intelligence, après que l'une des deux reines a été tuée.

Il faut, avec le plus grand soin, mettre les abeilles à l'abri du froid, qui leur est mortel. On doit exposer le rucher au midi, et le garantir de la pluie et de la trop grande ardeur du soleil, qui feroit fondre le miel et la cire.

Massacre des faux-bourdons.

Les abeilles laissent vivre six semaines, ou environ, les mâles ou faux-bourdons, à compter de l'établissement de la colonie, afin qu'ils aient le temps de féconder la reine.

Lorsque la reine est en état d'assurer une nombreuse postérité, le signal de la proscription est donné ; la mort s'étend également sur ceux qui respirent et sur les rejetons infortunés des proscrits ; tous les vers mâles sont détruits : ces impitoyables amazones, armées de leurs dards, se mettent plusieurs contre un mâle, et tous sont immolés sans exception. Les abeilles traînent à chaque instant les corps des morts ou des mourans hors de la ruche. Dans ces tristes momens, tout le devant des ruches n'est qu'un théâtre de meurtre.

Dans de certains cas, quand la ruche est trop peuplée, les abeilles tuent les bouches inutiles d'entre elles, ou jettent dehors des nymphes de jeunes abeilles, lorsqu'elles n'ont plus de cellules pour mettre du miel.

Vie des abeilles, quels sont leurs ennemis.

On ne sait pas précisément quelle est la durée de la vie des abeilles. Quelques auteurs prétendent qu'elles vivent sept ans et plus, ce qui paroît peu probable. M. de Réaumur pense qu'elles ne vivent qu'un an ou deux. Elles ont une multitude d'ennemis, plusieurs oiseaux les avalent toutes vivantes ; elles ont aussi pour ennemis la guêpe, le frelon, les araignées, les grenouilles, les crapauds, les lézards, etc. L'ennemi le plus dangereux des abeilles, dans l'hiver, est le mulot.

Le plus malfaisant de tous leurs ennemis est le plus foible de tous ; c'est un insecte appelé *teigne de la cire*, à cause du dégât qu'il en fait. Cette petite chenille délicate, sans armes, sans défense, sait trouver le moyen de vivre aux dépens de plus de dix-huit mille ennemis bien armés, remplis de courage, et qui tous veillent assidument à la garde de leur trésor. Cet insecte s'insinue dans la ruche, s'y cache, s'y forme des galeries souterraines, s'y multiplie et y produit de grands ravages.

Enfin, les abeilles ont encore pour ennemis les limaces et les limaçons ; mais ces insectes sont très-peu redoutables pour elles, et donnent lieu à un phénomène qui mérite d'être rapporté. La limace, sans défense, et ne pouvant se cacher dans une ruche après y avoir pénétré, meurt bientôt sous les coups d'aiguillons qui la punissent de sa témérité. Mais les corps de ces limaces mortes sont des masses énormes pour les abeilles, qui n'entreprennent même pas de les transporter hors de leur habitation ; cependant la mauvaise odeur de ce cadavre produiroit dans la ruche une infection funeste. Pour prévenir ce malheur, les abeilles embaument ces corps morts, elles les enduisent et les couvrent de toutes parts de propolis : cette matière gluante et parfumée empêche l'infection de s'exhaler ; les limaces se dessèchent sous cet enduit, sans répandre d'émanations nuisibles. M. de Réaumur a vu, outre ces embaumemens, des abeilles boucher avec la propolis l'ouverture de la coquille d'un limaçon et le faire périr ainsi. Il a vu aussi un autre limaçon qui avoit appliqué les bords de l'ouverture de sa coquille sur un des carreaux d'une de ses ruches vitrées, et les abeilles former avec la propolis un cordon autour de l'ouverture de la coquille et sur le carreau du verre, et coller ainsi le colimaçon sur le verre, parce que la propolis est infiniment plus tenace que la matière que le colimaçon emploie lui-même pour se fixer quelque part.

Indépendamment de tous ces ennemis, les abeilles, ainsi que l'homme, en trouvent souvent dans leurs semblables.

Dans les mois de juillet et d'août, les essaims foibles et tardifs, qui n'ont point encore fait de grandes provisions, vont, comme des brigands, se jeter dans les autres ruches, pour piller le miel; il se livre alors de sanglantes batailles dans lesquelles il périt un nombre infini d'abeilles. On peut empêcher ces pillages en fermant les ruches avec un grillage, où il ne puisse passer que trois ou quatre abeilles à la fois; alors la ruche la plus foible est en état de résister aux assaillans les plus nombreux.

Les abeilles ont leurs maladies; la plus dangereuse est la dysenterie. On les guérit en leur donnant pour nourriture un gâteau sans miel, dont les alvéoles soient remplis de cire brute, ou une liqueur réduite à consistance de sirop, faite avec une chopine de vin, une demi-livre de sucre et autant de miel.

Avantages que l'on retire du travail des abeilles.

Le profit que l'on retire des abeilles varie selon les pays. Les pays remplis de prairies toujours émaillées de fleurs, entrecoupées de petits ruisseaux; ceux où il y a beaucoup de bois, de plaines de sarrasin, de sainfoin, de luzerne, sont les plus favorables aux abeilles : les fleurs des plantes crucifères, surtout celles du chou, de la roquette, de la moutarde et du navet, leur fournissent aussi des provisions. On les voit encore rechercher les saules, l'olivier sauvage, le groseillier, la bruyère, le jonc marin, le pois, le safran, le tussilage, la ronce des haies, le cerisier, les grosses-fèves, le chèvre-feuille, l'aubépine, la vesce, le tournesol, le chêne, l'érable, le frêne, le peuplier, le mélèze, le thym, la lavande, la jonquille, la marjolaine, le jasmin, la mélisse, le mélilot, la sauge, l'origan, le serpolet, le romarin, les genêts, etc. C'est ainsi qu'une quantité de plantes qui nous paroissent inutiles, telles que la ronce, le chèvre-feuille, le jasmin, la jonquille, etc., concourent à faire le miel plus pur et plus salutaire. Tout a son utilité dans la nature ; il ne faut, pour s'en convaincre, que savoir observer et réfléchir. L'ingratitude envers le Créateur vient surtout de l'ignorance.

Certains auteurs prétendent qu'il y a un grand nombre de plantes défavorables aux abeilles, et par conséquent au miel ; mais l'expérience prouve, au contraire, qu'il y en a très-peu qui leur soient nuisibles. Il paroît cependant que les fleurs du narcisse, du sureau, d'arroche fétide, de cornouiller sanguin, de l'avréole des bois, d'apocin, de tithymale, d'ellébore, de tilleul, d'orme, de rue, d'ail, de ciguë, de jusquiame, de sabine, leur occasionnent des maladies, ou donnent à leur miel une mauvaise qualité.

Xénophon, dans l'histoire de la retraite des Dix-Mille, rapporte qu'auprès de Trébisonde les soldats mangèrent le miel de plusieurs ruches, et eurent une maladie qui

parut les mettre à la mort et qui les rendit
furieux, mais que ce mal ne dura qu'un jour,
et cessa entièrement le lendemain. Au reste,
comme tous les animaux ont l'instinct de
choisir la nourriture qui leur convient, il est
à croire que les abeilles ne pompent le suc
des plantes qui leur sont nuisibles que dans
les lieux où elles n'en trouvent point d'autres ; et ce qui le prouve, est que la Suisse
produit avec profusion et les plantes réputées contraires aux abeilles et celles qui leur
sont favorables, et que le miel de ce pays
est excellent.

Il faut proportionner le nombre des ruches
à la quantité de nourriture que peut fournir
le canton. On prétend que les abeilles vont
chercher leur nourriture jusqu'à deux lieues
à la ronde. Il étoit d'usage, chez les Egyp-
tiens, de transporter les ruches à miel dans
des bateaux sur le Nil, afin de faire jouir les
abeilles de la richesse des plantes des rivages
éloignés, quand il n'y en avoit point dans le
lieu de leur domicile. Voyages charmans,
où l'on n'alloit chercher qu'un air pur et des
fleurs, et conquêtes utiles, innocentes, qui
ne laissoient jamais des traces de violence et
de dévastation !....

On dit que ces voyages par eau sont aussi
d'usage à la Chine. Des personnes industrieu-
ses ont trouvé que, compensation faite de
la dépense et du produit, on pouvoit aussi
les faire voyager par terre, lorsque cela étoit
impossible par eau. Aujourd'hui on emploie

cette méthode dans le pays de Juliers; et même en France, dans le Gâtinois, on a vu un économe intelligent faire transporter ses ruches en charrette, après la récolte du sainfoin, dans les plaines de la Beauce, où le mélilot abonde, puis en Sologne, où la campagne est couverte de sarrasin fleuri jusque vers la fin de septembre. Beaucoup d'habitans de ce pays ont imité cet usage.

On retire d'un bon panier, dans le Gâtinois, soixante à soixante-dix livres de miel et deux livres un quart et demi de cire. Dans les pays moins riches en fleurs, le profit est moins considérable. Aux environs de Paris, par exemple, un bon essaim de deux ans peut donner deux livres et demie de cire, et depuis vingt jusqu'à trente livres de miel et plus. Si l'on joint à ce produit celui de l'essaim, on conclura qu'un grand nombre de ruches qui ne coûtent presque rien dans le cours de l'année peuvent être, à la campagne, d'un grand profit.

Dans les pays où l'on craint pour une autre saison une disette de fleurs, il s'agit, pour avoir des provisions suffisantes, d'augmenter le travail des mouches; et une excellente méthode alors est de leur mettre des *hausses*, c'est-à-dire des espaces vides au-dessous de la ruche, de la même forme et de la même matière. Les mouches remplissent de cire et de miel cet espace; car ces insectes travaillent toujours à raison de l'espace vide qu'ils trouvent, pourvu qu'il ne leur paroisse pas trop spacieux. On s'empare ensuite de ces hausses , et on partage les travaux des abeilles sans les faire périr. Ceux qui , pour recueillir le miel et la cire , font périr les mouches par la vapeur du soufre, entendent peu leurs intérêts. La méthode de renverser les ruches et d'enfumer les mouches pour les étourdir, est moins mauvaise , mais a beaucoup d'inconvéniens : il périt dans cette opération un grand nombre de mouches ; on noircit les gâteaux, on détruit ceux de couvain , et quelquefois la ruche périt en entier. Le seul cas où l'on doive faire périr les mouches , c'est lorsqu'on ne veut point multiplier le nombre des ruches.

Le miel, pris en substance, est pectoral , laxatif et détersif; il ne convient point aux tempéramens secs et bilieux , parce qu'il fermente aisément. On fait avec le miel diverses sortes d'hydromel. Le marc des mouches, qui est ce qui reste lorsqu'on a exprimé la cire et le miel, et qui est composé de la soie que le ver a filée et de la dépouille des nymphes, est résolutif. Les maréchaux en font usage pour les foulures des nerfs des chevaux. Comme il reste toujours un peu de cire dans ce marc, on le vend encore à ceux qui préparent la toile cirée.

Lorsqu'on a enlevé aux abeilles une partie de leurs gâteaux de miel, on les rompt, on les pose sur des claies d'osier, et on met dessous des vaisseaux bien propres : il découle un beau miel blanc qui se durcit ; c'est ce qu'on

appelle *miel vierge* ou *miel de goutte*. Comme
tout le miel ne découle point de la sorte, on
exprime les gâteaux sous la presse. Ce second
miel n'est pas si beau, parce que, s'il se rencontre des vers ou des mouches dans le miel,
la presse les écrase et les y mêle. On peut
aussi faire couler ce dernier miel à l'aide d'une
douce chaleur, et c'est la meilleure méthode.
On peut ensuite laver les gâteaux avec de
l'eau dont on fera l'hydromel. Le miel récolté
dans le printemps est plus estimé que celui
que l'on obtient en été, et celui d'été plus que
celui d'automne, à cause des fleurs. On préfère aussi celui des jeunes essaims à celui des
vieilles mouches. Il y a des paysans qui, pour
faire paroître leur miel plus blanc, y délaient
de la fleur de farine ou de l'amidon bien pul-
vérisé ; d'autres, avec les fleurs et feuilles de
romarin, sur lesquelles ils le font couler,
lui donnent l'odeur et le goût du miel de
Narbonne.

Le miel blanc est meilleur que le miel jaune ;
mais la couleur du miel le plus blanc s'altère
lorsqu'il vieillit. Le miel fait de fleurs de
bruyère est toujours très-jaune, et n'est point
estimé. Celui de Pologne, recueilli sur le sarrasin, est dans le même cas. M. de Réaumur
a eu du miel vert dans une de ses ruches,
et ce miel fut trouvé d'un goût plus agréable que celui des miels ordinaires.

La cire est émolliente, adoucissante et
résolutive. On appelle *cire vierge* la cire telle
qu'on la retire des gâteaux. On parlera avec

détail de son emploi et de ses préparations dans le chapitre suivant. La cire s'emploie peu en médecine, intérieurement, à cause de sa ténacité ; mais elle est la base de presque tous les onguens. Les plus belles cires blanches de France viennent de Bretagne et d'Anjou ; on préfère la cire de Pologne à celle de Beauce ou du Gâtinois.

La propolis est très-résolutive, et propre à avancer la maturation des abcès ; sa vapeur, reçue par le moyen d'un entonnoir pendant qu'on en jette quelques morceaux sur un réchaud de feu, adoucit la toux férine et invétérée. Ainsi cette matière, d'une agréable odeur, seroit répandue en fumigation dans des chambres, le meilleur des parfums pour les personnes qui ont la poitrine délicate, surtout si l'on en faisoit un usage journalier.

Les ruches, par leurs formes et leurs dimensions, varient à l'infini. On en a construit de mille sortes différentes ; il paroît que celles qui sont inventées par M. Palteau ont l'approbation générale. Il faut lire, dans le *Traité des Abeilles*, de M. de la Lauze, les descriptions très-bien faites de cette espèce de ruches, et de toutes les autres dont on fait usage suivant les pays.

Il y a d'autres espèces d'abeilles ; en voici la nomenclature :

Les *abeilles-bourdons*, qui ne sont jamais plus de cinquante à soixante réunies dans le même domicile. Tous les bourdons mâles,

femelles, ouvrières, la mère même, travaillent également; ils forment une véritable république, dans laquelle règne une parfaite
égalité. Leurs gâteaux sont informes et grossiers; cependant on trouve dans leurs nids
trois ou quatre petits pots pleins d'un fort
bon miel : elles font ces nids dans des trous
de vieux murs ou dans la terre.

Les *abeilles solitaires* ne vivent point en
société, et comprennent *l'abeille perce-bois*,
l'abeille maçonne, qui se fait en effet une
cellule maçonnée et construite avec le plus
grand art. Le mortier dont ces nids sont composés se durcit à l'air, au point qu'il surpasse en dureté tous nos enduits, soit de plâ-
tre, soit de mortier.

L'abeille mineuse, qui creuse son nid dans
la terre. (Les abeilles-bourdons le font de
mousse et ne le creusent point.)

L'abeille coupeuse de feuilles. Elle creuse
aussi la terre, mais elle y fait des nids de
feuilles.

L'abeille tapissière. Elle creuse d'abord
dans la terre un trou perpendiculaire, auquel elle donne trois pouces de profondeur
et un diamètre égal depuis l'entrée du trou
jusqu'à sept ou huit lignes de profondeur,
et elle l'évase ensuite comme nos cafetières;
ensuite l'abeille se transporte sur une fleur
de coquelicot, où elle taille avec une adresse
admirable, dans un des pétales, une pièce
qui a la figure d'une moitié d'ovale. La tapissière entre dans son trou avec la pièce qu'elle

a enlevée ; elle la tient pliée en deux entre ses pattes : mais cette étoffe fragile ne peut manquer que de se chiffonner en entrant dans une cavité si étroite ; la mouche sait la préserver de toute déchirure, et, lorsqu'elle l'a conduite jusqu'au fond du nid , elle la déplie et l'étend le plus uniment possible ; elle applique sur le fond et sur les côtés plusieurs autres feuilles qu'elle unit artistement ensemble. Les dernières pièces qui terminent l'entrée du trou débordent toujours de quelques lignes , ce qui forme ce petit liseré , ou ruban couleur de feu, que l'on peut observer quelquefois à ses pieds au milieu d'une moisson de blé.

Vous pouvez remarquer, mes enfans, que l'homme, doué de la faculté de cultiver tous les arts , étoit par cela seul destiné à l'état de civilisation; et le Créateur lui a offert , dans les travaux des animaux et dans leurs divers instincts, les idées et le modèle de tous les arts utiles. Quand l'homme n'avoit encore qu'un abri de feuillage , les castors bâtissoient leurs solides cabanes ; quand les hommes ne savoient encore qu'élever de grossiers monumens, en posant des pierres carrées les unes sur les autres , des oiseaux et différens insectes leur enseignoient l'art de former un ciment durable. L'oiseau que son instinct a fait nommer en anglais *the taylor* (le tailleur) fait son nid avec des feuilles artistement cousues ensemble. Ce sont des oiseaux aquatiques, et le coquillage appelé *la nautile papy-*

racée, qui ont pu donner les premières idées de la navigation. On pourroit trouver ainsi l'origine de tout ce que nous appelons orgueilleusement des *inventions*, et qui ne sont, au vrai, que des imitations.

Mais revenons à notre abeille tapissière. La Providence, qui a disposé la transformation des insectes sur le temps où doivent paroître les alimens qu'elle leur a destinés, a usé d'une double prévoyance à l'égard de l'abeille tapissière ; elle ne lui fait quitter son état de nymphe pour être abeille que lorsque la fleur de coquelicot est épanouie, afin que l'abeille tapissière trouve dans le même moment et vivres et meubles.

Abeilles étrangères.

On trouve quelquefois en Moscovie et aux Indes, dans les troncs des vieux arbres, une cire noire, faite par de petites abeilles, dont le miel, d'une couleur citrine, est d'un goût fort agréable.

Les abeilles de la Guadeloupe et de tout le continent des îles de l'Amérique, sont de moitié plus petites que celles d'Europe. Elles sont errantes dans les bois, et se retirent dans des creux d'arbres pour faire leurs nids. Leur cire est d'un violet foncé, dont l'art ne peut changer la couleur ; cette cire ne peut faire de bonnes bougies, on ne s'en sert que pour faire des bouchons de bouteilles. Les religieux de la nouvelle Espagne en font des cierges qui donnent nne lumière fort triste. Ces abeilles ne font point de rayons, elles renferment leur miel dans de petites verreries de cire, de la grosseur d'un œuf de pigeon, mais plus pointues. Leur miel est toujours liquide et de couleur d'ambre. La cire de ces abeilles est bonne, dit-on, pour les cors aux pieds et les verrues des mains.

Dapper, dans sa description de l'Abyssinie, dit qu'il y a en Ethiopie de petites abeilles noires qui font un excellent miel et une cire d'une grande blancheur : ces abeilles n'ont point d'aiguillons. Il y a encore beaucoup d'autres espèces d'abeilles étrangères.

CHAPITRE IV.

De la cire.

LE miel étant pressé et coulé, la cire et le marc restent dans les sacs. Lorsqu'on a parfaitement séparé le miel par les diverses opérations décrites, on met cette cire tremper deux ou trois fois dans de l'eau bien claire; on la remue de temps en temps, afin d'en séparer toutes les parties du miel qui pourroient y être restées malgré le pressoir. Quand elle a trempé suffisamment, on la met alors dans un chaudron, rempli aux deux tiers avec de l'eau, sur un feu clair et modéré; à mesure que l'eau bout, et que la cire se fond, on la remue avec une spatule de bois, afin qu'elle ne brûle pas en s'attachant au bord du chaudron : il ne faut pas trop la laisser cuire, elle deviendroit cassante et brune, et le blanchissage ne remédieroit que très-difficilement à ce défaut.

On peut augmenter le feu peu à peu, de peur que la cire ne se brûle ; ensuite on jette le tout, tout chaud, dans les mêmes sacs qui ont servi à tirer le miel, et on pressure la cire de même ; elle passera à travers des sacs, et tombera dans des vaisseaux où l'on aura mis un peu d'eau, pour qu'elle ne s'y attache point ; on peut jeter de temps en temps de l'eau bouillante sur le sac, pour en exprimer davantage de cire. Quand il n'en sortira plus rien, on en remettra d'autre sur le feu, et dessus le marc de la première tirée ; la cire ne s'en exprimera que mieux.

On rassemble toute la cire dans les vaisseaux où elle est tombée, et on la refond dans un chaudron avec de l'eau ; on l'écume lorsqu'elle bout, et après qu'elle a bien bouilli, et qu'on l'a bien écumée, on la jette dans un autre vaisseau, où il y a aussi un peu d'eau, de peur qu'elle ne s'attache au fond ; ensuite on la met dans quelques endroits secs, et hors de la portée des rats ; on l'y laisse refroidir à loisir, et on jette l'eau qui étoit dans le vaisseau ; s'il se trouve quelques ordures dans le fond ou ailleurs, on la sépare avec le dos du couteau.

En retirant la cire de dessus le feu, après

qu'on l'a fondue pour la seconde fois, il faut la faire couler dans des bassins de la grandeur dont on veut que soient les pains de cire ; on en peut faire d'un poids considérable, et on en a vu pesant jusqu'à deux et trois cents livres. Quand les pains sont gros, la cire en est bien meilleure, et elle se vend plus cher par livre que les petits pains que font d'ordinaire les paysans ; la raison est que l'on donne aux petits pains un feu trop âpre, ce qui dessèche la cire, et fait qu'elle dure et éclaire moins, et ne blanchit pas si aisément ; ainsi, tout le secret pour faire de bonne cire est de ne point la laisser trop cuire et de la bien écumer. Il faut y jeter beaucoup d'eau, et faire refondre le marc, plutôt trois ou quatre fois, que de la faire trop chauffer tout d'un coup. Quand elle est reposée et refroidie, on doit ôter avec un couteau le sédiment, qu'on appelle le pied de la cire, c'est - à - dire les ordures échappées à travers la toile ou des trous du pressoir. Les ordures qui restent dans les sacs, après que la cire en a été tirée par la presse, s'appellent marc de mouches, et servent pour les foulures de nerfs et pour les chevaux.

Le vrai secret, pour avoir de belle cire jaune, est de la faire fondre à propos, et surtout de ne la point faire trop chauffer, défaut assez ordinaire et essentiel, qui empêche les cires de prendre le beau blanc comme si elles avoient été ménagées au feu.

Manière de blanchir la cire.

On la fait blanchir de différentes manières. Les uns la laissent plusieurs jours au soleil et à la rosée, après l'avoir râpée en menues parties ; les autres la font chauffer avec quantité d'esprit-de-vin, et la passent par le filtre ; alors elle se blanchit tout-à-coup. La cire grenée se blanchit plus facilement que l'autre. Dans la plupart des fabriques, on mêle avec la cire de la première fonte une certaine quantité de graisse, dont la dose varie selon la qualité de la cire, c'est-à-dire qu'on en met davantage à celle qui a été rendue trop sèche par la cuisson, qu'à celle qui est encore onctueuse : les cires incapables de prendre un beau blanc se mélangent de suif de mouton qui leur donne un œil blanc, qui tient le milieu entre ceux de la cire et du suif ; elles ont alors peu de transparence, sont grasses au toucher, se consument plus vite que les autres, et répandent une mauvaise odeur ; les cires sont plus passables quand on ne les allie qu'à de la graisse bien ferme, telle que celle qui se trouve aux rognons de mouton ou de veau. Ces cires sont toujours grasses, et se collent aux mains ; on les emploie à faire des cierges ou des bougies communes.

Il y en a qui prennent de la cire jaune, la font fondre avec de l'eau claire dans un chaudron, la font bouillir, l'écument, la dressent dans un linge blanc et clair, la passent chaudement à travers, pour en ôter les ordures, puis la refondent, dans le même chaudron, à feu lent (au lieu de chaudron il vaut mieux se servir d'une poêle large. par le haut) ; ensuite ils prennent une palette de bois, la trempent dans de l'eau fraîche, et en même temps la plongent dans la cire fondue ; cette cire se durcit tout autour, et, s'attachant à la palette, paroît comme une peau mince et diaphane, qui se sépare aisément de la palette, en la replongeant dans l'eau, où on laisse la cire, pour achever de l'affermir.

Après cela, ils remettent, pour la seconde fois, la cire sur le feu, et recommencent la même manœuvre qu'auparavant, jusqu'à trois fois; ensuite ils retirent la cire de l'eau fraîche, l'étendent sur des claies couvertes de toiles, et l'exposent au soleil et à la rosée, qui, pénétrant cette cire en feuille, et transparente, la font blanchir en peu de jours.

On doit prendre garde que le soleil ne soit trop ardent, car la chaleur excessive fait fondre la cire. On évite cet inconvénient en l'arrosant, sur le midi, avec de l'eau fraîche.

Façons des blanchisseries de cire.

Les cires qui reçoivent le plus beau blanchissage sont celles des ci-devant Bretagne et Basse-Normandie, particulièrement celles de la ci-devant province du Cotentin. Celles de la ci-devant Haute-Normandie, du côté de Paris, celles des ci-devant pays du Berry et du Limousin, et celles d'Angleterre, de Hambourg et de Lautzik, blanchissent, mais non pas si parfaitement. Toutes celles de Touraine, la plupart de celles du ci - devant Poitou, toutes celles des ci - devant Maine et Anjou, à la réserve des lieux voisins de Château - Gonthier et de la Bretagne, et quelques - unes de la Haute - Normandie ne blanchissent point du tout ; celles de la ci-devant Franche - Comté blanchissent très-difficilement. On a observé que, dans tous les pays de vignobles, où l'on recueille de la cire, il est absolument impossible de la pouvoir blanchir, ces sortes de cires restant toujours grises, en sorte qu'elles ne se vendent et ne s'emploient ordinairement qu'en jaune. C'est des Vénitiens que nous tenons l'art de blanchir la cire.

On ne travaille à blanchir les cires que depuis le commencement de mai jusqu'à la fin de septembre.

Le blanchissage de la cire se fait en la réduisant d'abord en petits grains ou parcelles, par le moyen de la fonte et de l'eau fraîche, dans laquelle on la jette toute chaude, ou en l'étendant en lames très-minces. Cette cire, grenée ou aplatie, s'expose à l'air, sur des toiles, où elle reste jour et nuit, ayant également besoin du soleil et de la rosée ; on la refond ensuite, et on la grène ou aplatit, et file à plusieurs reprises, la remettant toujours à l'air dans l'intervalle d'une refonte à l'autre ; et quand elle est bien blanchie , on la fond une dernière fois, pour la réduire en petits pains.

Voici comme on fait ces différens ouvrages dans les blanchisseries. On prend ordinairement cinq cents livres de cire jaune , que l'on met fondre dans une chaudière , avec deux seaux d'eau bien épurée, à feu clair , égal et modéré , afin que la cire fonde sans se brûler ; on a soin de l'écumer, et quand elle est bien fondue , écumée de nouveau et encore toute chaude , on la vide avec l'eau dans un tonneau de même grandeur que la chaudière , qu'on couvre bien de quelque toile double , de peur que la cire ne se refroidisse ; deux heures après , on la retire du tonneau par le moyen d'un robinet placé à deux doigts au-dessus de la superficie de l'eau , la cire ne se mêlant point avec l'eau, et surnageant toujours.

Sous le robinet est placé le greloné , c'està-dire une espèce de vaisseau de fer-blanc, ordinairement de trois pieds de long sur quatre pouces de large et autant de profondeur, au fond duquel sont de petits trous, à passer de grosses têtes d'épingles , éloignés les uns des autres environ d'un bon pouce, et placés comme en quinconce.

Plus bas que le greloné est le tour : on nomme ainsi un rouleau ou cylindre de bois, d'un pied de diamètre et de trois pieds de long.

Enfin, au-dessus du tour est une espèce de longue auge de bois ou de plomb, quelquefois aussi de pierre, remplie d'eau fraîche, dans laquelle le rouleau est enfoncé à peu près à moitié.

Quand on veut greloner ou grener la cire, on ouvre le robinet du tonneau, d'où la cire, encore liquide, passe dans le greloné ; et, tombant ensuite sur le cylindre, qui tourne continuellement par le moyen de sa manivelle et de ses tourillons, qui posent sur les bords de l'auge, elle se réduit comme en gouttes de pluie ; en sorte qu'en se figeant par la fraîcheur de l'eau dont l'auge est remplie, elle se met en grains, à peu près de la grosseur d'un petit pois. L'auge doit avoir autant de largeur que le greloné ou le tour a de longueur, c'est-à-dire environ trois pieds : quant à la longueur, elle doit être de dix à douze pieds, et sa profondeur d'un pied et demi sur deux pieds de largeur. A mesure que la cire se grèle, on la tire de l'auge avec une fourche de bois à trois fourchons garnis d'osier, on la jette dans une manne et on la porte sur les toiles, où elle est étendue et retournée par deux fois, pour y prendre sa première blancheur. Après ce léger blanchissage, on la fait refondre pour la mettre encore en grains, puis on la met de nouveau blanchir sur les toiles, en la retournant encore.

Lorsqu'enfin la rosée et le soleil l'ont parfaitement blanchie, on la fond pour la dernière fois dans de grandes chaudières, d'où, avec un vaisseau de fer - blanc, on la fait couler sur une table toute percée de petits enfoncemens ronds, de la forme des pains de cire blanche que les épiciers - ciriers vendent, ayant auparavant mouillé les moules d'eau fraîche et nette, pour qu'on en puisse plus facilement retirer la cire : après quo on l'expose encore à l'air sur les toiles, pendant deux jours et deux nuits, pour la rendre plus transparente et la faire sécher.

Autre manière de blanchir la cire en la filant.

On commence par la fondre dans une chaudière, qu'on couvre de quelque toile double, à feu égal et modéré ; étant bien écumée et fondue, on la laisse refroidir, de sorte néanmoins qu'elle ne se fige point, et qu'elle puisse couler aisément, pour la filer de la manière qui suit. Auprès du fourneau où aura été fondue la cire, il faut avoir une auge de pierre de cinq à six pieds de long, sur trois ou quatre de large, assez profonde pour contenir un ou deux muids d'eau, dont on l'emplira. A l'extrémité de cette auge, du côté du fourneau, il doit y avoir un rouleau de bois, traversé dans le milieu par un morceau de fer qui posera dans les entailles faites sur les deux bords de l'auge, de manière qu'il y ait moitié du rouleau dans l'eau et moitié dehors. Cela fait, on a un bassin de cuivre, de fer-blanc, bois ou terre, qui contienne environ un seau et demi ou deux de cire fondue ; on la verse dans ce bassin, et pour qu'elle puisse couler il doit y avoir à ce bassin un gros robinet, par lequel la cire tombera dans un autre bassin qui sera posé immédiatement dessus le rouleau de l'auge dont on vient de parler.

Ce second bassin sera tout au plus de la même longueur et de la même largeur que le rouleau ; et le fond de ce second bassin sera percé à petits trous, afin que la cire fondue, qui tombera du bassin à robinet dans le bassin criblé, coule de là directement sur le rouleau, que l'on tournera avec une manivelle. Pendant que la cire tombera, cette cire qui se file en passant ainsi par les trous du bassin criblé, se tourne aussi en filets autour du rouleau que l'eau humecte, et, n'y faisant que glisser, tombe dans l'eau et la remplit.

Il faut prendre garde que les filets ne s'embarrassent les uns dans les autres, parce qu'ils feroient un corps trop gros ; pour prévenir cet inconvénient, on fait chauffer le bassin criblé avant de le mettre en place, et on rompt les filets qui se joignent ; lorsque l'auge en est presque pleine, on les en retire, et on les met dans de grands paniers, pour les porter à l'instant sur des toiles étendues exprès, où on les étale de l'épaisseur d'environ deux ou trois doigts, en observant de les manier légèrement, et de ne les point trop serrer entre les mains, de crainte qu'ils ne

s'attachent l'un à l'autre. Si l'eau qui est dans
l'auge venoit à se chauffer, ce qui arrive d'ordinaire par la chaleur de la cire qui y tombe ,
il faudroit avoir soin d'y mêler de l'eau fraîche ; sans cette précaution , les filets se pren-
droient les uns aux autres , et ne feroient plus
qu'une masse qui ne se blanchiroit point.

La cire ainsi filée, on a des tables de cinq
pieds de large environ , et longues à volonté ;
on les garnit de faisceaux , afin que la toile
qu'on met dessus ne pourrisse point, et par-
dessus cette toile on place la cire qui est toute
en filets ; ces tables à exposer et blanchir la
cire se mettent ordinairement dans une cour,
jardin , ou autre endroit , toujours situé au
grand air. On commence à blanchir la cire
au mois de mai, comme nous l'avons déjà
dit, à cause de la rosée qui tombe dessus et
qui la perfectionne ; mais s'il n'y a point de
rosée , et que le soleil soit trop ardent, il
faudra arroser cette cire avec un arrosoir à
pompe à petits trous. On laisse la cire en
cet état , durant trois semaines ou un mois,
jusqu'à ce qu'on voie qu'elle soit bien blanchie; après quoi , on la fait fondre pour la
mettre en petits pains , afin de l'employer à
faire des cierges et de la bougie.

Manière de faire des cierges.

Les cierges se font de deux manières : à la
cuillère et à la main. Pour les faire à la cuillère , qui est la façon le plus en usage , on
prend moitié fil de Guibray , qui est fait d'é-

toupes de lin blanc, et moitié coton filé ; on les tortille ensemble dans les mains , et on les coupe de la longueur qu'on veut donner aux cierges.

Quand les mèches sont taillées , on les accroche par le haut ou collet à une romaine qui a ordinairement quarante-huit crochets : c'est une machine faite comme une petite roue , dans le milieu de laquelle passe une grande perche qui tourne sur un pivot par en-bas , et qui entre par le haut dans une espèce de piton attaché au plancher. Cette romaine est placée de façon que les cierges, à mesure qu'on la tourne , se trouvent tomber perpendiculairement au-dessus de la poêle à fondre de la cire , qui est posée sur la caque ou fourneau de tôle sous lequel est le feu. On prend la cire fondue avec une cuillère de fer-blanc à poignée, qui peut en contenir environ deux livres , et on la verse de la main droite, à un pouce près du haut de chaque mèche , tournant en même temps , avec deux doigts de la main gauche, le collet de cette mèche, pour que le cierge soit jeté également et bien enveloppé de cire. On continue ainsi à donner les autres jets , en observant de commencer le quatrième plus bas que les trois premiers , et les deux suivans encore plus bas , c'est-à-dire de ne donner qu'un demi-jet par bas. Après que les cierges ont acquis la moitié du poids qu'on veut qu'ils aient , on les met de côté pour les laisser refroidir.

Les ciriers emploient communément pour faire ces premiers jets les vieux cierges et autres cires.

Lorsqu'on veut finir les cierges, on les remet à la romaine, et on les couvre de belle cire, en en jetant autour comme on a fait pour les commencer. Il est nécessaire de donner deux demi-jets par le bas, afin de les grossir, et que le cierge ait la forme pyramidale ; mais le dernier jet doit être entier du haut en bas.

Quand les cierges ont entièrement acquis leurs grosseur et poids, on les met étuver dans un lit de plumes, entre des draps de toile, pour conserver la cire molle, et la tenir en état d'être travaillée ; ensuite on les tire du lit l'un après l'autre, et on les roule sur une table de noyer, avec un rouloir de même bois, qui est fait en carré, ayant deux mains par-dessus. On doit avoir attention d'arroser la table et le rouloir d'un peu d'eau, afin que la cire ne s'y attache point. Les cierges ainsi roulés et bien unis, on en coupe l'extrémité du pied avec un couteau de buis propre à cet usage, et on y fourre une broche aussi de buis, pour y faire le trou qui sert à poser les cierges dessus les chandeliers ; ensuite on les met par six ou huit, avec un bout de corde qu'on passe par leurs collets, et on les accroche en l'air pour les raffermir.

Pour faire les cierges à la main, on choisit des mèches semblables à celles des cierges

faits à la cuillère, et on les attache à des clous
contre la muraille , par le bout opposé au collet ; ensuite on jette de la cire dans un chaudron ou poêle à cire, rempli d'eau chaude,
et on l'amollit à force de la pétrir avec les
mains, puis on en prend un morceau dont
on enduit les mèches peu à peu ; après cela
on en applique un autre , et on continue de
cette manière en diminuant toujours d'é-
paisseur jusqu'au collet. Les cierges parvenus
à la grosseur qu'on veut leur donner , on
les met sur la table de noyer, on les roule,
on leur coupe l'extrémité du pied , et on leur
fait un trou avec une broche. Il faut observer que, quand on roule les cierges faits à
la main, on ne doit pas arroser la table ni
les outils avec de l'eau, mais on les frotte
d'huile d'olive ou de saindoux : on s'en frotte
aussi les mains.

On fait les cierges de différentes longueurs,
grosseurs et poids.

Différentes façons de faire les bougies.

Il y a deux sortes de bougies : la bougie
de table , qui se met dans les bobèches des
chandeliers, flambeaux, bras de cheminée
et lustres, et la bougie filée , qui se port
en pain dans la poche.

La bougie de table se fait à peu près comme
les cierges à la cuillère. On prend des mèches moitié coton et moitié fil-blanc et fin,
qu'on tortille dans les mains , et qu'on cire

avec un peu de cire blanche, pour que la mèche soit bien égale, observant de ne laisser passer aucun fil, ce qui feroit couler la bougie ; ensuite on enferre le collet de chaque mèche avec un petit ferret de fer-blanc, fait exprès pour conserver le coton sans que la cire l'approche. Autrefois on papillotoit le bout des mèches avec du papier, ce qui faisoit le même effet, mais on perdoit plus de cire.

Quand toutes les mèches sont ainsi enferrées ou papillotées, on les colle chacune séparément, par le côté opposé au collet, à des bouts de ficelle qui sont attachés autour d'un cercle qui est suspendu au-dessus de la poêle où l'on fait fondre la cire, ce qui se fait en appuyant chaque mèche contre le petit bout de ficelle, qui est ordinairement enduit de cire lorsqu'on s'en est déjà servi pour le même usage : mais, une première fois, il faudroit s'assujétir à tremper l'extrémité des mèches dans de la cire fondue, pour les coller contre les petits bouts de ficelle.

Les mèches étant attachées, on les jette l'une après l'autre jusqu'à ce que la bougie ait acquis la moitié de son poids, c'est-à-dire qu'on verse de la cire dessus, comme aux cierges faits à la cuillère ; ensuite on retire la bougie du cerceau, et on la met entre deux draps, avec une petite couverture par-dessus, pour la tenir chaude et molle, et en état d'être travaillée ; puis on la roule sur la table, comme les cierges à la cuillère, observant de jeter un peu d'eau sur la table et sur le rouloir ; après on la coupe du côté du collet ; les ferrets ayant été ôtés, on lui fait la tête avec un couteau de buis fait exprès, et on l'accroche par le bout de la mèche, qui est à découvert, à un autre cerceau où il y a cinquante crochets de fer ; ensuite on lui donne trois demi-jets par en-bas, et on la finit avec de nouveaux jets jusqu'à ce qu'elle ait le poids qu'on veut lui donner, qui est ce qui doit régler une bougie. Dans cette dernière façon, on prend ordinairement la plus belle cire pour la finir.

Quand le dernier jet est donné, on décroche la bougie, on la remet entre les deux draps d'où on l'a retirée, pour la rouler de nouveau, et la finir par un seul coup de rouloir qui la lisse dans toute sa longueur ; ensuite on la rogne également par le bas avec un couteau de buis, et on l'accroche, pour la sécher, à des cerceaux faits en forme de culs-de-lampe. La bougie de table se fait de différentes grosseurs et longueurs ; il y en a de quatre, de cinq, de six, de huit, de dix, de douze et de seize à la livre.

Pour faire de la bougie filée, il faut prendre du fil de Guibray, et en former une mèche qui composera une pelote d'une livre ou deux, suivant la quantité qu'on en veut faire, ayant attention de tenir la mèche bien unie et sans fil qui passe ; ensuite on a deux tours, posés chacun sur un pied, qu'on place à chaque bout de la chambre, et dans le milieu on met une espéce de table couverte, qu'on nomme *travail*, dans laquelle entre une poêle oblongue, sous laquelle on tient du feu pour faire fondre la cire ; et à une des extrémités de la poêle , en-dedans , on place une filière remplie de trous. Après avoir tortillé la pelotte de mèche sur un des trous, on en fait passer le bout par un des trous de la filière, et on l'attache sur le tour qui est à l'autre bout de la chambre ; et afin que la mèche trempe dans la cire avant de passer dans la filière, on met au fond de la poêle un crochet de fer qui la fait plonger ; ensuite on fait aller les tours par le moyen de leurs manivelles.

Quand toute la mèche est passée sur l'autre tour , on change la filière de place, on la met au côté opposé à celui où elle étoit, et on fait passer la mèche par un trou plus grand que le premier, observant de la faire toujours tremper dans la cire. On continue jusqu'à ce que la bougie soit à la grosseur qu'elle doit avoir, changeant à chaque fois de trou. On se sert communément de belle cire pour les trois derniers tours , et on a attention, aux deux derniers, de faire passer deux fois la bougie par le même trou de la filière, pour qu'elle prenne mieux le poli.

La bougie étant à sa grosseur, on la plie en petits pains pendant qu'elle est encore chaude : on tient même une poêle de feu contre le tour , et avec un petit bâton on commence à plier les deux premiers tours ;

ensuite on continue jusqu'à la grosseur qu'on veut lui donner. Les ciriers la coupent ordinairement de poids et longueur égale avant de la plier.

Quand on allume une bougie avec une chandelle, il faut avoir attention que la bougie ne touche pas au suif, car, s'il en tomboit une seule goutte dans le godet, la bougie sentiroit l'odeur du suif jusqu'à la fin, et feroit croire que la cire est mélangée.

La cire la plus blanche et la plus belle ne doit pas être gardée plus d'un an ; passé ce temps, elle devient jaune et farineuse, quelque bien empaquetée qu'elle soit ; et, pour bien la conserver, il faut qu'elle soit dans des endroits ni trop secs ni trop humides.

La bougie n'est bonne à brûler que six semaines ou deux mois après qu'elle a été fabriquée.

Manière de faire les flambeaux.

Les flambeaux de main, qu'on porte dans les rues pour se conduire la nuit, se font avec de grosses mèches d'étoupes de chanvre, au bout de chacune desquelles on met un collet de fil d'étoupes de lin blanc. Comme les mèches sont d'étoupes de chanvre ou de lin, on les achète toutes faites chez les cordiers.

Quand les mèches sont en état, on fait une composition de résine, de térébenthine et de cire commune ou jaune, qu'on fait fondre et qu'on mêle bien ensemble ; ensuite on prend cinq ou six de ces grosses mèches, qu'on trempe avec un bâton jusqu'au fond de la poêle, ayant soin de ne point gâter ni tremper le collet de fil blanc, et on accroche à la romaine chacune de ces mèches, qui sont grosses ordinairement comme le petit doigt. Lorsqu'on en a trempé une vingtaine, on les roule sur la table l'une après l'autre, et, pendant qu'elles sont encore chaudes, on en joint quatre ensemble, et ainsi des autres ; ensuite on fait le cul du flambeau en l'arrondissant en œuf de poule. On trempe ce flambeau dans la composition fondue, afin de lui donner la facilité d'être manié ; on arrange les quatre collets, et on laisse refroidir les flambeaux.

Le lendemain, ou quelques jours après, on les met à la romaine, et on les couvre de deux ou trois jets de cire blanche, selon le poids qu'on veut leur donner, le dessous faisant la plus forte partie ; puis on les équarrit sur la table avec l'équarrissoir, qu'on pousse d'un bout à l'autre, et ensuite on les accroche pour les sécher.

Ces sortes de flambeaux se font de composition, afin qu'ils en brûlent mieux, et qu'ils puissent résister à l'air et au vent, ce qu'ils ne feroient pas s'ils étoient de cire pure. On les fait ordinairement du poids d'une livre et demie ou deux livres.

Il y a encore une autre espèce de flambéaux qu'on fait de cire pure, et qui n'a qu'une seule mèche proportionnée à la grosseur qu'il doit avoir : il se fait à la cuillère comme la bougie de table, se roule et s'arrondit de même. Quand il est bien uni, on l'aplatit sur la table avec le rouloir ou avec un couteau de buis; ensuite on l'équarrit avec l'équarrissoir; puis on tire, avec un petit outil de buis, appelé *bidet*, une raie entre chaque carré, qui les marque parfaitement.

Il y a des flambeaux qui n'ont qu'une seule mèche de corde. On la fait tremper dans de la résine bien chaude, et passer à la filière; après quoi on colle du papier autour pour les blanchir. Ces flambeaux, après avoir été passés à la filière, sont ronds.

Des différens usages de la cire.

Les parfumeurs font usage de la plus belle cire, qu'ils prennent pour l'employer dans leur pommade, en la battant avec des verges, et en y ajoutant de temps en temps un peu d'eau fraîche qui en augmente la blancheur. Par cette raréfaction, ils la rendent plus propre à l'usage qu'ils en veulent faire. Ils appellent cette cire, *cire grenée*.

On peut attendrir la cire avec de l'essence de térébenthine; et, en broyant des couleurs avec cette pâte, on peut peindre des tableaux aussi facilement qu'avec des couleurs broyées à l'huile. Cette peinture se nomme *encaustique*.

La cire devient verte, noire ou rouge,

selon la couleur des matières avec lesquelles
on la mêle : verte, par le mélange du vert-
de-gris ou verdet ; noire, par le mélange du
noir de fumée ou du papier brûlé ; et rouge,
par le mélange de l'orcanette ou du vermillon. La jaune s'amollit avec de la térébenthine.

La cire à gommer, dont les tapissiers se
servent, principalement pour les coutils, est
une composition de cire, de térébenthine et
de poix grasse fondues ensemble, et mise
dans des moules de fer-blanc frottés d'huile,
en forme de petits gobelets.

La cire pour les sceaux est jaune, verte
ou rouge ; la première est naturelle ; l'autre
est teinte, l'une avec du vert-de-gris, l'autre avec du vermillon.

La cire molle pour les appositions de scel-
lés se prépare ainsi : on fait fondre dans un
poêlon trois livres de cire blanche et une
livre de poix grasse ; lorsque le tout est en
fusion, on y met une quantité suffisante de
vermillon ou cinabre, broyé très-fin pour
la rendre d'un beau rouge, puis on la remue
jusqu'à ce qu'elle soit refroidie ; autrement
le vermillon, qui est fort pesant, se préci-
piteroit au fond du poêlon. On divise ensuite cette cire par petits morceaux, et on la
roule en forme de petits bâtons ; elle reste
toujours molle à raison de son alliage avec
la poix, et s'emploie sans la chauffer.

La cire pour les jardiniers se fait de même,
excepté qu'en place de vermillon on met
du vert-de-gris en poudre ; on l'applique sur

la taille des orangers pour empêcher l'eau des pluies d'y pénétrer.

La cire à modèle se fait avec de la cire jaune, fondue à un feu modéré et sans bouillir, en ajoutant, par chaque livre, un quarteron de résine et une once de suif.

La cire pour les empreintes des pierres gravées : sur une once de cire vierge qu'on fait fondre lentement, on met un gros de sucre candi broyé très-fin. La cire devient alors tout-à-fait liquide : on y joint une demi-once de noir de fumée, qu'on a fait recuire pour le dégraisser ; on ajoute deux ou trois gouttes de térébenthine, on remue ce mélange avec une palette de bois, et on le retire du feu pour le laisser refroidir, ensuite on en forme de petits pains. Quand on veut tirer une empreinte, on pétrit cette cire entre les doigts pour l'attendrir, on mouille un peu la pierre gravée en y appliquant la langue, et on l'appuie sur la cire pour en tirer l'empreinte, qui se fait avec beaucoup de précision. Comme il n'entre point de cire d'abeille dans la composition de la cire d'Espagne, ou cire à cacheter, il en sera parlé ailleurs.

Les ruches sont insaisissables.

Les ruches ne pouvant être saisies ni vendues pour contributions publiques, ni pour aucune cause de dettes, si ce n'est au profit de la personne qui les aura fournies, ou pour l'acquittement de la créance du propriétaire envers celui dont il tient la ferme, elles seront toujours les dernières choses saisies en cas d'insuffisance d'autres objets mobiliers ; et en cas d'une saisie légitime, une ruche ne pourra être déplacée que dans les trois mois d'hiver. *Nouv. Code rural*, tit. 1, sect. 3, art. 3, *des diverses propriétés rurales.*

Vers et arbres à cire.

Outre la cire que les abeilles font avec la poussière des étamines des fleurs, les Chinois en ont une autre espèce beaucoup plus blanche, et qui répand une lumière plus claire et plus éclatante ; c'est l'ouvrage de certains petits vers qu'ils élèvent sur des arbrisseaux, à peu près comme on élève les vers à soie.

Il y a à la Louisiane un arbre qui croît à la hauteur de nos cerisiers, qui a le port du myrte, et dont les feuilles ont aussi à peu près la même odeur. On fait bouillir dans de l'eau sa graine, qui est mûre en automne ; on remue le tout de temps en temps, et on ramasse une substance grasse qui vient à surnager : c'est de la cire. Une livre de graine en rend plus de deux onces, et cette graine y est si commune, qu'un homme seul en peut cueillir aisément quinze livres par jour : on ne brûle point à la Caroline d'autre bougie que celle qui se fait de cette cire.

CHAPITRE V.

Des vers à soie.

Le ver à soie (en latin *bombix*) a été appelé ainsi parce que, de toutes les chenilles connues, c'est celle qui donne la plus belle soie. Il a été apporté de la Chine, son pays natal, ainsi que l'art de retirer la soie de sa coque est inventé, dit-on, par une impératrice de la Chine, nommée *Siling-Chi*.

Il n'y a pas long-temps que les vers à soie sont connus et employés en France. Les ouvrages de soie étoient encore si rares, même à la cour, du temps de Henri II, que ce prince fut le premier qui porta des bas de soie.

Autrefois, les étoffes de soie étoient si précieuses qu'elles se vendoient au poids de l'or : les empereurs seuls en portoient. Les Persans ont long-temps vendu la soie aux Romains et aux peuples de tout l'Orient, sans que tant de nations aient pu découvrir son origine. Ce ne fut que dans le temps de Justinien que l'on sut que c'étoient des insectes qui travailloient la soie. Les religieux de divers ordres monastiques, qui, par leurs travaux littéraires, leurs voyages, leurs missions, ont été si utiles aux lettres, aux arts, au commerce, ont donné aussi les vers à soie à l'Europe. Deux religieux furent envoyés aux Indes par l'empereur Justinien; ils en

rapportèrent des œufs, la façon de les faire
éclore, d'en élever et nourrir les vers, et
d'en tirer la soie.

Tout le monde connoît la figure exté-
rieure du corps du vers à soie. Ce ver est
une chenille fileuse, à seize pattes ; son papillon paroît être le seul phalène dont le
bord des ailes soit festonné.

La soie n'est qu'un extrait des alimens
dont l'insecte se nourrit : la preuve en est
que sa perfection dépend de la qualité de
la nourriture.

Lorsque la matière de la soie sort du
corps de l'insecte par la filière, elle est
comme une gomme molle et fondue. Elle
est remarquable par trois qualités qu'on croiroit n'avoir eu que nous et nos besoins pour
objet : 1° Elle se sèche dans l'instant où elle
prend l'air, mais au degré qu'il convient pour
que les fils, se collant légèrement l'un sur
l'autre, n'en soient pas pour cela moins susceptibles d'être détachés et dévidés; 2° elle
ne peut plus être ramollie par l'eau, lorsqu'elle est une fois sèche ; 3° enfin, elle a
encore la propriété, lorsqu'elle est sèche,
de ne pouvoir plus être ramollie par la chaleur ; ce sont ces trois qualités réunies qui
rendent cette matière si propre à nos usages,
après qu'elle a été filée par le ver. Ces trois
qualités sont aussi celles que l'on exige du
beau vernis que les Chinois ont trouvé avant
nous, et que nous avons enfin imité : outre
les avantages considérables que les arts ont

su tirer de cette matière animale, la médecine y a trouvé un remède d'une grande
efficacité pour la santé des hommes, dans
certains momens critiques; ce sont ces gouttes
si renommées que l'on appelle *gouttes d'Angleterre*, qui ne sont autre chose que les
produits de la soie distillée dans une corne
bien lutée. Le docteur Goddard est l'in-
venteur de ce remède, qu'il vendit fort cher
à Charles II, roi d'Angleterre.

Lorsque le ver à soie est repu de feuilles
de mûrier, et que le temps de sa métamorphose ou de sa transformation est arrivé,
son corps devient luisant et comme transparent; d'abord il se purge par la diète,
il devient flasque et mollasse, puis il cherche un endroit où il puisse travailler à la
structure de sa coque sans être interrompu :
on lui présente quelques menus brins de
balai, il s'y retire, et commence à porter
sa tête à droite et à gauche pour attacher
son fil de tous côtés. Tout ce premier travail
paroît informe, mais il n'est pas sans utilité.
Ces premiers fils sont une espèce de coton
ou de bourre, qu'on appelle l'araignée ou
la bourrette, qui sert à écarter la pluie; car
la nature ayant destiné le ver à soie à travailler sur les arbres, en plein air, il ne
change pas de méthode lorsqu'il se trouve
à couvert. Cette soie grossière fait comme
la base de sa coque, dite ordinairement
cocon ou coucon. On nomme cette soie grossière fleuret, et lorsqu'elle est préparée, on

lui donne le nom de filoselle. Quand l'insecte se trouve suffisamment environné de cette bourre, il commence sa véritable coque en conduisant sa soie plus régulièrement, non pas comme nous tournons des fils autour d'un peloton, mais en l'appliquant en ziz-zag contre cette bourre qu'il foule en même temps et repousse continuellement avec sa tête, pour donner à l'intérieur de son petit édifice une capacité ronde et régulière ; son corps se tenant plié presque en deux, il n'y a que la moitié supérieure qui agisse et qui se tourne sur l'inférieure, comme sur un point fixe ; c'est là ce qui donne une rondeur exacte à la coque, et en même temps une forme oblongue, parce que la filière se trouve à l'extrémité de cette partie du corps qui tourne et retourne. Après avoir achevé cette dernière surface, l'insecte la double d'une seconde couche de soie, composée de fils conduits pareillement en zig-zag, et il forme ainsi jusqu'à six couches

La longueur d'un fil de soie, qui peut se dévider de dessus la coque, est, suivant Malpigni, de mille quatre-vingt-onze pieds et quelques pouces, mesure de Paris. M. Lyonnet leur a trouvé ordinairement entre sept et neuf cents pieds de longueur.

Le ver à soie emploie ordinairement deux jours, quelquefois trois, à finir sa coque : il y a des chenilles qui font les leurs en un seul jour, d'autres en font de bien travaillées en quelques heures.

Le ver à soie a deux réservoirs de matière soyeuse ; tous deux contribuent pour l'ordinaire à la formation de chaque fil de soie ; le microscope ou la loupe nous font découvrir que ce fil est en quelque sorte plat, et que le milieu de chaque fil est creusé comme une gouttière. Après que le ver s'est épuisé à fournir la matière et le travail de ses trois couvertures, il perd la forme de ver, en se dépouillant de sa quatrième peau, et il se change en chrysalide, que l'on nomme aussi fève, nymphe, aurélie ; après avoir resté vingt et un jours dans l'état de chrysalide, il passe à celui de papillon : on observe que le ver à soie, lorsqu'il a subi cette nouvelle métamorphose en papillon, répand une liqueur acide, de couleur ambrée, légèrement muqueuse, et qui rougit très-sensiblement le papier et le linge teints par le tournesol. Il y a deux manières d'élever les vers à soie : on les peut laisser croître et courir en liberté sur le mûrier même, ou les tenir au logis, dans une place uniquement destinée à cet usage, en leur donnant tous les jours des feuilles nouvelles.

Quelques curieux ont fait essai de la première méthode, et elle a réussi lorsque la saison s'est trouvée favoriser les précautions qu'ils ont eu soin d'apporter. C'est la pratique qu'on suit à la Chine, notamment dans la province de Canton, où le printemps est presque perpétuel et les arbres toujours verts : on la suit dans le Tunquin et dans d'autres pays chauds, sous un ciel heureux ; ces vers sont élevés sans soins sur les arbres, et ils s'accoutument à souffrir les intempéries de l'air, ce qui les rend beaucoup plus forts et beaucoup plus robustes que ceux qui sont élevés délicatement en chambre ; et leur graine doit produire des vers plus vigoureux. On prétend que dans l'Indostan les vers donnent jusqu'à six récoltes de soie ; il y en a une espèce variée dans le Modénois, qui en donne trois.

Ainsi, les papillons venus de ces vers à soie choisissent sur le mûrier un endroit pour poser leurs œufs, et ils les y attachent avec cette glu dont la plupart des insectes sont pourvus pour différens besoins. Ces œufs passent ainsi l'automne et l'hiver sans danger : la manière dont ils sont placés et collés les met à couvert de la grêle, qui quelquefois n'épargne pas le mûrier même ; le petit ver ne sort point de son œuf qu'il n'ait été pourvu à sa subsistance, et que les feuilles ne commencent à sortir de leurs boutons. Lorsque les feuilles sont venues, la nature invite les petites chenilles à percer la coque de leurs œufs, à se répandre sur la verdure ; elles grossissent peu à peu, et filent au bout de quelques mois, sur le même arbre, leurs cocons, qui paroissent comme des pommes d'or au milieu du beau vert qui les relève. Cette façon de les nourrir est la plus sûre pour leur santé et celle qui coûte le moins de peine ; mais la température inégale et inconstante de nos climats rend cette méthode sujette à des inconvéniens qui sont sans remède. Il est vrai qu'avec des filets, ou autrement, on peut préserver les vers des insultes des oiseaux ; mais les grands froids qui surviennent en Europe, souvent tout d'un coup, après les premières chaleurs, les pluies, les grands vents, les orages, enlèvent et perdent tout ; il faut donc prendre le parti de les élever à la maison.

On choisit à cet effet une chambre exposée en bon air, où le soleil donne ; qui soit garantie des vents du nord et du midi par des fenêtres bien vitrées ou par des châssis couverts de fortes toiles : on a soin que les murs en soient bien enduits, les planchers bien fermés ; en un mot, que toutes les avenues soient interdites aux chats, aux rats, aux souris, aux lézards, à la volaille, et généralement aux insectes et aux oiseaux qui les dévoreroient ; au milieu de l'appartement on élève quatre colonnes qui forment ensemble un assez grand carré : on place dans l'intervalle d'une colonne à l'autre, à différentes hauteurs, des planches et des claies d'osier, et sous chaque planche une claie avec un rebord ; ces claies et ces planches, posées sur des coulisses, se placent et se déplacent à volonté ; on a soin que les ordures de l'une ne tombent point sur l'autre ; on donne à cet appareil le nom de tabarinage.

Ceux qui élèvent des vers à soie donnent

le nom de *graine* aux œufs du ver. En Europe, de toutes les graines étrangères des vers à soie, celle d'Espagne a, jusqu'à ce jour, passé pour la meilleure, après celles de Piémont et de Sicile.

On reconnoît que la graine est propre à produire avantageusement, lorsqu'elle est cassante, qu'elle contient une liqueur qui n'est ni trop épaisse ni trop fluide; qu'elle porte un œil vif, lucide, et que sa couleur tire plus sur le gris obscur que sur toute autre; lorsqu'enfin, en la mettant dans du vin, elle se précipite au fond. Passons maintenant au moyen de l'obtenir dans tous les climats.

Lorsque les vers ont formé leurs cocons, on en choisit un nombre proportionné à la quantité de graine qu'on veut faire. L'expérience apprend qu'un gros de graine contient au moins cinq mille vers ou graines. Comme il périt assez ordinairement la moitié des vers avant qu'ils fassent leurs cocons, un gros de graine ne donne que deux mille cinq cents cocons, qui suffisent, quand ils sont médiocrement bons, pour donner une livre de soie.

On doit choisir, pour la graine, les cocons les plus fermes et les premiers formés, parce qu'ils annoncent les vers les plus vigoureux, et par conséquent les plus propres à la propagation; les cocons mâles sont serrés, longs, pointus, et la soie en est ordinairement plus fine que celle des femelles : le cocon femelle est rond, gros, fort ventru, et la soie en est plus unie et un peu plus égale que celle du mâle. Il est cependant encore plus sûr de choisir les vers mâles et les femelles avant que les cocons soient formés : on reconnoît facilement les premiers en ce qu'ils ont les yeux plus marqués et plus distincts que ceux des femelles. Dans ce triage, on doit préférer ceux dont la couleur tire le plus sur le jaune pâle, comme fournissant, parmi les quatre espèces de jaune, la soie la plus parfaite.

Lorsque les papillons sont sortis, on donne à chaque femelle son mâle, et on les place sur un morceau d'étamine : lorsque la femelle a été fécondée, elle dépose ses œufs environ dix à douze heures après l'accouplement. Ces œufs s'attachent fortement à l'étamine, à l'aide de la substance glutineuse dont ils sont enduits. Chaque femelle donne quatre ou cinq cents œufs; ainsi, un cent de femelles donne une once de graine, et l'on mettra à part, pour chaque once qu'on voudra faire, au moins deux cents cocons, moitié mâles et moitié femelles.

On conserve ainsi ces morceaux d'étamines jusqu'au mois de septembre ; on travaille alors à détacher les œufs qui y sont attachés. Pour y parvenir, on souffle sur la graine quelques gorgées de vin pour détremper la substance glutineuse, et on détache ensuite facilement les œufs avec la barbe d'une plume ; on les enferme dans un cornet de papier qu'on met dans un lieu qui ne soit ni trop chaad, ni trop froid, ni trop humide.

On doit songer à faire éclore la graine lorsque les feuilles du mûrier commencent à pousser. Dans les années hâtives, elles se montrent le 10 et le 15 d'avril : quand les gelées sont fréquentes et que l'année est tardive, on est obligé d'attendre jusqu'au 10 ou 12 de mai.

Il y a deux manières de faire éclore la graine, la naturelle et l'artificielle. La naturelle consiste à laisser agir l'air extérieur, et à attendre l'effet de son action ou de sa température pour développer le principe de la fécondation des œufs. L'artificielle consiste à employer la chaleur du feu ou d'autres moyens de cette espèce. Cettte dernière est dans nos climats beaucoup plus en usage que l'autre ; on la croit cependant moins analogue à l'essence du ver.

La couvée naturelle doit sans contredit être préférée dans tous les pays où la température, toujours égale et plus propre à développer les principes de fécondité, agit avec sûreté et sans aucun secours étranger. Mais dans les climats sujets à variations, tels, par exemple, que celui de la Touraine, il y auroit de l'inconvénient à compter sur ses effets. Le point essentiel est de faire coïncider l'époque de la naissance du ver avec le moment où le mûrier se développe pour fournir à sa nourriture.

Pour la couvée artificielle, on divise la graine par onces ; on en forme de petits paquets qu'on enveloppe d'un linge recouvert de coton, sans trop serrer la graine. Les femmes ou les filles, qui sont communément chargées de cette opération, portent ensuite ce linge sur elles, ne l'approchent que peu à peu de leur peau, et finissent par le déposer dans leur sein pendant le jour, et elles le conservent pendant la nuit dans leur lit : le deuxième jour elles le visitent ; si elles aperçoivent que la graine soit rouge, elles la rejettent sur-le-champ pour en couver de nouvelle, attendu que cette couleur annonce qu'elle a perdu sa qualité, pour avoir éprouvé une chaleur trop vive : si, au contraire, la graine porte une couleur de gris-blanc, elles la mettent dans des boîtes propres, sans odeur, qu'on a eu soin de garnir de papier blanc ; elles y déposent la graine sans trop l'entasser, et la recouvrent d'une feuille de papier percée de petits trous par lesquels les vers sortent à mesure qu'ils sont éclos, pour chercher les feuilles tendres des mûriers qu'on a mises au-dessus : on pourroit se servir de petits filets en place de papier.

On place ces boîtes sur un lit de plumes, entre deux oreillers, sous une couverture de laine ; on a soin d'entretenir, à l'aide du feu, la chaleur de la chambre au même degré, ou d'y suppléer par des bouteilles d'eau chaude que l'on place sous le lit de plumes, et que l'on renouvelle à mesure que l'on voit les vers éclore. On peut se servir aussi de bassinoires, et mieux encore de ces paniers d'osier, de forme conique et à pointe aplatie, dont on fait usage pour chauffer le linge. Lorsque la graine est bonne et que le degré de chaleur est donné à propos, la plus grande partie des vers éclosent dans les deux ou trois premiers jours. Lorsqu'ils ne sont point éclos après le cinquième ou sixième, il n'y a plus rien à espérer ; il faut alors recommencer l'opération avec de nou-velle graine.

On se sert quelquefois d'une poule qui glousse, sous laquelle on place des boîtes remplies de graine, recouvertes de paille et de quelques œufs par-dessus : le bain-marie et la chaleur de la cendre sont encore em-ployés avec succès.

Quoique les différentes méthodes dont on se sert pour faire éclore les vers à soie soient propres à cet effet, puisqu'elles l'o-pèrent assez communément, on peut dire qu'elles ne sont pas également avantageuses, et qu'il n'y en a peut-être aucune qui soit sans inconvéniens. Celle produite par la cha-leur du corps humain n'est pas toujours égale, et, par des circonstances particu-lières, elle peut être malsaine ; ajoutons qu'elle oblige toujours à des attentions gênantes. Un petit cabinet exposé au midi, et garni d'un poêle de faïence, dont le feu scroit gradué pour faire éclore tout à la fois, et à peu de frais, les œufs étendus sur une ou plusieurs serviettes suspendues par les quatre bouts, seroit peut-être l'un des moyens les plus sûrs, et nous savons que des particuliers du Languedoc ont fait usage avec succès de cette méthode.

A mesure que les vers sont éclos, on les place par couvées, suivant la date de leur naissance, dans de nouvelles boîtes, garnies de feuilles de mûrier : on doit leur en donner de nouvelles deux fois par jour. C'est dans les commencemens qu'on doit apporter le plus de soin pour la conservation de ces insectes : leur extrême délicatesse les rend susceptibles des moindres variations de l'air, et l'on ne réussit à les garantir de tous les dangers auxquels ils sont exposés que par l'exactitude la plus sévère à pourvoir à leurs besoins, à les entretenir dans une propreté continuelle, et à les maintenir dans un degré de chaleur uniforme.

Le plus difficile est de conserver une même température d'air toujours également sain. Pour y parvenir, on fait usage, avec succès, du thermomètre de M. de Réaumur, qui, par des expériences très-suivies sur les vers à soie, a reconnu que le dix-huitième degré de son thermomètre est celui qui indique la chaleur la plus analogue et la plus convenable à la nature et au tempérament de cet insecte.

Lorsque les vers sont un peu forts, on les arrange et on les dispose dans l'atelier, qu'on nomme *tabarinage*. On doit observer dans

le premier àge, et pendant les quatre mues,
de ne leur donner que les feuilles les plus
tendres du mûrier blanc, et après les mues
jusqu'à la soie, des feuilles fortes et bien
nourries. A l'égard de la quantité, on doit
leur en donner le matin et le soir, depuis
leur naissance jusqu'à leur seconde mue ; trois
fois le jour, depuis leur troisième mue jusqu'à la dernière, et cinq ou six fois depuis
la dernière jusqu'à ce qu'ils fassent leurs
coques. Les feuilles de mûrier blanc sau-
vageon fournissent aux vers une soie très-
belle, mais elle est toujours en petite quantité ; les vers nourris de celles du mûrier
d'Espagne, donnent, au contraire, beaucoup de soie, mais elle n'est pas aussi bonne.
Les feuilles du mûrier franc, on enté avec
la greffe du mûrier blanc, sont très-propres
aux vers ; elles fournissent tout à la fois beaucoup de soie et d'une qualité supérieure ;
elles sont d'ailleurs meilleures que les autres
dans tous les états du ver. Ces arbres donnent leurs feuilles bien plus tôt que les autres.

On doit avoir attention de ne point donner
aux vers à soie des feuilles mouillées et gâtées.

Personne n'ignore qu'il y a des années où
les feuilles de mûrier sont très-rares, soit
par le défaut de sève, soit par l'abondance
des vers à soie ; la nécessité a fait recourir
à différentes substances, telles que la laitue,
les feuilles de ronce, de chêne, de charme ;
mais leur usage n'a point rempli les idées
des nourriciers.

Comme les vers à soie se sont nourris avec succès de la feuille de mûrier ainsi préparée, il y a lieu de penser que la feuille desséchée contient encore beaucoup de la substance propre aux feuilles de mûrier, et que l'eau, en la ramollissant, la met en état de pouvoir servir de nourriture aux vers; on a donc imaginé, pour perfectionner cette découverte, de séparer la substance de la feuille sous la forme d'extrait. Cet extrait se fait en pilant dans un mortier une certaine quantité de feuilles de mûrier fraîches, pour en exprimer le jus, que l'on fait ensuite épaissir sur le feu. On conserve cette substance extraite dans des vases à goulot, en les remplissant d'huile de quelques travers de doigts. Lorsqu'on voudra ramollir la feuille desséchée, on jettera dans l'eau bouillante une quantité proportionnée de cette substance extraite.

Les vers à soie sont sujets à quatre mues; ces mues font distinguer en cinq âges la vie de ces insectes. Le premier âge commence depuis leur naissance jusqu'à leur première mue, qui se déclare le sixième ou septième jour après leur naissance; ils s'endorment alors, ils deviennent comme immobiles; la tête leur grossit, et ils changent de peau. Cette opération dure ordinairement trois ou quatre jours; et quand il fait froid, ou que le temps est pluvieux, les vers sont quelquefois quinze jours entiers, à compter du jour qu'ils sont éclos, à sortir totalement de cette première mue ; ils en sortent cependant le neuvième ou dixième jour, quelquefois plus tôt, quand ils sont dans un lieu dont la chaleur est toujours égale. Les trois autres mues, qui se succèdent, arrivent pareillement de sept en sept jours, ou de huit en huit jours. On compte le cinquième âge depuis la dernière mue jusqu'à ce qu'ils fassent leur soie.

La propreté est un des soins les plus essentiels qu'exige le gouvernement des vers à soie ; on ne sauroit porter trop d'attention pour les retirer de dessus leur litière, aussi souvent que leur âge, les débris qu'ils font des feuilles et la chaleur de la saison le demandent. Cette opération se fait d'une manière prompte et facile, à l'aide de filets légers, dont les mailles sont assez larges pour laisser passer les vers, qui viennent chercher avidement les nouvelles feuilles qu'on met dessus ; de cette manière on transporte facilement et sûrement les vers sur une nouvelle claie.

On reconnoît que les vers veulent monter pour filer, lorsqu'ils sont agités, qu'ils courent çà et là, sans penser à manger ; ils contractent encore alors, notamment sur la queue, une couleur de chair transparente ; c'est à cette époque qu'on doit les placer dans les ateliers, ou tabarinages garnis de bruyères, ou de genêts, ou de buis, ou d'autres rameaux d'arbustes secs, dénués de feuilles et d'épines, mais ayant leurs écorces ;

dans ces tabarinages, où l'on dispose les brins de bruyères en arcade, les vers trouvent aisément de la place pour travailler, et on n'est guère sujet à voir des cocons doubles, parce que les vers, n'étant point gênés, ne sont point exposés à confondre leur travail par leur trop grande proximité. Il est d'autant plus avantageux d'éviter cet inconvénient, qu'outre la difficulté qu'on éprouve dans le tirage de la soie de pareils cocons, elle est encore très-inférieure en qualité et en quantité. C'est dans ces bruyères que les vers à soie construisent ces cocons blancs ou jaunes, d'une structure si merveilleuse, qui nous fournissent la soie. Lorsqu'on enlève les cocons qui sont faits, on doit éviter d'ébranler les cabanes ; car la moindre secousse suffit pour empêcher le ver de finir son travail, et sans cette dernière opération, toutes les peines et les dépenses sont en pure perte.

Le ver à soie demande encore, étant prêt à filer, et même pendant tout le temps qu'il est en cabane, qu'on parfume souvent la chambre ; c'est la seule chose qui réjouisse et qui ranime le ver ; on doit aussi frotter les planches des ateliers avec de fort vinaigre ou avec des plantes aromatiques, chaque fois qu'on les nettoie.

Les vers à soie sont sujets à plusieurs maladies, dont les unes sont naturelles et inévitables, parce qu'elles dépendent de leur construction : telles sont les différentes mues qui les attaquent successivement tous les sept jours, depuis leur naissance. L'abstinence et le repos pendant trente-six heures sont les moyens que la nature emploie pour les guérir; la plupart des autres maladies viennent pour avoir donné des feuilles mouillées ou brouies aux vers, et pour ne pas les avoir assez préservés de l'humidité. Leurs maladies sont aussi très-souvent occasionnées par l'intempérie de l'air, par des vents durs et un temps froid, qui surviennent subitement : ce n'est que par des soins extrêmes que l'on pourroit les en garantir; les exhalaisons des plantes odoriférantes sont un puissant remède pour ces vers, mais il faut prendre garde que l'odeur n'en soit ni trop forte ni désagréable, car loin de les animer elle les rend plus languissans. L'ail, le musc, le tabac leur sont contraires, ainsi que la fumée du charbon.

Lorsque les vers sont parvenus à faire leurs cocons, qu'ils ne perfectionnent qu'en sept ou huit jours, ils y restent enfermés pendant l'espace de dix-huit ou vingt jours; mais si l'on attendoit plus tard pour en retirer la soie, on trouveroit tous les cocons percés, et on n'en retireroit que du fleuret. Le moyen le plus sûr, dit-on, d'étouffer les vers, ou plutôt les chrysalides, est de mettre les cocons dans un four assez chaud pour les faire périr, sans cependant causer de l'altération à la soie. On reconnoît qu'il est temps de les ôter du four, lorsqu'on entend un pétillement semblable à celui d'un grain de sel qu'on jetteroit dans le feu. Cette opération une fois faite, il ne s'agit plus que de tirer la soie que peuvent produire les cocons.

La beauté et la bonté de la soie dépendent, comme nous l'avons dit, des climats sous lesquels les vers à soie ont été élevés, des espèces de mûriers dont ces vers ont été nourris, et des soins qu'on a pris d'eux. On distingue aussi plusieurs espèces et plusieurs qualités de soie, relativement aux différens apprêts qu'elles peuvent recevoir ; on nomme soie grège, la soie telle qu'elle est tirée de dessus les cocons, avant que d'avoir été filée, ou avant d'avoir souffert aucun apprêt. La plus grande quantité de cette soie nous vient du Levant par pelotes ou en masse. On donne le nom de soie crue à celle que l'on tire de dessus les cocons et que l'on dévide sans la faire bouillir, comme on a nommé soies crues les soies qui n'ont pas passé au feu ; on appelle soies cuites celles qu'on a fait bouillir, pour en faciliter le filage et le dévidage ; ce sont les plus fines de toutes les soies employées dans nos manufactures, celles dont on fabrique les beaux ouvrages de rubannerie et les étoffes les plus recherchées, telles que les velours, les satins, damas, etc. Il y a encore une autre sorte de soie cuite, que l'on appelle aussi soie décreusée ; c'est celle qui a passé à l'eau de savon, qui en facilite l'emploi, en lui enlevant son enduit, c'est-à-dire une certaine quantité de parties gomo - résineuses étrangères à la substance du fil.

CHAPITRE VI.

Des serins.

Puisque nous joindrons quelquefois l'agréable à l'utile, nous n'oublierons pas ces jolis oiseaux, qui font les délices des jeunes personnes. Ce petit chapitre sera pour Julie.

La souche primitive de cette espèce d'oiseau est aux îles Canaries, ou îles Fortunées, situées dans la mer Atlantique.

Cet oiseau est tellement susceptible d'éducation, dit Bomare, que le public, en 1760, à la foire Saint-Germain, alla voir un serin qui distinguoit parfaitement toutes les couleurs, et savoir assortir les nuances de toutes les étoffes qu'on lui montroit. Il formoit ensuite, avec des caractères détachés, les mots que le spectateur demandoit ; il marquoit exactement, avec des chiffres en relief qu'il alloit choisir, l'heure et les minutes d'une montre qu'on lui présentoit, etc. Le serin, quoiqu'élevé en cage, y fait son nid, communément au mois de mars ; on lui donne, pour matériaux, de la mousse, de l'herbe fine et sèche, qu'on appelle petit foin, etc. Il fait son nid dans un petit panier rond d'osier, ou dans un morceau de bois creusé, appelé *sabot*. La femelle dépose dans le nid trois à quatre œufs ; l'incubation est de quatorze jours à peu près. Pour que la ponte soit heureuse, il faut que la cage soit placée dans un lieu tranquille, à l'abri de tous les passans, et de toute espèce de secousses, et que les serins ne manquent jamais un instant de nourriture et d'eau, et cela dans tous les temps de l'année.

La meilleure exposition pour les volières est celle de l'orient : c'est une expérience constante que les nids réussissent infiniment mieux là que partout ailleurs.

Si on laisse aux serins le soin de nourrir leurs petits, ils ne font guère que deux pontes au plus ; mais si on se charge de nourrir les petits, les pères et mères font jusqu'à trois à quatre pontes. Les petits qu'on veut élever à la brochette ne doivent rester que huit à neuf jours dans le nid ; on doit laisser reposer cinq à six jours les pères et mères avant la nouvelle ponte.

Cet oiseau, quand on en a bien soin, vit ordinairement quinze à vingt ans. On le nourrit de millet et de navette, mêlés également. On couvre le dessus de sa cage de seneçon et de mouron ; on suspend aussi dans sa cage une sorte de pâtisserie appelée colifichet, un os de sèche pour aiguiser son bec, et on lui donne de temps en temps un petit morceau de sucre. On doit avoir attention de ne pas mettre dans sa cage une baignoire

trop grande, parce qu'il pourroit s'y noyer,
accident qui est arrivé plusieurs fois aux
serins.

De toutes les maladies auxquelles sont sujets
ces oiseaux délicats, les plus dangereuses sont
la première mue et le bouton. Quand on s'aperçoit que la nouvelle plume a peine à pousser, il faut les arroser de quelques gouttes ds
vin; et s'ils sont trop foibles pour broyer leur
graine, on a soin de la faire un peu cuire
pour l'amollir, autrement ils mourroient de
faim. Pour obvier sûrement à la dangereuse
maladie du bouton, laissez toujours dans l'a-
breuvoir de vos serins un petit morceau de fer,
un petit clou; mais ayez soin de tenir ce fer
propre, d'en laver la rouille, par exemple,
quand vous renouvelez l'eau de l'abreuvoir.
La chose est très-simple, et le succès en est
très-certain.

CHAPITRE VII.

Retour du curé et rétablissement du village.

LES matériaux pour bâtir étant apportés
et préparés, il fut décidé, à la prière d'Elmire, que le premier édifice construit dans
cette terre seroit une chapelle isolée, au lieu
même ou se trouvoit jadis la chapelle de
l'ancien château, dans laquelle Elmire et

Volnis avoient reçu la bénédiction nuptiale. Cette décision combla de joie le bon Girard et sa famille, qui se regardoient comme les gardiens et les protecteurs de ce lieu sacré. Girard demanda avec instance et il obtint la conservation de l'ébénier qu'il avoit planté ; le plan de la chapelle fut dressé de manière que l'arbre, placé sur un tertre de gazon, devoit en ombrager la coupole. Elmire posa la première pierre de ce petit édifice, auquel on ajouta une espèce de pérystile couvert, contenant deux bancs de pierre, afin que ce monument de la piété reconnoissante, élevé par des fugitifs rendus à leur patrie, pût servir de refuge aux voyageurs fatigués. On employa assez d'ouvriers pour que la chapelle fût promptement bâtie. Elle étoit à peine achevée lorsque Volnis reçut une lettre qui lui annonçoit le retour de son ancien curé ; toute la famille de Volnis et celle de Girard furent au-devant de lui ; on le rencontra à trois lieues de la ferme ; on fut étrangement surpris de le trouver escorté par cinq ou six charrettes remplies de paysans de tout âge, hommes, femmes et enfans ; c'étoit la plus grande partie des anciens habitans du village. Ce troupeau fidèle, ayant suivi les traces de son pasteur, s'étoit réuni à lui dans une terre étrangère, et là, par son active protection, il avoit obtenu du travail et une subsistance honorable. A son départ, ils n'hésitèrent point à le suivre ; se laisser guider par lui, c'étoit pour eux se confier à la

Providence. Ils ne quittèrent pas sans répandre des larmes l'asile où ils avoient vécu paisibles pendant dix ans. Plusieurs y laissoient la tombe de leurs proches, et les enfans nés dans cette terre hospitalière crurent abandonner leur patrie ; ils apportoient dans le pays de leurs pères un accent étranger, qui avoit quelque chose de touchant et de triste, car il attestoit la durée de l'exil de leurs familles fugitives!.... Volnis, sa femme et ses enfans, descendirent de voiture, et toutes les charrettes s'arrêtèrent ; le curé, et une grande quantité de villageois, en reconnoissant leur ancien seigneur, s'empressèrent de mettre pied à terre...... Ce moment fut touchant et tumultueux ; on entendit les exclamations de joie des paysans, les bénédictions entrecoupées de pleurs et de sanglots des vieilles femmes, les cris des enfans, dont la plupart, endormis sur le sein de leurs mères, venoient de se réveiller... Volnis s'avança précipitamment, et bientôt il se trouva dans les bras du vénérable curé!.... Ils se regardèrent l'un l'autre avec attendrissement ; Volnis n'étoit plus un jeune homme, et le malheur avoit doublé sur son visage les tristes années de l'absence. Le bon pasteur étoit devenu un vieillard ; il entroit à peine dans sa cinquantième année, mais les cheveux blanchissent plus promptement dans une terre étrangère!...... Tous les villageois entourèrent Volnis, en faisant retentir le vallon du cri mille fois répété *vive notre bon seigneur !* Quand le calme fut un peu rétabli, Volnis, prenant la parole : « Mes enfans, leur dit-il, je ne suis plus votre *seigneur*, mais je serai toujours votre ami ; je ne puis vous offrir un asile dans mon château, il n'existe plus, et vos chaumières ne sont que délabrées...... En attendant que vous ayez pu les relever, vous trouverez un refuge dans ma ferme , les granges de Girard pourront vous contenir tous ; nous prendrons dans la ferme notre respectable pasteur , et nous tâcherons d'y loger encore les femmes enceintes et les nourrices. Je ne vous laisserai pas manquer d'ouvrage ; je vais bâtir, je vais planter et défricher des champs devenus incultes , vous m'aiderez dans mes travaux , je prendrai part aux vôtres, nous travaillerons avec vous au rétablissement du presbytère et du village ; cette terre , jadis fertilisée par nous, reprendra bientôt toute sa fécondité : tandis que nous en étions bannis , elle n'a produit que des épines ! la main de ses anciens possesseurs lui rendra ses richesses et sa beauté : mes amis , nous en jouirons doublement ensemble, en nous rappelant les temps du malheur et de la proscription !...... »

Ce discours fut écouté avec tous les témoignages de la plus vive gratitude. Volnis, Elmire et leurs enfans, escortés par leurs anciens vassaux, et comblés de leurs bénédictions, se rendirent avec le curé à la ferme. On passa dans le village en ruine ; en y entrant, la troupe villageoise s'arrêta, et l'on

entendit un murmure sourd et confus de gé-
missemens ?..... Chacun reconnoissoit en
pleurant sa chaumière et s'attendrissoit, non-
seulement en la voyant délabrée, mais en
songeant aux jours amers passés loin d'elle !
Plusieurs d'entre eux s'élancèrent dans ces
masures ; les uns s'y précipitoient comme
pour en reprendre possession, d'autres pour
revoir la chambre où ils avoient reçu le jour,
ou pour montrer à leurs enfans de douze
et treize ans la place où l'on avoit posé
leurs berceaux !... Ces cabanes, jadis sanc-
tifiées par la vertu, le bonheur domestique,
le travail, et animées par l'industrie, n'of-
froient plus que des images affligeantes ! La
hauteur des broussailles qui remplissoient ces
décombres, l'affluence des mauvaises herbes,
l'épaisseur de la mousse et du lierre qui re-
couvroient les murs, tout y peignoit un long
et funeste abandon ! Là, ces bons villageois,
parmi les ruines, ne déploroient point les
pertes dont la vanité peut souffrir ; ils re-
grettoient un toit de chaume, des meubles
grossiers, quelques vases d'argile, et surtout
dix années de travaux inutiles à la patrie !.....

On eut beaucoup de peine à les arracher
de ces débris ; enfin on arriva à la ferme,
où l'on trouva le moyen de loger tous les
villageois dans les granges, dans les écuries
et sous des hangards. Le soir, la famille
assemblée pria le curé de lui conter les aven-
tures de son expatriation, et le curé prit la
parole en ces termes :

« Je retrouvai toute ma paroisse en Alle-
« magne, mais dispersée par le malheur, et
« dans l'état le plus misérable. A force de
« soins, je parvins à réunir ce troupeau fi-
« dèle, qui se rassembla promptement à la
« voix de son pasteur. Je les établis dans une
« contrée riche, hospitalière, mais protes-
« tante, où nul d'entre eux n'a manqué de
« secours et d'ouvrage. J'étois fixé dans leur
« voisinage, et cependant séparé d'eux par
« une barrière que nous ne pouvions fran-
« chir souvent : c'étoit le Rhin, fleuve im-
« mense qui se trouvoit entre leur canton
« et le château du baron de***, seigneur al-
« lemand catholique, qui me donnoit un
« asile, et qui m'avoit confié l'éducation de
« ses deux fils. Le baron, après avoir servi
« pendant vingt-cinq ans avec distinction,
« veuf depuis trois ans et ne possédant qu'une
« fortune très-bornée, s'étoit retiré dans cette
« solitude, pour s'y consacrer à l'éducation
« de ses enfans. Son château, entouré de
« montagnes et de rochers qui s'étendoient
« jusqu'aux bords du fleuve, se trouvoit pré-
« cisément situé vis-à-vis un espace de ter-
« rain faisant partie du canton habité par
« mes paroissiens ; on ne voyoit de ce der-
« nier côté qu'une plage nue et stérile, éloi-
« gnée de plus d'un quart de lieue de toute
« espèce d'habitation ; nous ne pouvions nous
« visiter mutuellement sans faire par terre
« un détour de deux mortelles lieues ; car
« le passage direct en face, plein d'écueils,

« étoit absolument impraticable. D'ailleurs,
« il eût fallu payer des barques, et nos situa-
« tions respectives nous prescrivoient la plus
« stricte économie. Ainsi le fleuve qui nous
« séparoit étoit devenu pour nous un vaste
« océan ; mais mon amour pour mon peuple
« me fit trouver des moyens de communica-
« tions ; la religion, qui nous avoit guidés dans
« une terre étrangère, devint le lien sacré
« qui nous y réunit. Ce fut au commence-
« ment de l'hiver que mes paroissiens s'éta-
« blirent dans ce canton, et malgré les ri-
« gueurs de la saison ils assistèrent régulié-
« rement au service divin, quoique privés
« d'église et de prêtres. Tous les dimanches
« et toutes les fêtes, je me transportois le
« matin sur le rivage avec mes deux jeunes
« élèves, Frédéric et Guillaume, l'un âgé de
« douze ans et l'autre de huit ; j'avois la sa-
« tisfaction de voir de l'autre côté du fleuve
« tous mes bons paroissiens rassemblés sur
« la plage vis-à-vis de nous. Je tenois le
« précieux calice de mon ancienne église,
« et une pierre consacrée que je posois sur un
« rocher au bord du Rhin ; alors je célé-
« brois la messe, servie par mes élèves ; sou-
« vent la neige, tombant à gros flocons, nous
« couvroit entièrement ; je savois en préser-
« ver le calice, mais nous y restions tous
« exposés ; et quand je me retournois vers la
« rive des villageois, ils me paroissoient,
« à cette distance, avoir changé en peu
« de minutes leurs habillemens bigarrés de

« diverses couleurs contre des vêtemens d'une
« blancheur éclatante. Jamais je n'ai, sans
« un profond attendrissement, donné ma bé-
« nédiction à ce bon peuple prosterné sur le
« sable ou sur la neige pour la recevoir. Tous
« les dimanches nous nous rassemblions en-
« core à l'heure des vêpres, ma foible voix
« se perdoit dans les airs ; mais les chants
« religieux des villageois, répétés par les
« échos des rochers de notre rive, parve-
« noient facilement jusqu'à nous. Ces solen-
« nités, dont la foi sincère et la piété fidèle
« formoient toute la pompe, ne furent jamais
« interrompues par les ouragans ou par les
« orages si fréquens dans cette contrée ; mais
« le printemps et l'été établirent entre nous
« des communications plus faciles et plus
« agréables. Frédéric et Guillaume se plu-
« rent à construire au-dessus du rocher qui
« me servoit d'autel un berceau de treil-
« lage qu'ils couvrirent de lierre et de pam-
« pre, et qui forma sur cet autel agreste un
« baldaquin champêtre qui fut contemplé de
« l'autre rive avec plus de plaisir et d'ad-
« miration que n'en peuvent causer aux ama-
« teurs des beaux-arts les superbes coupoles
« des temples les plus magnifiques. Un de
« nos jeunes villageois, nommé Pierre, pas-
« soit assez souvent le fleuve à la nage, pour
« réclamer mes secours pour un mourant,
« ou pour faire un baptême, ou afin de me
« demander mon jour pour la célébration
« d'un mariage, car tous vouloient recevoir

« la bénédiction nuptiale à l'autel du ro-
« cher, devenu pour eux l'église paroissiale.
« Dans ces courses, Pierre étoit toujours
« chargé d'*ex voto*, aussi touchans que sim-
« ples, qu'il suspendoit au baldaquin de
« pampre ; c'étoient des bouquets, des cou-
« ronnes de fleurs, des nids d'oiseaux. Nous
« éprouvions un grand plaisir quand nous
« voyions arriver à la nage ce jeune garçon,
« d'une jolie figure, paré de ces douces of-
« frandes, la tête ornée de fleurs et de guir-
« landes. Frédéric et Guillaume accouroient
« le recevoir sur la rive, et s'empressoient
« de lui donner des vêtemens toujours soi-
« gneusement réservés pour lui. Nous avions
« encore un autre moyen de correspondance ;
« Frédéric, instituteur assidu d'un pigeon,
« étoit parvenu à force de soins à dresser
« parfaitement et à faire une espèce de mis-
« sionnaire de cet oiseau, employé jadis à
« des messages de guerre ou à servir de pro-
« fanes amours. Le pigeon partoit à tire-
« d'aile, traversoit le fleuve et se rendoit à
« la maison du jeune Pierre ; là, il étoit reçu
« avec ravissement par toute la famille ; les
« sœurs de Pierre le réchauffoient dans leur
« sein, tous les grains du village lui étoient
« offerts avec profusion, toutes les jeunes
« filles accouroient de toutes parts pour le
« caresser ; bientôt les paysans de tout âge
« survenoient en foule, car il s'agissoit de
« charger le pigeon d'un petit billet de deux
« lignes, contenant toutes les commissions

« du village. Pierre, qui savoit écrire, étoit
« à la fois le secrétaire de l'assemblée et le
« rédacteur du billet, qui ne se faisoit pas
« sans discussions, parce qu'on vouloit sou-
« vent me dire tant de choses que le feuil-
« leton d'un journaliste n'auroit pu les con-
« tenir. Enfin, on attachoit la missive au
« cou du messager, qui, dans l'instant, pre-
« noit l'essor, et s'élevoit dans les airs aux
« acclamations réitérées des villageois. L'oi-
« seau, repassant le Rhin, rapportoit fidè-
« lement ce petit dépôt religieux, voloit dans
« les bras de l'impatient Frédéric, toujours
« inquiet, qui, durant son absence, en avoit
« compté toutes les minutes, et qui le voyoit
« revenir avec une joie et des transports inex-
« primables ; alors il m'apportoit en triom-
« phe le billet, qui communément m'obli-
« bligeoit à me rendre au village le jour
« même ou le lendemain. Tous les ans, le jour
« de la Pentecôte, le village entier s'embar-
« quoit sur de petites nacelles, et venoit en-
« tendre la messe à l'autel du rocher : ce jour
« étoit réservé pour les premières commu-
« nions. C'étoit un plaisir de voir cette pe-
« tite flotte débarquer sur notre rive et dé-
« filer ensuite sur les bords du Rhin ; toutes
« les femmes tenoient de longs chapelets ;
« les jeunes communians, garçons et filles,
« vêtus de blanc, les cheveux épars et cou-
« ronnés des premières fleurs du printemps,
« chantoient des cantiques à l'unisson. L'in-
« nocente et pieuse colonie se rendoit ainsi

« à l'autel du rocher, où souvent, ce même
« jour, on m'apportoit de petits enfans à
« baptiser.

« Nous avions encore une grande solennité
« le jour de la Fête-Dieu. Dès la veille
« on s'occupoit à construire les reposoirs,
« on cueilloit toutes les fleurs des prés et
« des jardins du baron, on couvroit de
« roses le rocher de l'autel ; le baron, sa
« famille et ses domestiques se mêloient à
« nos processions, et la fête se terminoit
« par un repas champêtre donné aux villa-
« geois par mes élèves, et dont ils faisoient
« les honneurs. Ainsi s'écouloient doucement
« mes jours, mille fois plus heureux que
« tant d'autres fugitifs, puisque je n'étois
« point isolé, et que je pouvois encore être
« utile. Cependant j'avois mes peines ! J'ai
« vu mourir plusieurs de ces bons paysans,
« même de ceux qui n'étoient encore qu'à
« la fleur de leur âge, atteints d'un mal in-
« curable, et plus douloureux pour un Fran-
« çais que pour tout autre, *la maladie du*
« *pays :* ils tomboient comme la plante trans-
« portée d'un beau climat sur un sol moins
« heureux. Avec quel chagrin je les voyois
« dépérir, en songeant que l'air natal auroit
« pu leur rendre la santé et le bonheur !
« Se flattant, jusqu'au dernier moment, de
« rentrer un jour en France, malgré l'ennui
« profond qui les consumoit, ils étoient for-
« tement attachés à la vie ; la mort leur en-
« levoit leur unique espérance, et l'idée d'être

« ensevelis dans une terre étrangère leur
« faisoit horreur. Comme il n'y avoit point de
« cimetière catholique dans ces cantons, tous
« les mourans demandoient toujours avec in-
« stance à être enterrés au pied du rocher con-
« sacré. Le premier qui mourut fut un jeune
« homme de vingt-six ans. Un quart d'heure
« avant d'expirer, il me dit en me serrant
« la main : — Eh quoi ! mon père, mourir sans
« revoir la France !... — Il lui fallut toute la
« piété d'une âme pure pour supporter cette
« idée avec résignation. Cet infortuné jeune
« homme, en m'ouvrant son cœur, fit tel-
« lement passer dans le mien l'amertume de
« ses regrets, qu'il me sembloit que le mal
« qui lui coûtoit la vie avoit quelque chose
« de contagieux, et qu'il me l'avoit com-
« muniqué.... Ce fut pour nous un triste
« spectacle que celui de ce premier enterre-
« ment ; il nous frappa comme s'il nous eût
« appris qu'il étoit possible de mourir en pays
« étranger.... Nous portâmes le cercueil dans
« un bateau ; tout le village resta sur la rive
« en face du rocher ; nous nous embarquâ-
« mes, le père, la mère, une jeune sœur
« du défunt et moi, pour conduire le corps :
« c'étoit au déclin du jour, au mois d'octo-
« bre. Tout-à-coup, au milieu de notre na-
« vigation, le ciel se couvrit de nuages, les
« ondes du fleuve s'agitèrent progressivement,
« et bientôt notre barque funèbre se trouva
« dans le plus grand danger. La famille du
« défunt, à genoux autour du cercueil, sem-

« bloit ne craindre que pour cet objet ina-
« nimé ; elle frémissoit en le voyant prêt à
« être enseveli dans les flots ; tous ses vœux
« demandoient au ciel, pour ces cendres ché-
« ries, une sépulture dans une terre consa-
« crée par la religion.... Enfin le vent s'a-
« paisa, et, au bout d'un quart-d'heure,
« nous abordâmes. Il fallut porter le cercueil
« pendant deux lieues; la nuit étoit obscure,
« le tonnerre grondoit toujours, et nous ne
« pouvions reconnoître notre chemin qu'à la
« lueur des éclairs. A une demi-lieue du ro-
« cher, nous rencontrâmes Frédéric, Guil-
« laume, trois domestiques du baron qui ve-
« noient au-devant de nous avec des torches
« allumées. En approchant du rocher, nous
« aperçûmes sur l'autre rive une multitude
« de lumières ; c'étoient les villageois qui
« avoient allumé leurs cierges pour la céré-
« monie funéraire : l'orage les avoit vivement
« alarmés sur le sort de notre barque ; et
« lorsque, de leur côté, ils nous virent ar-
« river à la lueur de nos torches, ils pous-
« sèrent des cris de joie qui formoient le con-
« traste le plus étrange avec nos chants fu-
« nèbres. Telle a été ma vie pendant dix
« ans : mes élèves ont beaucoup contribué à
« en adoucir les peines. Leur attachement
« pour moi leur a fait remplir, durant leur
« première jeunesse, tous les devoirs tou-
« chans de l'hospitalité. Je n'ai pu leur don-
« ner des talens brillans, mais ils sont com-
« patissans et religieux. J'ai eu la satisfaction,

« six mois avant mon départ, de donner la
« bénédiction nuptiale à mon cher Frédéric,
« et de le laisser uni à une femme digne de
« faire son bonheur. Enfin nous voici de
« retour dans notre pays ; nous lui rappor-
« tons un amour augmenté, s'il se peut,
« par les malheurs de l'exil et les privations
« de l'absence ; et nous ne conserverons qu'un
« seul souvenir de ces temps désastreux, ce-
« lui des bienfaits d'une généreuse hospi-
« talité. »

Le curé cessa de parler. La famille atten-
drie lui fit une multitude de questions ; il
en fit beaucoup aussi ; et la douce confiance,
qui donna tant de charmes à cette soirée,
la prolongea jusqu'à dix heures.

Le lendemain, Volnis reprit ses lectures,
auxquelles assista presque toujours le curé.

CHAPITRE IX.

La lessive.

« Maintenant, mes enfans, dit Volnis, nous
allons nous occuper des travaux du ménage.
Il est important de les bien connoître, et il
est bon que les hommes mêmes en aient une
idée au moins superficielle. Les sept ou huit
chapitres suivans auront plus d'intérêt pou
Elmire et pour Julie, que pour Charles ; mais
tout le reste de ma Maison rustique doit, par
les sujets qu'elle traite, intéresser également

les hommes et les femmes. Les chapitres suivans, relatifs aux travaux du ménage, nous
occuperont bien deux mois ; parce que, comme
dans les lectures précédentes, un chapitre sera
quelquefois trop long pour être lu dans une
seule soirée, et que d'ailleurs les travaux de
nos bâtimens étant commencés, nous serons
souvent forcés d'interrompre nos lectures. »

En effet, ces lectures furent par la suite
sans cesse suspendues ; c'est pourquoi on ne
fera plus mention de ces fréquentes interrup-
tions en donnant la suite du manuscrit de
Volnis ; et l'on ne parlera plus de Volnis et de
ses enfans que pour rendre compte d'une
conversation instructive ou d'un événement
intéressant pour la famille.

On appelle *lessive* l'opération par laquelle
on blanchit le linge de ménage, et *buanderie*
le lieu dans lequel s'exécutent les principales
opérations de la lessive.

Dans les campagnes, chaque ménage fait
sa lessive.

Dans les villes, cette opération forme un
métier ou une profession qu'exercent des gens
de la campagne placés sur un cours d'eau.

Le but qu'on se propose dans la lessive ou
blanchissage du linge, c'est de le nettoyer de
toutes les matières qui le salissent. Ces matières sont celles qui s'exhalent du corps par
la transpiration et la sueur, celles qui coulent
du nez et autres voies excrétoires, celles qui
se déposent sur les vêtemens par les boues,
la poussière, etc. ; celles qui, dans nos repas

ou dans nos cuisines, s'attachent au linge qu'on y emploie, telles que le suif, la graisse, l'huile, la cire, etc.; celles qui sont fournies par les sucs des végétaux, le vin, l'encre, le café et les métaux, surtout le fer.

Plusieurs de ces substances n'exigent qu'un simple lavage pour abandonner le linge qu'elles salissent; de ce nombre sont la plupart des humeurs qui découlent du corps humain, et la boue lorsqu'elle n'est pas ferrugineuse; d'autres exigent l'action des alkalis, avec lesquels elles forment un savon que l'eau peut dissoudre et entraîner; telles sont les graisses, les huiles, la cire.

D'autres enfin, inattaquables par l'eau et les alkalis, demandent l'emploi de quelques autres agens chimiques que l'on fera connoître par la suite.

L'eau et les alkalis sont les substances qu'on emploie généralement. On se sert aussi de savon, parce que ce composé d'huile et d'alkali peut dissoudre et entraîner les matières huileuses et graisseuses, et que d'ailleurs il est moins caustique que l'alkali pur (1).

(1) J'ai vu à Portsmouth en Angleterre une machine creuse contenant de l'eau, du linge sale et du savon; une mécanique intérieure faisoit agir le savon sur le linge avec le frottement nécessaire pour blanchir parfaitement le linge qui tournoit en-dedans sur un rouleau (fixé dans la machine), au moyen d'une manivelle qu'un enfant de sept ans faisoit aller. Cette manière étoit extrêmement expéditive, et le linge ainsi savonné d'une blancheur éclatante.

C'est l'emploi de l'alkali pur, ou celui des cendres, qui a fait donner le nom de *lessive* à l'opération du blanchissage.

Mais toutes les étoffes ne peuvent pas supporter l'action des alkalis, qui dissoudroient celles de laine et de soie; ils ne peuvent servir que pour les tissus de lin, de chanvre et de coton.

On ne peut pas non plus traiter par la lessive les étoffes teintes en faux teint; les alkalis et le savon détruisent la plupart de ces couleurs, et il n'y a que les couleurs fixes qui y résistent, telles que celles qui sont portées sur les tissus de lin ou de coton, le bleu et le rouge, et ses nuances.

Lorsque le linge a servi pendant quelque temps dans nos cuisines et sur nos tables, ou qu'il a été sali sur le corps, on le destine à la lessive, et on le met à part; ce linge est imprégné d'eau, de graisse, d'huile et de sueur; il est mou et humide, et on le dépose en tas, le plus souvent sur des pavés, dans des lieux peu aérés, souvent chauds et humides; il n'en faut pas davantage pour déterminer un commencement de fermentation, qui en relâche le tissu et le dispose à se pourrir; cette négligence dans la conservation du linge lui porte plus de préjudice que le service de plusieurs années. On peut remédier à cet inconvénient en tenant le linge sale dans un endroit bien sec et très-aéré. On atteindra ce but en pratiquant dans chaque maison, et dans la partie la plus élevée, un lieu de dépôt pour le linge sale. C'est là qu'on le portera à mesure qu'il aura servi; on l'étendra sur des cordes ou sur des perches, jusqu'à ce qu'il y en ait une quantité suffisante pour faire une lessive; on exposera, même dans une étuve ou au soleil, toutes les pièces qui pourroient être imprégnées d'une trop grande humidité pour qu'on puisse espérer de les sécher promptement à l'étendage commun.

Nous allons décrire à présent la manière dont on procède au blanchissage dans les buanderies; nous nous occuperons des moyens de perfectionner le procédé, et nous terminerons cet article par proposer des méthodes économiques pour la lessive des ménages.

On peut réduire à quatre opérations principales tout ce qui se pratique dans un atelier de buanderie : l'échangeage, le coulage, le retirage et le savonnage.

Dès que le linge est transporté à la buanderie, on l'échange à l'eau, c'est-à-dire qu'on le met dans de grands cuviers remplis d'eau, où on l'agite et le frotte avec soin pour l'imprégner exactement de ce liquide, et en détacher tout ce que l'eau peut en extraire. L'échange se fait souvent, surtout pendant l'été, dans les lieux voisins d'une eau courante, dans la rivière ou à la fontaine. Il arrive souvent que le linge a des taches que l'eau ne peut pas enlever; dans ce cas, on échange au savon. On soumet encore à cette opération les parties de linge qui sont plus sales que les autres, telles que les cols et poignets des chemises. L'échangeage au savon exige une eau douce, celle des puits est rarement propre à cet usage ; il faut une eau qui dissolve le savon sans grumeaux, sans cela l'opération est de nul effet. On emploie ordinairement cinq à six livres de savon pour une lessive du poids de cinq cents livres.

Lorsque le linge a été bien travaillé à la main dans cette première opération, on le retire de l'eau pièce à pièce, on le rince avec soin, on l'exprime, on le tord et on le porte dans le cuvier où se fait le coulage.

L'arrangement du linge dans le cuvier du coulage demande du temps et des soins ; on développe les diverses pièces de linge pour les arranger par couche et une à une dans le cuvier ; on place le linge fin au fond et le gros au-dessus ; on recouvre le tout d'une grosse toile, sur laquelle on fait une couche de cendres provenant de bois neuf ou non flotté, après les avoir tamisées pour en extraire les charbons, le bois mal brûlé et autres corps étrangers, qui non-seulement ne donneroient aucune vertu à la lessive, mais qui pourroient fournir des principes colorans qui s'attacheroient au linge. On emploie de dix à vingt-cinq boisseaux de cendres sur cinq cents livres pesant de linge, selon leur bonté, leur qualité, ou la quantité d'alkali qu'elles contiennent.

Cela fait, on coule quelquefois à froid, c'est-à-dire qu'on arrose les cendres avec de l'eau froide ; la lessive pénètre peu à peu le linge dans toute l'épaisseur de la couche, et s'échappe ensuite du cuvier par la bonde placée au fond sur le côté. Cette lessive est reportée avec soin et sans interruption sur la couche de cendres ; on continue cette manœuvre pendant un jour, puis on lessive à chaud pendant quinze à dix-huit heures.

Mais le plus souvent on coule la lessive à chaud, et à cet effet on commence par faire chauffer l'eau dans la chaudière avant de la verser sur les cendres : à mesure qu'elle s'écoule par le bas, elle se rend dans la chaudière sous laquelle on entretient toujours du feu ; on la reporte ensuite sur la cendre, et on procède sans interruption pendant vingt-quatre heures ; mais comme la cendre seule ne concourt qu'en partie au nettoyage complet du linge, on y supplée par une quantité plus ou moins considérable de soude ou de potasse, selon l'*alkalinité* ou le degré de force des cendres. On fait dissoudre ces sels dans la chaudière pour en porter la dissolution sur le cuvier, où on les mêle avec la cendre, après les avoir convenablement broyés ; on les emploie dans la proportion d'une à deux livres par cent pesant de linge. Il y a des personnes qui, pour rendre leur lessive plus caustique et obtenir plus de force d'une quantité déterminée de soude, de potasse ou de cendre, y mêlent de la chaux vive : cette méthode est condamnable, en ce qu'elle tend à détruire le linge ; la chaux vive doit être sévèrement proscrite.

Comme le savon et la soude sont des objets très-chers, on a cherché à les remplacer par d'autres substances : les argiles blanches et savonneuses ont été employées à cet effet. On se sert presque généralement, en Angleterre, de la fiente de cochon, qui est imprégnée d'un vrai savon de soude provenant du foie de l'animal; mais le linge qu'on savonne avec cette matière conserve une légère odeur de graisse qu'il est difficile de lui ôter.

Après le coulage, on procède au retirage, c'est-à-dire qu'on enlève le linge du cuvier pour le porter à la rivière ; le retirage doit se faire peu à peu et à fur et mesure des besoins qu'en a la buanderie. Le linge se maintient chaud dans le cuvier ; et lorsque le temps ou le manque de bras ne permettent pas de le laver avant qu'il soit refroidi, on a l'attention d'y entretenir la chaleur en versant dessus de l'eau chaude.

A mesure qu'on retire le linge du cuvier, on le travaille avec soin dans une eau propre et courante ; on le dépouille de toute sa lessive, et par conséquent de toutes les impuretés qu'elle a dissoutes : alors le linge a acquis ce qu'on appelle le blanc de lessive, il ne s'agit que de le bien exprimer et de le faire sécher.

Mais trop souvent la lessive n'a pas enlevé toutes les taches, et la partie de linge qui en reste salie a besoin d'une autre opération qu'on appelle savonnage. A cet effet,

on couvre la tache d'un peu de savon , on
la trempe dans l'eau , on frotte avec les deux
mains , et on manœuvre jusqu'à ce que la
tache ait disparu.

Dans ces différentes opérations on a recours fort souvent, et constamment dans certains lieux, à l'usage des battoirs et des brosses ;
nul doute qu'on accélère l'opération , mais
c'est toujours au détriment du linge ; ces
instrumens devroient être bannis de toutes
les buanderies.

Le linge ainsi blanchi n'a besoin que d'être
séché ; mais comme il importe que cette opération soit prompte , pour que l'humidité ne
le détériore pas , et comme d'ailleurs on ne
peut pas répondre d'un temps constamment
favorable , on doit l'exprimer avec soin , afin
d'enlever, par cet effort mécanique , le plus
d'eau possible et de laisser le moins à faire
à l'air. C'est dans ces vues qu'on a introduit
dans quelques établissemens l'usage des presses
et celui des étuves ; il faut convenir que dans
les grandes buanderies il y a de l'avantage à
réunir ces deux moyens. Un point bien important et qu'on néglige trop dans les buanderies , c'est de sécher le linge aussi parfaitement qu'il est possible ; car , lorsqu'on le
rend humide du blanchissage , ce qui n'arrive que trop souvent , il porte avec lui un
germe de destruction dont il est difficile
d'apprécier tous les progrès. Si , dans cet
état d'humidité, on l'enferme , selon l'usage,
dans des armoires souvent humides, et où

l'air ne se renouvelle jamais, il ne tarde pas à fermenter et à exhaler une odeur de pourri qui annonce sa destruction. Une ménagère sage et prévoyante qui reçoit du linge dans cet état doit le déplier, l'exposer au grand air, et ne l'enfermer que lorsque le toucher lui prouve qu'il n'y reste plus aucune trace d'humidité.

On a trouvé une nouvelle manière de *blanchir à la vapeur;* plusieurs expériences, faites en grand par d'habiles chimistes, semblent prouver qu'elle est préférable à toute autre. En voici le procédé, tiré, ainsi que tout ce qui précède, sur la lessive, de l'excellent et utile ouvrage intitulé *Nouveau Cours complet d'agriculture théorique et pratique, etc., par les membres de la section d'agriculture de l'Institut de France, etc.*

Blanchissage à la vapeur.

1° On échange le linge à l'eau ordinaire; on le laisse bien tremper; on le frotte à la main, surtout les pièces et les parties qui sont sales; on le laisse macérer dans l'eau pendant quelques heures, après quoi on le rince dans une nouvelle eau, et de préférence dans une eau courante, pour enlever et entraîner de suite tout ce que l'eau et le frottement ont pu dissoudre et détacher. Dès que le linge est bien lavé, on l'exprime avec soin.

2° Le linge exprimé et bien égoutté est placé dans un cuvier où on l'étend pièce à pièce ; là, on l'imprègne à mesure dans une eau de lessive, dont nous allons donner la composition : on frotte à la main avec cette lessive les parties les plus sales.

On forme la lessive de douze livres de sel de soude, d'une livre de savon et de cinquante pintes d'eau douce (en supposant qu'on opère sur cinq cents pesant de linge). Pour éviter que la dissolution de savon et de soude ne se caillebote, on dissout le savon dans cinq pintes d'eau tiède ; on y ajoute peu à peu, et en agitant, dix pintes de la dissolution de sel de soude ; on y verse ensuite le reste : la dissolution marque dix degrés de l'aréomètre des sels ; lorsqu'on l'a mêlée avec l'eau qui reste dans le linge qu'on en imprègne, le mélange ne marque plus que deux degrés.

On peut remplacer la soude par la potasse ou par une lessive de cendre : dans ce dernier cas, on met la cendre dans un cuvier, dont on a garni le fond d'une couche de paille ; on verse de l'eau sur les cendres jusqu'à ce que le liquide recouvre les cendres, on laisse reposer pendant cinq à six heures, après quoi on ouvre la douille adaptée au bas du cuvier pour faire couler la lessive. Si elle marque dix degrés au plus, on la conserve pour l'usage ; si elle marque moins, on la fait tiédir et on la reverse sur la cendre jusqu'à ce qu'elle ait acquis un degré convenable. Lorsque la lessive est trop forte, on la ramène à dix degrés en y mettant de l'eau ou de la lessive foible. On coule de la lessive foible et chaude à travers les cendres, jusqu'à ce qu'elles soient épuisées de tout le sel qu'elles contiennent.

3° Lorsque le linge est bien imbibé de lessive, on le laisse reposer dans le cuvier pendant toute la nuit.

4° On porte alors le linge imprégné de lessive dans la cuve à vapeur ; on place le linge gros par-dessous et le fin par-dessus ; on ferme le couvercle et on allume le feu sous la chaudière, dans laquelle on met un tiers à peu près de la lessive à couler. Cette lessive ne tarde pas à bouillir, les vapeurs s'élèvent dans la cuve, la masse du linge s'échauffe peu à peu ; et, au bout de quatre à six heures, selon la quantité et la nature du linge, on arrête le feu.

5° On porte le linge à la rivière ; on le lave avec soin, en le frottant et l'exprimant avec les mains ; on le rince ensuite à grande eau, on l'exprime, on l'égoutte et on le fait sécher.

Il est rare qu'on soit forcé de recourir au savon pour enlever des taches qui aient résisté à la lessive.

Il y a seize ans que, sur l'invitation du comité de salut public, dans ces temps malheureux où le savon est devenu aussi rare que cher, je fis quelques recherches sur les moyens de suppléer à ce produit de nos fabriques du Midi. Je proposai alors de faire dans chaque ménage une lessive savonneuse aussi facile qu'économique. Le procédé consiste à mêler un peu de chaux vive avec la cendre de nos foyers (une livre de chaux sur cinquante de cendres), à lessiver ce mélange par les procédés ordinaires, et à combiner avec cette dissolution un peu d'huile d'olive de la seconde qualité, connue dans le commerce sous le nom d'*huile de fabrique*. On prend à cet effet de la lessive à deux degrés; on y mêle l'huile dans la proportion d'un vingt-cinquième du volume; il en résulte une eau blanche et savonneuse qu'on agite pendant quelque temps; c'est cette eau dont on se sert pour savonner le linge; elle produit les meilleurs effets, et en l'employant pour des lessives de ménage, on obtiendra une grande économie comparativement au savon et à la soude.

On peut former ce savon avec la soude ordinaire, si l'on veut éviter le lessivage des cendres.

Mais, indépendamment des taches que la lessive peut enlever, il en est d'autres sur lesquelles elle n'a aucune action; telles sont celles de rouille, d'encre, de boue de ruisseau, de fruits, de cambouis, etc. Il faut néanmoins que le buandier connoisse les moyens de les faire disparoître; il faut même qu'il recherche et enlève ces taches avant de lessiver le linge, car l'alkali, l'eau et le savon rendroient cette opération bien plus difficile après le lessivage, qu'elle ne l'est lorsque le linge n'a pas été encore mouillé.

Pour donner une instruction sur ce sujet aussi simple que sûre, nous distinguerons les taches de linge en trois classes : la première comprendra les taches de rouille ou de fer, la seconde celles de fruits, la troisième celles de quelques corps gras, tels que les résines et préparatifs de peintures.

Le fer porté sur le linge peut s'y trouver à divers degrés d'oxidation; il peut former des taches noires, jaunes ou rougeâtres; chacun de ces états exige des procédés particuliers.

Lorsque le fer forme des taches noires, on peut les enlever avec un foible acide quelconque; mais dans ce cas je préfère l'acide sulfureux, ou la crème de tartre, comme les moins coûteux et les moins dangereux. Si l'on emploie l'alcide sulfureux, on humecte la tache avec l'eau, et on l'expose à la vapeur du soufre en combustion. Si l'on veut employer la crême de tartre, on la réduit en poudre pour en recouvrir la tache, on l'humecte avec l'eau, on la laisse agir quelque temps, après quoi on frotte avec le plus grand soin. On peut aussi se servir avec avantage du sel d'oseille, qu'on traite comme la crême de tartre. On emploie encore à cet usage le jus de citron. Les taches d'encre peuvent être enlevées par tous ces agens. Lorsque le fer est plus oxidé, et qu'il forme des taches jaunes, le plus sûr, le plus actif de tous les agens est l'acide oxalique, qu'on emploie comme la crême de tartre ou le sel d'oseille.

M. Guiobert, de Turin, a proposé de faire

rétrograder l'oxidation du fer dans les taches jaunes ou rouges, en les recouvrant d'un peu de graisse fondue, qu'on tient pendant quelque temps à l'état liquide, à l'aide d'une légère chaleur ; il observe qu'après cette opération on peut enlever ces taches avec un acide très-affoibli.

Mais si l'on a à combattre des taches de fruits, il faut recourir à d'autres moyens.

Lorsqu'elles sont récentes, il suffit du lavage de l'eau pour les faire disparoître. Mais lorsqu'elles ont vieilli sur le linge on a recours à d'autres procédés, et l'on emploie ou l'acide sulfureux, d'après la méthode que nous venons de décrire, ou l'acide muriatique oxigéné. Ce dernier est plus puissant que le premier, mais il est difficile de le conserver sans qu'il perde de sa force ; il exhale, en outre, une odeur insupportable. C'est pour obvier à ces deux inconvéniens qu'on le combine avec un peu de potasse, et dans cet état il est connu à Paris sous le nom de lessive de Javelle, ou eau de Javelle. Cet acide a la propriété d'enlever toutes les taches de fruits, et de faire disparoître aussi celles d'encre.

Lorsque les taches sont formées par des résines ou des vernis, on se sert avec avantage de l'esprit-de-vin, de l'eau de la reine de Hongrie, de l'eau de lavande, ou de quelques essences, dont l'huile essentielle de térébenthine fait la base.

Souvent on est obligé de ramollir la tache avec un fer chaud, pour faciliter l'action de

ces dissolvans ; on emploie même alternativement, pour plus de succès, les essences et
l'esprit-de-vin.

Presque partout on jette devant la porte
les eaux de lessive et les eaux de lavage, et
cependant elles contiennent un véritable savon ; elles sont en même temps et un des
plus puissans engrais et un des plus actifs
amendemens pour les terres abondantes en
humus ; leur seul inconvénient est leur trop
d'énergie, qui oblige d'en mettre très-peu à
la fois, ou de l'étendre dans une grande quantité d'eau, sans quoi elles brûleroient les
plantes sur lesquelles on les répandroit, et rendroient infertile, pendant plus ou moins long-
temps, la terre qu'on en imbiberoit. Elles
agissent comme engrais, à raison de l'huile
ou de la graisse qu'elles tiennent en dissolution, et comme amendement, à raison de la
soude ou de la potasse qui opère cette dissolution. On peut les comparer aux eaux de fumier jointes à la chaux ; mais ces dernières,
reconnues si fécondantes, ne les valent pas à
beaucoup près. Je voudrois donc que les cultivateurs ne perdissent pas une goutte de leurs
eaux de lessive et de leurs eaux de lavage,
qu'ils les répandissent en hiver, aussitôt qu'elles ne peuvent plus servir, sur les portions
de terres non ensemencées, en les dispersant
le plus possible, et qu'ils les réunissent à leurs
eaux de fumier, lorsqu'ils n'auront pas de
terres libres à leur proximité.

C'est principalement aux environs de Paris

que la perte des eaux de lessive et de lavage
paroît plus regrettable, parce que là elles se
trouvent en masse ; que même dans certains
villages, comme Boulogne, Neuilly, Gre-
nelle, etc., elles infectent l'air faute d'écoulement, et causent annuellement des maladies
graves. Il est remarquable qu'il ne se soit pas
encore présenté de cultivateurs pour enlever
ces eaux à mesure de leur formation. Si on
craignoit l'embarras du transport dans des
tonneaux, il ne s'agiroit que de jeter quelques
brouettées de terre dans les trous où on les
rassemble aujourd'hui, chaque fois qu'on y
feroit couler de la nouvelle eau. Un tombe-
reau équivaudroit à deux ou trois voitures
de fumier pour certaines natures de terres,
celles des environs de Versailles, par exemple. Les terres des communes que je viens de
citer sont trop sèches et trop peu abondantes
en humus pour que ces eaux puissent y être
employées avec avantage. Ce sont des fumiers très-gras, des fumiers de vache principalement qu'il leur faut.

CHAPITRE X.

Du laitage.

J'AI déjà parlé des laiteries et de leur construction, en parlant des bâtimens de la ferme.

Maintenant nous allons parler du laitage et de toutes ses préparations.

Le meilleur lait n'est ni trop clair ni trop épais (1); il doit être d'un blanc mat, d'une saveur douce et agréable : sa perfection, d'ailleurs, n'est décidée que quand la femelle a atteint l'âge convenable : trop jeune, elle fournit un lait séreux; trop vieille, il est sec, et se ressent de la décrépitude de l'animal. Celui qui provient d'une vache qui a mis bas depuis peu de temps est inférieur en qualité. On a encore remarqué qu'il falloit qu'elle ait eu trois portées pour que l'organe mammaire fût en état de préparer le plus excellent lait, et continue de le fournir tel jusqu'au moment où, la femelle passant à la graisse, la lactation diminue et cesse entièrement.

Cependant ces règles ne sont pas tellement générales qu'elles ne soient soumises à quelques exceptions. On est à peu près certain que le lait du quatrième jour qui suit le part (2) peut entrer dans le commerce, mais qu'il n'est véritablement riche en crême que le troisième mois; qu'en été, le lait est savoureux et abondant; qu'en hiver il est plus crémeux et plus riche par conséquent en

(1) C'est-à-dire en France; car dans quelques parties de la Hollande et de la Suisse il est excessivement épais et excellent. Par exemple, dans le canton d'Underwald, le lait, sortant du pis de la vache, est épais comme notre crême, et ce lait est très-sain et délicieux.

(2) Le *part*, accouchement des femelles des animaux.

beurre. L'animalisation fabrique donc plus de suc ou sel essentiel de lait au printemps, et davantage de beurre en automne : aussi est-ce à cette époque que le beurre de la Prévalaye a le plus de qualité.

Il y a tout lieu de croire qu'on a beaucoup exagéré le nombre des fraudes qu'on met en usage dans le commerce du lait, car la plupart sont impraticables. Le consommateur peut, à la faveur de certaines épreuves, juger sur-le-champ si le lait qu'on lui fournit possède véritablement les conditions requises, ou s'il a été sophistiqué, en distinguant cependant les infidélités, le goût du fourrage, dù à la transition de nourriture, la faculté qu'il a de tourner et de coaguler, faculté qu'il doit aux temps orageux.

Comme le lait pur ne forme aucun dépôt au fond du vase qui le contient, on peut soupçonner qu'il est mélangé quand il a ce défaut. Pour s'en assurer, il ne s'agit que de soumettre le dépôt à quelques expériences. Si c'est de la farine, elle présentera, au moyen de la cuisson, une bouillie visqueuse, ayant l'odeur de colle, tandis qu'on aura une gelée si c'est de la fécule ou amidon.

On peut réduire toutes les espèces de lait les plus connues parmi nous à deux classes distinctes; savoir, le lait des animaux ruminans, et le lait des animaux non ruminans. Le premier sert spécialement aux usages économiques, et le second est plus généralement employé en médecine.

Lait de vache. C'est celui qu'on peut le plus facilement se procurer : il fournit toutes les laiteries, et réunit tant de qualités que, suivant l'expression de Venel, il est plus lait que tous les autres laits connus, et manifestement meilleur que celui de la femelle du chameau et du buffle, quoique, dans l'Inde, ce dernier soit préféré. C'est aussi avec le lait de vache qu'on prépare les beurres et les fromages les plus renommés de l'Europe.

Mais si le lait de vache possède en plus grand nombre les qualités génériques du lait, ces qualités dépendent de l'organisation de cette femelle, qui diffère, à quelques égards, de celle de plusieurs autres animaux de ce genre. Indépendamment du volume de ses mamelles et de la dimension de ses trayons, elle fournit son lait à la première compression de la main, tandis que la plupart des autres animaux non ruminans ne le donnent qu'à leurs petits ou à ceux qui trompent leur instinct maternel.

Lait de brebis. Il est facile, à la simple inspection, de saisir la différence qui existe entre le lait de brebis et celui de vache : son toucher gras, et la manière dont il affecte l'organe du goût, ne permettent pas de les confondre.

Le beurre qu'on obtient du lait de brebis, quoique abondant, n'a jamais une consistance bien solide. Sa couleur est, en été, d'un jaune pâle ; il se fond aisément dans la bouche, et y laisse l'impression des huiles : il se rancit aisément, si on n'a pas la précaution de le laver à plusieurs reprises. Le caillé conserve un état gras et visqueux, n'est ni tremblant ni gélatineux comme celui de vache. La quantité de lait que donne la brebis, quoique variable selon les années et les saisons, est estimée à trois quarts de livre par jour pour les deux traites; quelque temps après le part, et depuis juin jusqu'en août, après la tonte, elle éprouve une diminution sensible.

Lait de chèvre. Sa densité est plus considérable que celui de vache; à la vérité, il est moins gras que le lait de brebis. Son odeur et sa saveur ne sont pas toujours agréables dans les premiers jours de son usage; mais on finit par le trouver excellent. Quand la femelle entre en chaleur, et que le bouc s'en approche, cette odeur et cette saveur sont plus marquées, surtout chez l'espèce qui porte des cornes.

La crême du lait de chèvre est d'un blanc mat; la petite quantité de beurre qu'on en obtient est ferme, d'une saveur douce et agréable, et se conserve plus long-temps frais que celui de brebis; mais le caillé est extrêmement abondant et d'une bonne consistance; aussi devient-il la base d'un objet de commerce assez intéressant.

On connoît la bonté des fromages du Mont-d'Or, et combien leur goût délicat les fait rechercher à Lyon, d'où on les envoie à Paris, en boîtes de sapin rondes et plates.

Les fromages cylindriques appelés *cabril-*

laux dans le département du Cantal sont
aussi fabriqués avec du lait de chèvre, et
le caillé en est si délicat qu'il peut, par
son association avec celui des autres animaux
ruminans, en améliorer la qualité; c'est pour
cela qu'on le fait entrer dans la composition
des fromages de Sassenage.

Lait d'ânesse. Son usage en médecine s'est
conservé depuis les Grecs jusqu'à nous; l'a‑
nalogie qu'il a avec celui des femmes le
rend infiniment recommandable dans une
foule de circonstances où l'art de guérir n'a
pas un meilleur agent. Il faut que l'ânesse
soit bien entretenue et nourrie d'herbes suc‑
culentes; alors son lait est fort sucré. Mais
autant le lait des ruminans abonde en beurre
et en fromage, autant le lait d'ânesse en donne
peu. Ce n'est pas même sans difficulté qu'on
parvient à obtenir ces deux produits : le pre‑
mier est toujours mou, fade, blanc, se ran‑
cit et se liquéfie aisément, et ressemble beau‑
coup en hiver à une huile figée; le second
présente un coagulum mou, sans consistance,
et se précipite sous la forme d'un magma;
en revanche, il est très-abondant en serum.

Lait de jument. Chez les Tartares russes,
les cavales remplacent complètement les va‑
ches laitières d'Europe; elles sont traites une,
deux et trois fois par jour; leur lait chaud
sert de médicament; on en fait du beurre,
des fromages, et surtout une liqueur enivrante,
tellement du goût de ces peuples, qu'ils font
consister leur bonheur à en avoir toujours

une grande quantité. C'étoit une pratique très-ancienne parmi eux, puisqu'au rapport de Marc-Paoli, vénitien, ils en préparoient, dès le treizième siècle, une boisson analogue au vin blanc.

La jument est dans la classe des femelles qui ne donnent leur lait qu'à la vue de leur nourrisson ; mais ce lait, quoique moins séreux que celui d'ânesse, n'est cependant pas aussi riche en principes que celui des ruminans, et c'est peut-être pour cette raison qu'il est le premier qu'on se soit avisé de soumettre à la fermentation vineuse, pour en retirer par la distillation de l'alkool, et par l'acétification du vinaigre. Ces procédés, communiqués par les voyageurs, ont été perfectionnés en Europe et appliqués depuis à toutes les autres espèces de lait.

Colostrum est le nom que les médecins ont donné au fluide qui se sépare des mamelles, les premiers instans qui précèdent et suivent le part ; il est demi-transparent, visqueux, gras, d'un blanc sale, d'une saveur fade, filant, et ayant la consistance d'un sirop ; le beurre qu'il renferme est abondant, presque orange, plus spongieux, plus adhérent à la crème, et moins agréable que le beurre ordinaire.

Le colostrum nouvellement trait, et mis sur le feu, se coagule avant d'arriver au degré de l'ébullition, et fournit une grande quantité de serum blanchâtre, ce qui le rapproche plutôt de l'état lymphatique que de celui du lait. Ce n'est donc que le quatrième jour après le part que ce fluide réunit toutes les conditions du véritable lait ; il ne se coagule plus au feu, et n'en diffère absolument qu'en ce qu'il est moins riche en beurre, et plus abondant en serum.

Il n'est pas douteux, disent aujourd'hui les médecins, que cet état onctueux et lymphatique du lait ne soit une modification nécessaire à la composition de l'aliment que la nature destine au nouveau-né. Le colostrum, en sa qualité de corps gras, dissout, liquéfie une matière poisseuse, résineuse, accumulée dans l'estomac et les intestins, pendant le temps que le fœtus est resté dans le sein de sa mère ; il la met en état d'être expulsée, et empêche que par son trop long séjour elle n'occasionne des désordres qui deviendroient tôt ou tard préjudiciables au nouveau-né. On sait que les enfans, dès les premiers jours de leur existence, deviennent quelquefois très-jaunes et meurent, parce qu'alors le méconium animal (c'est le nom que porte cette matière) n'est pas entièrement évacué.

Le colostrum ne sauroit donc être considéré comme un fluide indifférent dans le cas dont il s'agit ; il est destiné par la nature, et les proportions de ses parties constituantes, à exercer précisément les fonctions d'un véritable médicament, dont l'effet, en contribuant à l'expulsion du corps étranger à la vie de l'animal, dispose, pour ainsi dire,

ses organes à recevoir et à préparer les nouveaux alimens dont il a besoin pour son accroissement et sa conservation.

C'est, sans doute, à cette qualité dissol-
vante et relâchante du colostrum, et non
aux matières âcres et au sel ammoniac, qu'il
ne contient pas, qu'on doit attribuer l'espèce
de dévoiement auquel sont exposés les nouveau-nés qui le prennent. Les évacuations,
loin d'être nuisibles à l'enfant, le purgent des
matières qui lui occasionnent des tranchées,
et le sirop de chicorée, que l'on prescrit souvent pour provoquer la sortie de ces matières, n'a jamais le succès du colostrum.

Loin de refuser le colostrum au nouveau-
né, d'après l'opinion des anciens, qui regardoient ce fluide comme vénéneux, on doit,
au contraire, le lui administrer en totalité,
pour qu'il puisse remplir les indications que
la nature a eues en vue en le formant, et
c'est contrarier absolument son vœu que d'en
frustrer l'enfant, sous quelque prétexte que
ce soit, puisque sa propriété légèrement purgative est précisément une des qualités essentielles pour la destination qu'il est chargé
de remplir.

Les villageois des environs de Paris ont
coutume de traire les vaches dès l'instant
qu'elles ont mis bas, et de leur faire boire
la première traite, persuadés qu'elles ont besoin d'être purgées ; la seconde traite est
pour les veaux, auxquels on ne permet jamais de prendre les trayons, dans la crainte

qu'ensuite la mère ne refuse son lait à la trayeuse, et ne contracte pour son nourrisson un attachement qui opère toujours en elle une sorte de révolution lorsqu'il s'agit de les séparer l'un de l'autre; mais dans ce cas peu importe; ces veaux ne sont pas destinés à former des élèves, ils sont condamnés à la boucherie.

Lait de beurre. La crême nouvelle, après avoir donné le beurre qui en formoit une des parties constituantes, ne présente plus qu'un fluide blanchâtre, d'une saveur, d'une consistance à peu près égale à celle du lait pur. Ce fluide est connu dans les ouvrages sous le nom de lait de beurre; dénomination fort impropre, puisqu'il ne contient pas un atome de beurre.

On l'appelle encore, dans les campagnes, *lait aigre*; mais ce nom ne lui convient pas davantage, car il n'a de saveur acide qu'autant qu'il a été séparé d'une crême ancienne. Ce n'est donc, à proprement parler, qu'un lait parfaitement écrémé, mais contenant tous les autres principes du lait.

Le premier devient souvent le salaire de la fille qui a battu le beurre; le second est employé à la soupe des gens, ou bien on en humecte le son dont on nourrit les animaux de basse-cour; ou bien, enfin, il sert d'aliment aux veaux, quand on ne les livre pas aux bouchers quelques jours après leur naissance. Il seroit même possible d'en préparer les fromages communs, car, encore une fois, ce fluide n'est absolument autre chose que du lait moins la crême.

Les médecins assurent que, même dans cet état, il peut mériter la préférence sur le lait ordinaire, lorsqu'on veut l'administrer comme médicament à certains malades qui ne peuvent pas digérer la crême, ou du moins le lait qui en contient.

Lait maigre. C'est ainsi qu'on appelle dans les campagnes le serum ou la sérosité du lait, qui reste après la séparation du caillé ou de la matière caseuse.

Les habitans de la Grèce n'avoient pas d'autres boissons pour tempérer l'ardeur de la soif que la chaleur de leur climat occasionnoit ; c'est quand il a une saveur un peu acide qu'il est bon de l'administrer dans les maladies inflammatoires, et qu'il devient l'excipient de beaucoup de remèdes.

Quoiqu'en apparence le lait maigre ne soit pas riche en principes, il n'en est pas moins un fluide très-composé, et il acquiert, par la clarification qu'on lui fait subir, une transparence parfaite : sa saveur est absolument différente de celle du lait dont il provient ; sa couleur, lorsqu'il est bien filtré, est quelquefois un peu jaune, quelquefois aussi elle tire sur le vert-d'eau.

Abandonnée à elle-même pendant l'été, la sérosité du lait ne tarde pas à s'altérer, elle se trouble encore plus et contracte une saveur acide assez marquée. Dans cet état, elle a des propriétés caractéristiques qu'il est impossible de confondre avec celles des autres acides connus. On s'en sert spécialement pour opérer le blanchissage des toiles, etc.

Lait végétal. Les anciens, qui croyoient beaucoup aux analogies, se persuadèrent que toutes les plantes qui fournissent un suc laiteux, quand on blesse leur parenchyme, possédoient une vertu comparable à celle des animaux. Dans cette opinion, ils prescrivoient l'usage de la laitue et de tous les individus de cette famille, aux femelles des animaux, et aux femmes qui avoient peu de lait (1); mais on conçoit que ce prétendu lait n'est autre chose qu'une matière résineuse, semblable, pour les qualités physiques, à celui que donnent l'ésule, les feuilles de figuier, et les autres plantes de ce genre (2).

On peut diviser en cinq classes les ustensiles nécessaires à une laiterie; savoir, ceux servant :

1° A traire les vaches ;

2° A couler, à contenir et à transporter le lait ;

3° A battre la crême et à *délaiter* le beurre ;

(1) Si les anciens avoient eu l'idée que *prendre du lait* augmente le lait d'une nourrice, etc., ils auroient souvent ordonné de prendre du véritable lait dans ce cas, ce qu'ils n'ont jamais fait. Ainsi il est à croire qu'ils ne prescrivoient pas l'usage de la laitue et des plantes de ce genre, parce qu'elles sont *laiteuses.*

(2) Extrait tiré du *Nouveau Cours d'agriculture*

4° A saler et à fondre le beurre ;

5° A cailler le lait et à faire les fromages.

Les vases les plus convenables pour faire monter et recueillir la crème sont ceux qui, très-étroits dans leur fond , sont très-évasés à leur partie supérieure. Il faut qu'ils aient environ quinze pouces par le haut et six pouces par le bas, et autant de profondeur.

Ils doivent être de faïence , de porcelaine, de bois , de marbre ou de fer - blanc. Ils ne doivent jamais être de cuivre ou d'étain.

La plus grande quantité de lait qu'une vache puisse fournir en été, pendant vingt-quatre heures , est évaluée à vingt - quatre pintes ou quarante-huit livres ; mais le produit commun est de douze pintes ; et quoique plus savoureux et plus abondant en été, le lait en hiver est plus crémeux.

L'opération de traire exige des soins particuliers. L'animal, étant brusqué , devient indocile et donne moins de lait. On doit exiger de la *trayeuse* qu'avant de procéder à la traite elle ait soin de se laver les mains, d'éponger le pis et les trayons avec de l'eau froide, pour les raffermir , et non avec de l'eau chaude , d'être sur elle d'une grande propreté , de conduire doucement la main depuis le haut du pis jusqu'au bas, sans interruption , de tirer alternativement les mamelons du même côté , et les deux du côté opposé ; de changer d'instant à autre, et d'obtenir exactement jusqu'à la dernière goutte du lait.

Les laiteries n'ont pas toutes la même destination, c'est-à-dire que dans toutes les localités on n'y fait pas un même emploi de laitage.

Dans les environs des grandes villes un fermier n'auroit aucun avantage à convertir son lait en beurre ou en fromage, il trouve un plus grand profit à le vendre tout chaud; des laitières viennent l'enlever tous les jours, et il n'en conserve que la quantité nécessaire à la consommation de son ménage; mais les fermiers éloignés de ces lieux de grande consommation ne trouveroient point le débit journalier d'une grande quantité de lait; alors ils en fabriquent des fromages, comme dans la Brie, à Neufchâtel, à Marolles, ou bien ils en font du beurre, comme à Isigny, à Gournay, etc.

Du beurre.

Comme le beurre est la partie grasse, huileuse et inflammable du lait, elle se sépare par le repos, monte à la superficie de la liqueur, s'y rassemble en masse fluide, et forme ce qu'on appelle la crême, qui, à force d'être foulée et battue, s'est dépouillée de la sérosité qu'elle contenoit, et a pris une consistance plus épaisse. Plus le lait contient de parties huileuses et grasses, plus il fournit de beurre. Le lait le plus nouveau trait et le plus gras fait le meilleur beurre, et il faut environ dix livres de lait pour faire deux livres et demie ou trois livres de beurre.

Il faut beaucoup de propreté, et quelquefois un peu de patience pour faire le beurre ; on met dans la baratte toute la crème levée dessus le lait, ou le lait même sans l'avoir écrémé ; on l'y bat bien avec la batte-beurre, jusqu'à ce qu'il s'épaississe en masse ; on prend cette masse , qui est le beurre, on la lave dans une terrine d'eau claire , et on la met en motte ou en pain , de telles grosseur et forme que l'on veut.

La baratte est un vaisseau fait de douves ou de terre cuite, large d'en bas et assez étroit par le haut ; on le couvre d'une espèce d'écuelle de bois percée d'un seul trou, au travers duquel on passe le manche d'un cylindre de bois long , de cinq pouces de diamètre et d'un pouce d'épaisseur, percé en plusieurs endroits, qu'on appelle batte-beurre ; c'est avec ce bâton qu'on fait le beurre, à force de battre et de brouiller les parties du lait.

Dans les pays de pacage, où il se fait beaucoup de beurre, au lieu de baratte et de batte-beurre , on le fait dans un petit baril de forme cylindrique, posé horizontalement sur deux pieux de bois, qu'on tourne avec une manivelle de fer, dont la branche traverse et porte tout le baril.

Le beurre ainsi fait et bien lavé , celui qu'on voudra employer frais doit être enveloppé d'un linge blanc , et porté au frais dans la laiterie. Quant à celui qu'on veut garder , il faut sur - le - champ le saler ou le fondre, comme on le dira ci-après :

s'il étoit refroidi et durci, il ne seroit pas si bon, et ne se manieroit pas si aisément. C'est ainsi qu'on fait les beurres exquis qui viennent à Paris. Les beurres se mettent dans des petits pots de grès, et les beurres de provision dans de longs pots aussi de grès, qu'on nomme tallevannes, ou dans des tinettes, qui sont des vaisseaux de douves faits exprès et plus larges en haut qu'en bas. Les tallevannes remplies de beurre pèsent, suivant leur grandeur, depuis six livres jusqu'à quarante, et les tinettes depuis vingt jusqu'à deux cents livres.

Pour faire le beurre promptement. Quand le beurre est long-temps à prendre dans la baratte, il ne faut qu'y mettre du lait de vache tout nouvellement trait et encore chaud, pour qu'il s'épaississe promptement.

Les chaleurs et les froidures sont également contraires à la coagulation; l'hiver, il faut battre le beurre auprès du feu, mais pas trop près, pour qu'il ne fasse qu'échauffer et animer les parties butireuses sans les cuire; et l'été, il ne faut que tremper de temps en temps la batte-beurre dans une terrine pleine d'eau fraîche et claire, pour rafraîchir et lier les parties huileuses et grasses du lait, que la chaleur a émoussées.

La mauvaise qualité du lait, qui a trop peu de parties butireuses et trop de sérosités, est quelquefois aussi la cause que le beurre ne se fait qu'avec bien de la peine : en ce cas, ce n'est que la patience et le lait trait tout chaud qui peuvent faire lier le peu de parties crémeuses et liantes qu'il y a dans ce lait.

Choix du beurre. Celui des mois du printemps est le plus estimé et le meilleur; ensuite, celui d'été fait en août, celui du commencement de l'automne. et les autres vont après. On doit le choisir d'une saveur et d'une odeur douce et agréable, le plus frais battu qu'il se peut; plus il est nouveau, plus il est agréable et salutaire.

Pour servir le beurre proprement. Pour donner au beurre servi sur table un petit goût d'amande, on le mêle avec quelques amandes bien pilées, ensuite on le passe à travers une étamine et on le file dans une seringue de bois faite exprès, dont le bout est fermé par une plaque de fer prcée de différens trous, afin que le beurre, passant à travers, en prenne les figures différentes. Au lieu de seringue, on se sert souvent d'une passoire de bois où on attache par un bout une grosse serviette claire à un crochet de fer, on met le beurre dedans, et on le fait filer à travers la serviette en le tordant; on le dresse après en rocher sur une assiette, d'autres jettent dessus des fleurs de buglose, dans la saison; on y met un peu de jus d'ail pour ceux qui l'aiment, avec du sel blanc bien menu.

Du beurre salé. Le sel donne du goût au beurre; il le conserve parce qu'il en bouche les pores, et empêche l'air d'y entrer et d'en désunir les principes; sans cela il devient âcre, huileux et désagréable.

Les beurres de mai et de septembre sont ceux dont on fait ses provisions. On appelle beurres fins ou beurres d'herbes ceux qui sont faits dans le temps que les vaches sont en plein pâturage, sans se nourrir de fourrages: le beurre le plus frais est le plus aisé à manier et le meilleur à saler ; on en prend environ deux livres à la fois, qu'on étend avec un rouleau sur une table bien nette , ou dans un de ces baquets bas et larges dont bien des gens se servent pour pétrir le pain : on fait de ce beurre une abaisse épaisse d'un doigt, on la saupoudre de sel égrugé, ensuite on plie le beurre en trois ou quatre, et on le pétrit bien pour que le sel pénètre partout ; on l'étend de nouveau, on le sale une seconde fois, et on le pétrit de même ; et quand en le goûtant on le trouve assez salé, il n'y a plus qu'à le mettre dans des tinettes ou dans des pots de grès ; on l'y presse bien pour qu'il n'y ait point de vide, et que tout soit en masse. Quand le pot est plein à quelques doigts près du bord , il faut y répandre de la saumure, c'est-à-dire du sel fondu dans de l'eau, et la renouveler de temps en temps, parce que par degrés le beurre se détache du pot, sans quoi le beurre ne se conserveroit pas ; il faut couvrir les pots de beurre de quelques doubles de papier propre, et les mettre dans un lieu frais et hors de l'atteinte des animaux.

Le sel gris est meilleur pour saler le beurre, il lui donne moins d'âcreté et il sale d'un

tiers plus que le blanc. On met ordinairement une livre de sel gris séché au four et
broyé, sur douze livres de beurre. Comme le
sel ne gâte rien, on en met plus que moins,
surtout quand le beurre est de lait de vaches
qui ont pâturé dans des pays marécageux; de
même, s'il est fait pour être gardé long-temps
ou pour être transporté, il y faut beaucoup
de sel, afin qu'il ne tourne pas à la graisse.

Du beurre fondu. Le beurre affiné ou fondu est bon pour l'usage journalier de la maison; on l'emploie même pour les salades au
lieu d'huile, mais il ne vaut rien à manger
sur le pain.

Pour en fondre comme pour en saler, il
faut le choisir frais et de bon goût, et le
prendre du mois de mai ou de septembre;
mettre ce qu'on en voudra fondre dans un
chaudron, sur un feu clair, modéré et toujours égal. Quand il commence à frémir, on
le remue avec l'écumoire pour empêcher qu'il
ne lève, et l'on continue à le faire bouillir
modérément jusqu'à ce qu'il soit cuit; lorsqu'il l'est, on retire le chaudron de dessus le
feu, on le laisse reposer un moment, et l'on
voit s'il est clair comme de l'huile jusqu'au
fond; pour lors on l'écume bien, et sans
brouiller le fond qui est le plus grossier, et
qu'on emploie aux usages communs, on retire du chaudron tout le bon beurre, cuillerée
à cuillerée, et on le met dans des pots de
grès bien lavés où on le laisse refroidir; on
les bouche ensuite.

Le beurre fondu peut se garder bon deux ans entiers quoiqu'on n'y mette point de sel, parce qu'il est purifié par le feu.

Des fromages.

Outre le sel employé comme assaisonnement des fromages, on introduit dans leur composition différentes substances qui en font varier infiniment l'odeur, la saveur et la couleur; dans les Vosges, par exemple, on mêle aux fromages de Gérardmère des semences de la famille des ombellifères; dans le pays de Limbourg, on y incorpore le persil, la ciboule et l'estragon hachés; les Italiens se servent du safran pour colorer le fromage de Parmesan, et les Anglais du roucou pour le fromage de Chester; d'autres sont dans l'usage de pratiquer au milieu une cavité qu'ils remplissent de vin de Malaga ou de Canaries; enfin, on fait des fromages à la rose, au souci, à l'œillet; mais ce ne sont là que des accessoires qui ne constituent pas essentiellement les fromages.

On fait encore des fromages avec le lait dont on a séparé la crème pour en obtenir le beurre; on en fait avec le lait pur, tel qu'il sort des mamelles; enfin, on prépare, en ajoutant à ce lait, le quart, le tiers ou la moitié en sus de la crème d'un autre lait. Tous ces fromages offrent autant de qualités distinctes; mais l'espèce de lait et la manière de procéder constituent encore d'autres nuances. Arrêtons-nous d'abord aux quatre points principaux qui forment toute la théorie de leur fabrication. Ils consistent :

1° A faire cailler le lait ;
2° A séparer le serum ;
3° A saler le caillé égoutté ;
4° A affiner le fromage.

De la présure. La liqueur contenue dans l'estomac, et l'estomac lui-même de la plupart des ruminans, ont la propriété de faire cailler le lait ; cette matière est communément employée dans les fromageries, sous le nom de présure.

Pour la préparer, on ouvre la caillette, c'est-à-dire le dernier estomac des veaux ; on en détache les grumeaux, on les lave dans l'eau fraîche, et on les essuie dans un linge bien propre ; et après les avoir salés, on remet le tout dans la caillette, qu'on suspend au plancher pour la faire sécher et s'en servir au besoin.

Quelle que soit la composition de la présure et de la forme, il est bien important d'en modérer la dose, surtout en été ; sans cette précaution, la pâte du fromage ne réunit pas les conditions essentielles ; lorsqu'on l'emploie par excès, elle se présente en grumeaux désunis sans consistance, et ne retient pas assez la crème qui se sépare de la sérosité en moindre quantité ; au contraire, le serum tient plus au caillé et n'est pas suffisamment dépouillé de matière caseuse ; une présure à odeur forte produit encore un mauvais effet.

Il faut d'autant plus de présure que le lait est plus gras, plus épais et qu'il fait froid; car celui auquel on a enlevé la crème pour faire du beurre est plus facile à congeler. Au reste, c'est à la fermière intelligente à se régler sur ce point, d'après son expérience particulière, qui seule est capable de la guider et de l'instruire.

Du caillé. Séparé spontanément ou artificiellement de la sérosité, le caillé offre un aliment très-recherché dans certains pays; les Lapons, surtout, en mangent en très-grande quantité. Pour l'obtenir, ils ajoutent au lait récemment trait du serum aigri. Quelle que soit la présure dont on se sert, il convient de mettre le lait dans un endroit frais, l'été, et de le tenir au contraire chaudement lorsqu'il fait froid, afin de faciliter l'affermissement du caillé, et son entière séparation d'avec la sérosité.

Lorsque c'est la présure sèche qu'on emploie, on la délaie dans un peu de lait, et avec une cuillère de bois on la mêle exactement dans toute la masse du fluide. Après quelques heures, et au moyen du repos, la coagulation s'opère.

Dès que le lait est suffisamment pris, on le laisse reposer plus ou moins de temps, suivant la saison, afin que le serum dispersé dans la masse du caillé se rassemble, et puisse en être séparé en inclinant doucement le vase.

Le caillé, débarrassé d'une partie de sa sérosité, est enlevé avec une cuillère de bois percée de trous, et distribué par portions dans des éclisses d'osier, à travers lesquelles le petit-lait s'écoule librement, en prenant la forme du moule qui le contient; insensiblement le caillé se ressuie et acquiert assez de consistance pour se détacher facilement, et être renversé sens dessus dessous dans d'autres éclisses, également percées de trous de toutes parts : ils y restent encore à peu près le même espace de temps. De ces éclisses dépendent la forme et le volume qu'on veut donner aux fromages.

Quand le caillé est suffisamment ressuyé, et qu'il a acquis la consistance d'un fromage en forme, on le sépare de l'éclisse. Pour cet effet, on le renverse sur des tablettes ou clayons à jour couverts de paille : on entoure communément ces clayons d'une toile forte et à tissus lâches, non-seulement pour laisser un libre courant à l'air, et par conséquent à l'évaporation de l'humidité surabondante, mais encore afin de le garantir des mouches qui accourent de toutes parts, alléchées par l'odeur du gaz vineux qui s'exhale au loin.

Salure du caillé. Préparé comme on vient de le dire, le caillé s'altéreroit bientôt si on ne se hâtoit d'y ajouter un condiment. Celui auquel on a recours ordinairement est le muriate de soude (sel marin); mais il faut toujours l'employer avec modération, et dans un état sec, pour faciliter sa dissolution et sa pénétration insensible dans toutes les parties du caillé. La quantité qu'il convient d'en mettre ne sauroit encore être déterminée que par l'expérience et l'habitude journalière.

Lorsque le caillé a la consistance requise, on en râtisse la surface, et on le recouvre avec du sel. Le lendemain, on retourne le fromage, et on procède de la même manière que la veille, afin de saler également l'autre surface et les côtés qui n'avoient pas reçu le sel. Enfin, on répète cette opération jusqu'à ce que le fromage ait pris la juste quantité de sel qui lui convient, ce qu'on reconnoît par la dégustation, et surtout lorsqu'il n'en absorbe plus. Alors on distribue le caillé salé sur deux espèces de claies ou rayons faits comme une échelle, et rangés près des murs de la fromagerie ; on y met de la paille de seigle, sur laquelle on arrange les fromages de manière qu'ils ne se touchent par aucun point.

Ainsi arrangés et distribués, les fromages sont retournés tous les deux jours, pendant environ deux mois, de manière que la paille qui étoit inférieure la veille devienne supérieure le lendemain, et se sèche à son tour. Alors cette opération n'est plus répétée que tous les huit jours, en observant de renouveler la paille et de laver les claies, dans la crainte qu'elles ne communiquent quelque mauvais goût.

Affinage des fromages. Pour parvenir à cette perfection des fromages, on les porte dans un endroit frais et humide, ayant soin de les garantir des souris, des chats, et surtout des insectes qui y déposent leurs œufs.

Il y a certains fromages disposés à sécher trop vite ; pour prévenir cet inconvénient, quelques fabricans en frottent la surface avec de l'huile ; d'autres les recouvrent de lie de vin, ou mieux encore d'une enveloppe de linge imbibé de vinaigre. Souvent aussi, quand les fromages ne sont pas d'un grand volume, on les entoure de feuilles d'ortie ou de cresson, qu'on renouvelle de temps en temps ; quelquefois aussi de foin tendre, qu'on humecte d'eau tiède en les retournant souvent.

Ceux qui n'ont pas de localités propres à ces opérations tiennent les fromages exposés à l'air, sur une claie suspendue dans leur chaumière ; et pour les faire affiner, ils les plient dans du foin mouillé avec une lessive de cendres : mais il arrive très-souvent que la fermentation devance le temps fixé par leur calcul, et que la pâte a contracté un goût fort avant l'époque de la vente.

Une fois les fromages affinés, on les enlève de dessus la claie, on les expose sur des planches, dans un endroit où ils ne sèchent ni trop ni trop peu ; il faut surtout observer que ces planches ne soient point de pin, de sapin, ou d'autres bois résineux de cette espèce, parce que le fromage en contracteroit bientôt le goût et l'odeur.

Il y a des caves reconnues propres à bonifier les vins qui y séjournent ; elles n'ont pas moins d'influence sur les fromages : il n'y a guère que ceux d'une durée éphémère qui soient susceptibles de s'affiner quand ils se ramollissent. Il faut les transporter dans un lieu plus sec, et ainsi alternativement de la cave au grenier, suivant leur espèce et leur température : on les conserve, par ce moyen, dans le meilleur état.

Le fléau le plus destructeur des fromages, de ceux surtout obtenus sans le secours de la cuisson, ce sont les mites ; elles éclosent sous leurs croûtes et s'y multiplient à l'infini. On sait combien cet inconvénient en diminue la valeur et en restreint le commerce à une classe de consommateurs peu difficiles sur l'aspect et sur le goût, pourvu que les prix n'en soient pas trop élevés.

Plusieurs moyens ont été proposés pour prévenir la vermification si commune dans les fromages ; les plus efficaces consistent à travailler la pâte à des heures et dans des endroits à l'abri des mouches, à entretenir la propreté, la fraîcheur et l'obscurité dans les caves, et à frotter la surface des fromages avec un linge une fois par semaine, et à laver les planches sur lesquelles ils sont distribués.

Des fromages privés de la sérosité au moyen de la compression.

Pour obtenir ces fromages, il ne s'agit que de briser le caillé dès qu'il est formé, et de contraindre le serum, qui s'y trouve disséminé comme dans des lames, dans des cellules particulières, à se séparer promptement ; d'où résulte une pâte qui prend de la consistance à mesure qu'elle se dépouille du fluide qui lui donnoit l'état mou et tremblant ; cette pâte devient susceptible d'être maniée et distribuée dans des moules, à travers lesquels s'égoutte insensiblement le restant d'humidité que l'effort des mains et des presses n'a pu extraire.

Après que la présure a produit son effet, ceux qui opèrent se servent d'une lame de bois en forme d'épée, pour diviser en tous sens les parties du caillé qui nagent dans la sérosité ; et avec les bras qu'ils plongent dans la masse, ils tournent sans interruption, compriment et forment un gâteau qui se précipite au fond du vase dont il prend bientôt la forme ; on l'en retire, on le serre fortement entre les deux mains sur une table, et on le met encore égoutter; on le comprime de nouveau au moyen d'une pierre d'un certain poids, qui achève d'en dégager le superflu du petit-lait.

Lorsqu'il ne fait pas chaud, la pâte du caillé reste ainsi pendant deux ou trois jours placée près du feu; elle augmente alors de volume ; il s'établit dans l'intérieur de la masse un mouvement de fermentation, des yeux, des vides occasionnés par l'air qui se dégage, et tels qu'on les observe dans une pâte levée; on dit alors que le caillé est passé ou soufflé, et on l'appelle *tomme* : c'est dans cet état qu'on le sale.

Au sortir de la presse , les fromages sont transportés à la cave , et l'on a soin de les retourner tous les jours, afin que le sel continue à se diviser et à se distribuer uniformément. Quand la surface est trop sèche , il faut l'humecter avec le petit-lait chargé de sel : c'est un supplément qu'on leur administre. Au bout d'un certain temps de séjour à la cave , on essuie la mousse qui recouvre la surface des fromages , et on râcle avec la lame d'un couteau la croûte qui se trouve au‑dessous ; elle est d'abord mollasse , mais elle acquiert insensiblement la consistance et la couleur désirée.

Des fromages privés de la sérosité au moyen de la compression et du feu.

Dans les deux genres de fromages dont il a été question jusqu'à présent , la matière caseuse ne subit pas l'action du feu ; il suffit d'exposer le caillé sur des vaisseaux à claire-voie pour les premiers , et d'employer les efforts d'une presse pour les seconds. Cette opération a pour objet d'amener la pâte à un état de consistance telle qu'on puisse la manier, la figurer et la saler ; mais lorsqu'on veut ajouter encore une perfection à cette pratique, il faut nécessairement employer la cuisson.

On met , pour cet effet, le lait destiné à faire du fromage , dans une chaudière exposée à l'action d'un feu modéré ; on enduit ensuite de présure toutes les surfaces de l'écuelle plate, qu'on plonge dans le lait et qu'on remue en tout sens.

Aussitôt que la présure, aidée de la chaleur, a imprimé son action au fluide, on enlève le lait de dessus le feu, et on le laisse en repos ; il se coagule en peu de temps : on sépare une portion de serum, et on en conserve suffisamment pour cuire à une douce chaleur la masse divisée en grumeaux : on agite, sans discontinuer, avec les mains, les écuelles et les moussoirs dont on se sert pour la base.

La pâte est parvenue à son point de cuisson quand les grumeaux qui nagent dans la sérosité ont acquis un degré de consistance un peu ferme, un œil jaunâtre, et font ressort sous les doigts ; il faut alors retirer la chaudière de dessus le feu, remuer toujours, rapprocher en différentes masses les grumeaux, et exprimer le petit-lait le plus exactement possible. Cette première opération terminée, on distribue les grumeaux dans des moules, et on emploie l'effort de la presse pour achever d'en faire sortir toute la sérosité, et les réunir, de manière à former un corps d'une homogénéité parfaite.

Pour introduire le sel dans le caillé cuit, favoriser sa solution et sa pénétration, il faut retourner les fromages, et leur donner une autre forme moins large que celle où ils ont été d'abord moulés ; ils restent dans cette seconde forme pendant trois semaines ou un mois, sans être comprimés par les bords ; on se borne à les maintenir dans leur contour, ou les sale tous les jours, en frottant de sel les deux bords et une partie du contour ; à chaque fois on resserre les moules, et lorsqu'on s'aperçoit que les surfaces n'absorbent plus le sel, ce qui s'annonce par une humidité surabondante, on cesse d'y en mettre ; on retire les fromages du moule, et on les porte en réserve dans un souterrain.

Fromages de lait de chèvre, dits du Mont-d'Or.

En voici la recette :

Aussitôt que le lait est refroidi, on y met de la présure, environ une cuillerée à café sur deux bouteilles de lait ; quand le petit-lait surnage, on met le caillé dans la forme, dont le fond est garni de feuilles ; lorsqu'il est égoutté, on le retourne et on le sale des deux côtés, on le sort de la forme, on le laisse sécher, et on le garde autant qu'on veut dans un endroit frais en été, et sec en hiver ; de temps en temps on le retourne.

Voici la manière de préparer la présure dont on se sert pour les fromages : on met une vessie de veau dans une bouteille de vin blanc, et on y ajoute une pincée de sel ; on peut s'en servir toute de suite.

Fromages au lait de vache promptement faits.

Il faut prendre à midi la crême du lait tiré le matin, la mêler avec autant de lait tout chaud trait, y mettre de la présure délayée dans de l'eau salée : quand le tout est bien mêlé, qu'il a reposé une bonne heure, et que la présure a fait son effet, on dresse le caillé avec une cuillère dans une éclisse haute, et garnie dans le fond d'un linge bien long ; on laisse égoutter ce fromage pendant deux ou trois heures, ensuite on le renverse sur une assiette, et on ôte le linge. On y met quelquefois de l'eau de fleurs d'oranger, ou du lait d'amandes.

Ce qu'on appelle en Allemagne *lait de beurre* se prépare ainsi pour les déjeûners : on prend le lait d'où l'on a extrait le beurre, on y laisse quelques petites particules de beurre qui y surnagent, et ensuite on y met moitié crème, ce qui forme un breuvage excellent, dans lequel on trempe du pain.

Quand on prend le lait de beurre pour sa santé, on n'y met point de crème, et on n'y laisse point de particules de beurre.

On trouve en Bourgogne, surtout dans le Bourbonnais, une espèce de laitage délicieux, qu'on apprête ainsi : on prend du lait nouvellement tiré, que l'on met dans de grandes terrines très-étroites du bas, et très-larges du haut ; on met ces terrines dans un four dont on vient d'ôter le pain, et on les y laisse jusqu'à ce que le four soit tout-à-fait refroidi ; on laisse bien monter la crème, qui forme sur les terrines une peau très-épaisse ; ensuite on lève cette crème, on la met par couches sur un plat, jusqu'à ce qu'il y ait assez de crèches pour former une élévation pareille à celle d'un gros fromage ; on mange cette crême avec du sucre.

Quelques-uns , avant de mettre les terrines au four , font bouillir légèrement le lait, et le versent ensuite dans les terrines pour les mettre au four : de cette manière , la crême est plus épaisse et a plus de goût. Ce lait écrémé est assez bon ; on en fait à la campagne de la soupe pour les domestiques.

On assure que le lait trait le soir est meilleur que le premier lait du matin , tiré au réveil de la vache ; on prétend que ce premier lait est grumeleux et malsain. En 1791 , on donna en France une médaille à un homme de campagne , pour cette observation.

CHAPITRE XI.

Du pain.

On fait du pain de trois sortes dans les fermes : le premier, de pur froment , moulu à blanc, pour les maîtres; le second, moitié froment ou petit blé, passé au gros bluteau , et moitié seigle, qui le tient frais long-temps, pour les domestiques. Le troisième est fait avec du son, pour les chiens. Dans la plus grande partie des fermes il ne s'en fait que de deux sortes : celui de la maison, commun à tous , et celui des chiens.

Il n'y a pas de profit à faire le pain blanc chez soi : le pain de boulanger est toujours mieux fait et ne coûte guère plus ; les servantes savent toujours faire le pain de la maison ; on pétrit ce pain plus ferme, il résiste et nourrit davantage ; on a soin d'avoir toujours du pain rassis, d'une cuite sur l'autre. Pour faire de bon pain et plus sain, le blé doit être vieux et bien sec. Si on place le blé dans un endroit humide il ramoitit et se gonfle, il ne se moud pas aisément, il graisse les meules, et le son n'en est jamais bien net de farine, qui n'est pas même de garde. Il faut aussi que le blé ait été bien vanné et criblé ; les criblures servent pour la volaille. On aura l'attention de ne pas mettre son blé le premier au moulin, après que la meule a été rebattue, car la farine sort d'entre les meules toujours pleine de gravier, et le moulin rend plus de son que de farine à cause des trop grands jours que fait la pointe du marteau en rebattant les meules ; on attendra qu'il y ait eu quelques mesures de blé de moulues. Quand le moulin est en bon train, il y a de l'économie à faire moudre de la farine pour long-temps ; car la farine vieille fait plus de profit que la nouvelle ; on la conserve sèchement dans les fariniers ou grands tonneaux bien fermés, afin que la poussière et les souris n'y puissent entrer. Le moulin qui va le plus vite, ou qui moud le blé plus promptement, rend plus en farine qu'en son.

Il se fait encore d'autres pains plus légers

ou mollets, dont le détail a plutôt rapport à la pâtisserie qu'à la boulangerie.

Manière de faire le pain, et des différens fromens. Pain de froment pur.

Les eaux les plus légères sont toujours les meilleures pour la façon du pain ; ainsi, en général, celles des puits, des sources et des fontaines sont à préférer à celles des rivières ; l'eau de la rivière de Seine est la plus légère de toutes les eaux.

Pour faire le pain il faut avoir un levain pesant deux ou trois livres, plus ou moins, suivant la quantité de pain qu'on veut faire. Ce levain n'est autre chose qu'une pâte crue, gardée pendant sept ou huit jours, et qui s'est aigrie ; il est indispensable d'en avoir pour faire du pain, sans quoi on ne pourroit y réussir. Ce levain se prend ordinairement de la pâte de la dernière fournée de pain qu'on a faite, soit de froment, de méteil, ou autre nature de pain qu'on veut faire. Ce levain, en s'aigrissant, fermente et fait fermenter la pâte où on le met. Les uns y mettent du sel, d'autres du vinaigre, d'autres du verjus et des pommes sauvages, de la levure ou écume de bière (celle-ci fait le pain plus léger qui s'appelle mollet), tous acides qui provoquent la fermentation. De quelque manière qu'on fasse le levain, il faut toujours beaucoup de chaleur pour le conserver ; pour cela on le couvre de farine et on le met au pied du lit, entre la paillasse et le lit de plumes, ou autre lieu chaud. Les Flamands font leur levain en mettant bouillir du froment dans de l'eau dont ils écument la mousse qui surnage ; ils la laissent épaissir en l'employant en pâte, où elle fait un pain fort léger. Les boulangers se servent plus souvent de l'écume de bière, qu'ils détrempent avec de la farine, pour en faire le pain mollet.

Un setier de farine de blé pèse avec le son deux cent quarante livres ; il fait ordinairement cent quatre-vingts et cent quatre-vingt-dix livres de pain. Un boisseau de farine bien moulue doit faire seize livres de pain. Pour faire du pain, mettez la quantité de farine que vous voulez dans une huche qui sert à la pétrir ; rangez votre farine des deux côtés de la huche, laissant un vide dans le milieu où vous mettrez le levain ; ensuite faites chauffer à y souffrir aisément la main la quantité d'eau qu'il vous faut ; jetez-la dans le milieu de la huche pour détremper le levain, et lorsqu'il sera bien délayé vous en formerez petit à petit, avec un tiers de la farine, une pâte un peu ferme, que vous laisserez au milieu de la huche, prenant soin de la couvrir d'une serviette ; renversez dessus les deux côtés de farine qui restent, puis la couvrez du couvercle de la huche. Si c'est en hiver, et que le froid soit un peu fort, il faut couvrir le levain de quelque chose de chaud, et même on met quelquefois un ré-chaud de feu par-dessous, afin que le levain ait plus de chaleur pour fermenter. Cela se fait ordinairement le soir, et le lendemain matin on fait la pâte de cette manière : on fait encore chauffer de l'eau comme pour le levain ; on relève sa farine comme elle étoit en premier lieu, et on ôte la serviette qui est dessus ; on jette l'eau qui est dans le milieu sur le levain ; on le délaie encore bien, en sorte qu'il n'y ait pont de grumeaux : quand le tout est bien délayé, on forme la pâte du reste de la farine; mais surtout on prend garde de ne point mettre trop d'eau, de peur que la farine ne manque, ce qu'on appelle noyer le meûnier. Il est même à propos d'en garder un peu, pour tourner le pain. Quand toute la pâte est faite, on la laisse dans la huche, et on la couvre d'une nappe. Si c'est en hiver, on fait chauffer la nappe, et on la couvre encore d'autre chose ; et si le froid se faisoit trop sentir, on mettroit un réchaud de feu sous la huche. On laisse la pâte en cet état une heure ou une heure et demie, ensuite on met le feu au four ; et pendant qu'il chauffe on tourne le pain de la grosseur qu'on le souhaite, et on le met sur une table, avec un drap dessous, faisant en sorte que les pains ne se touchent point l'un l'autre. Pour éviter cela, on peut se servir de sébilles ou de paniers longs ou ronds, selon la forme qu'on veut donner aux pains, et couvrir le pain d'un drap. Comme on cuit tous les huit jours à la campagne, il faut garder un peu de pâte pour faire le levain. On le couvre de farine, comme nous avons dit, et on le met toujours dans un endroit chaud; il ne se garde bon qu'une quinzaine de jours; et quand il est trop aigri, et qu'on n'en peut avoir d'autre, on y met, pour le détremper, de l'eau plus chaude qu'à l'ordinaire, afin d'animer la chaleur qui le fait fermenter. Il est nécessaire de bien manier la farine, pour que tout se tourne en pâte sans grumeaux; plus la pâte maniée est pétrie vite et mollement, plus le pain est léger et agréable au goût; au lieu que celle du pain de ménage se pétrit moins et plus lentement, ce qui la rend plus ferme. Pour peu qu'on ait d'expérience à faire du pain, on connoît à la vue quand la pâte est assez levée. Quelques personnes, en faisant cette pâte, y enfoncent le poing jusqu'au fond, et ils la croient suffisamment revenue lorsque le trou fait avec le poing se remplit de lui-même.

Chacun se sert de ce que le terroir lui donne pour chauffer le four. Toutes les matières combustibles y sont propres (1). On prendra seulement garde, en le chauffant, de ne point brûler le bois partout en même temps, mais tantôt d'un côté et tantôt de l'autre, nettoyant continuellement les cendres en les attirant avec le fourgon. Le four doit être chaud également; lorsqu'il l'est trop, le dessus du pain brûle et le dedans ne cuit point. On connoît qu'un four est chaud lorsqu'il est également blanc partout, ou lorsqu'en frottant un peu

____

(1) A l'exception des bois vernissés ou peints, qu'il est défendu de mettre au four.

fort avec un bâton contre le carreau ou la voûte, il en sort des étincelles : pour lors on cesse de le chauffer. On ôte les tisons et les charbons, rangeant quelque peu de brasier à côté de la bouche du four, et on le nettoie avec la patrouille ou l'écouvillon (c'est une perche au bout de laquelle on attache quelques morceaux de vieux linge, qu'on mouille dans l'eau claire, et qu'on tord avant de s'en servir); après cela on bouche le four un peu de temps, pour lui laisser abattre sa chaleur, qui noirciroit le pain si on l'y enfournoit tout de suite; et lorsqu'on juge que cette ardeur est un peu ralentie, on ouvre le four pour enfourner le pain le plus promptement et le plus proprement possible : on commence par les plus gros pains, dont on garnit le fond et les bords du four, gardant le milieu pour y placer le pain le plus léger, s'il y en a, autrement il brûleroit; et c'est par ce milieu qu'on finit d'enfourner; ensuite il faut avoir soin de bien boucher le four, de crainte que sa chaleur ne se dissipe. Deux bonnes heures et demie après, temps nécessaire environ pour cuire le pain bourgeois, on en tirera un pour voir s'il est assez cuit, et particulièrement par-dessous, ce qu'on appelle avoir de l'âtre ; en le frappant du bout des doigts, s'il résonne, ou s'il est assez ferme, c'est une marque qu'il sera temps de le tirer, sinon on le laissera encore jusqu'à ce qu'il soit tout-à-fait cuit. Il ne faut tirer le gros pain du four que quatre heures après qu'il aura été enfourné : on verra alors s'il est cuit, comme on vient de le dire pour le pain bourgeois; car sans une parfaite cuisson toute sorte de pain est désagréable et malfaisant : s'il n'est pas cuit, il sent la pâte, et s'il l'est trop il devient sec, dur, et perd son goût. Quand il est bien cuit, on le tire du four et on le pose sur la partie la plus cuite, afin qu'il se réhumecte en se refroidissant. Par exemple, s'il a trop de chapelle, c'est-à-dire si la croûte de dessus est trop élevée, ce qui arrive ordinairement lorsqu'on n'a pas écouvillonné le four, on met le dessus du pain dessous; au lieu que s'il est égal on l'appuie contre le mur, en le posant sur le côté qui est assez cuit.

Le pain bien levé et cuit à propos diffère d'un pain sans levain, non-seulement parce qu'il est moins compact, moins pesant et d'une saveur plus agréable, mais encore parce qu'il se trempe plus facilement, et qu'il ne fait point une colle visqueuse; ce qui est d'un avantage infini pour la digestion.

Le pain ne doit être renfermé que lorsqu'il est refroidi tout-à-fait. On l'enferme dans une huche, ayant surtout attention de le poser sur le côté, afin qu'étant ainsi rangé il puisse avoir de l'air également partout. Bien des personnes le laissent indifféremment sur une table, où jamais il ne se conserve si bien que lorsqu'il est enfermé à propos; car il sèche trop en été, et en hiver il y est trop exposé à la gelée. Pendant les grandes chaleurs, la huche sera placée dans un endroit frais, afin d'empêcher le pain de moisir.

L'économie veut qu'on ait toujours d'a-
vance pour les domestiques une demi-fournée
de pain vieux ; et de ce nouveau il faut
manger d'abord les plus mal faits et les moins
cuits, car les plus cuits se rassouplissent avec
le temps.

Tout pain rassis, remis au four, regagne
un peu de la bonté qu'il a perdue depuis qu'il
a été cuit, et, pourvu qu'il soit mangé
promptement, il semblera nouveau ; mais si
on le gardoit il sécheroit et diminueroit de
qualité.

Pain de méteil.

Ce pain est fait de moitié farine de froment et de seigle ; il a un goût agréable, mais
il est moins nourrissant que celui de froment.
Comme le seigle est rafraîchissant, il tient le
ventre libre.

Pain d'orge.

La farine d'orge ne se pétrit pas si aisément
que les autres, et le pain d'orge est toujours
sec, facile à s'émietter et peu nourrissant ; il
contient quantité d'acides, et est lourd sur
l'estomac. Il est très-rafraîchissant, mais il
cause beaucoup de vents. Sa façon dépend
beaucoup de l'eau qu'on y emploie, et de la
manière de le pétrir. Il faut toujours de l'eau
chaude, plus ou moins, suivant la saison, et
bien tourner la pâte : le levain contribue aussi

beaucoup à le faire fermenter. On fait ce pain de même que celui de froment ou de méteil. Cela regarde la farine d'orge employée seule, prrce que, mêlée avec la farine d'autres blés, elle n'est plus difficile à mettre en œuvre : on s'en sert ainsi beaucoup à la campagne, et elle réussit assez bien.

Pain d'avoine.

Le pain d'avoine est lourd, peu agréable et rude, lorsqu'il n'y entre point de meilleures farines. On y mêle quelquefois de la farine de fèves ou de pois, mais c'est dans l'extrême né-cessité : ces farines mêlées ne se lient qu'à force d'être maniées.

Pain de millet et de panis.

On en mange dans beaucoup de pays de landes et de montagnes. Ce pain ne se pétrit pas comme les autres. On commence d'abord par faire moudre le millet, puis on en prend la farine, qu'on met dans une chaudière où il y a de l'eau : il en faut cinq ou six pintes pour quatre livres de farine. On mêle bien le tout ensemble, puis on le met bouillir sur le feu jus-qu'à ce qu'il s'élève du fond de la chaudière ; pour lors on remue fortement cette pâte avec un bâton, jusqu'à ce qu'elle soit cuite de ma-nière qu'elle se rompe, et c'est alors qu'elle en est meilleure et plus délicate : on l'ôte ensuite de la chaudière, on la coupe par morceaux et on la mange. Ce pain, dit-on, n'est pas mauvais; mais il faut en faire tous les jours de nouveau, parce que, n'étant pas cuit au four comme les autres, il veut être mangé tout frais. Quelques-uns y mêlent de la farine de froment; cependant ceux qui ont coutume d'en faire le trouvent meilleur lorsqu'il n'y entre que de la farine de millet. Les montagnards en font leur repas en le mêlant dans du petit-lait salé, ou avec du fromage. Cette nourriture seroit d'un grand secours en bien d'autres endroits, si le millet y croissoit communément.

Le pain de panis se fait comme celui de millet, et a les mêmes qualités, puisque le panis est une espèce de blé qui ne diffère du millet qu'en ce que les grains du panis sont en grappes. Il croît en été en moins de quarante jours; il aime les terroirs secs, légers et sablonneux; et comme il est fort chaud, il vient encore plus vite que le millet. L'un et l'autre de ces grains font un pain aussi sec et aussi facile à s'émier que la cendre. Quelques-uns fricassent leur pain de panis avec de l'huile ou du beurre, et d'autres le mangent avec du lait ou du bouillon de viande.

Pain de riz.

Pour faire ce pain, on moud le riz avec du seigle, puis on pétrit la farine à l'ordinaire. Quelques-uns y ajoutent de la farine de millet; mais le pain ne profite pas tant que lorsqu'il n'y a que de la farine de seigle mêlée. Cela se pratique dans les pays où le riz croît en abondance.

Pain de blé de Turquie, ou de maïs.

Ce blé vient assez communément dans certains départemens de France, surtout dans les provinces connues autrefois sous le nom de Franche-Comté, Bourgogne et Bresse. Le pain s'en fait de la même manière que celui de blé. Il est difficile à digérer quand on n'y est point accoutumé; mais lorsque l'estomac y est fait, on en mange comme d'autre; le goût n'en est pas des plus agréables, mais on l'estime plus que le pain d'orge pur. Il est à désirer qu'en France on cultive ce grain plus qu'on ne fait. On parlera de sa culture en son lieu.

Pain de grains mélangés avec des pommes-de-terre.

On prend vingt-cinq livres de farine de froment, de seigle ou d'orge. On y délaie un peu de levain avec assez d'eau chaude pour en former une pâte extrêmement ferme, qu'on laisse fermenter comme un levain ordinaire. Il faut avoir vingt-cinq livres de pommes-de-terre préalablement cuites, on les mêle toutes chaudes au levain et à un demi-quarteron de sel fondu dans un peu d'eau. Quand le mélange sera suffisamment pétri au moyen d'un rouleau de bois, on les divisera par pains de trois ou quatre livres ; dès qu'ils seront bien levés , on les enfournera , ayant la précaution de chauffer moins le four, et d'y laisser la pâte plus long-temps.

Ce procédé consiste donc à n'employer la farine que sous forme de levain, à y mêler les pommes-de-terre aussitôt qu'elles sont cuites, sans avoir besoin de les peler et de les réduire en poudre ; à y ajouter l'eau pour pétrir, à tenir la pâte extrêmement ferme, et à ne la mettre au four que quand elle est parfaitement levée. La pomme-de-terre , mêlée ainsi avec le levain au sortir du chaudron , conserve sa chaleur quelque temps, et la pâte qui en résulte est plus solide , moins grasse , et par conséquent lève mieux et plus promptement.

On peut peler les pommes-de-terre pour avoir un pain plus blanc et plus délicat ; mais ce travail long et embarrassant n'est pas absolument nécessaire, il n'en résulteroit jamais la différence qu'il y a du pain blanc au pain bis , car la proportion de la pelure à la pulpe de la racine n'est pas à beaucoup près la même que celle du son au grain.

Pain de pommes-de-terre sans mélange.

Prenez huit onces d'eau chaude , dans laquelle on délaie un peu de levain ; ajoutez-y une livre de pulpe de pommes-de-terre et autant de leur amidon , et portez le mélange dans un endroit tempéré. Au bout de cinq à six heures, ou moins, suivant la saison, il est en état de servir de levain, dès qu'il exhale une odeur plus ou moins vineuse. Pour préparer la pâte, on place le levain au milieu de l'amidon, environné de la pulpe divisée par morceaux, l'un et l'autre dans la proportion du double de levain. On délaie ce levain avec de l'eau chaude, à laquelle on ajoute un gros de sel par livre de mélange. Quand tout est confondu par le pétrissage, on fait subir à **la** pâte les différentes opérations qui peuvent augmenter sa viscosité et sa ténacité. Le pain de pommes-de-terre est donc composé de moitié amidon et moitié pulpe, d'un demigros de sel par livre de mélange; l'eau, qui forme le cinquième environ de la masse générale, se dissipe en entier durant la cuisson, en sorte que, pour obtenir une livre de ce pain, il faut neuf onces d'amidon et autant de pulpe de pommes-de-terre. Aussitôt que la pâte est pétrie, il faut la diviser, la façonner en pain, et la distribuer par livre ou par demilivre, dans des sébilles ou des paniers d'osier, revêtus intérieurement de toile bien saupoudrée de petit son : on expose ces paniers deux ou trois heures dans un endroit chaud, ensuite on les met au four selon les formes ordinaires.

Pain-d'épice.

Prenez quatre livres et un quart de bon miel, une livre et demie de sucre en poudre, trois quarterons d'amandes douces pelées et pilées, demi-once de muscade, le tout en poudre, la râpure d'un citron, la quatrième partie d'une drachme de cardamomum. Faites premièrement cuire le miel sur un petit feu, jusqu'à ce qu'il devienne presque noir, prenant garde qu'il ne brûle. Pour bien connoître s'il est cuit, il en faut mettre un peu sur une assiette, et s'il se lève bien avec un couteau, il est cuit : ajoutez-y pour lors le sucre, jusqu'à ce qu'il soit bien fondu, puis mettez-y les amandes pilées et les autres épiceries, avec de la fleur de farine à discrétion ; battez bien la pâte pendant qu'elle est chaude, sur le coin d'une table ; quand elle est bien battue, il faut mettre de la farine, en sorte que la pâte ne tienne plus aux mains ; saupoudrez les moules de fleur de farine, et formez promptement vos pains, pendant que la pâte est encore chaude ; car si on la laissoit refroidir, elle durciroit, on ne pourroit plus la manier. Il faut ranger les moules sur des feuilles de cuivre ou de fer-blanc, les dorer de miel, et les mettre au four.

Autre recette inédite de pain-d'épice ; comme on le fait en Suisse.

Faites chauffer deux chopines de miel ; on prend l'écorce d'un citron coupé en petits morceaux, et un quarteron d'amandes coupées de même, deux gros de potasse qu'on écrase en poudre, parties égales de cannelle, de clous de girofle et de muscade ; les trois parties doivent peser deux ou trois gros. Quand le miel est bouillant, on le met dans une terrine, on y jette de la farine, en remuant jusqu'à ce que le miel soit un peu plus que tiède ; ensuite on y jette la potasse, et puis les mélanges ci-dessus, en remuant toujours. On ajoute de la farine, jusqu'à ce que la pâte ait assez de consistance pour être travaillée ; on l'étend jusqu'à ce qu'elle soit épaisse de quatre ou cinq lignes. On coupe la pâte dans la forme qu'on veut donner aux petits gâteaux : après quoi on les range sur une plaque de fer sur laquelle on a jeté de la farine, afin que la pâte ne s'attache pas après. On les met dans le four, on les y laisse jusqu'à ce qu'ils soient levés et cuits, ce qui doit durer un bon quart-d'heure. Il faut avoir soin, en faisant ces gâteaux, de ne pas mettre les ingrédiens dans le miel, quand il est trop chaud, parce que la potasse se calcineroit, et si le miel étoit trop froid la potasse ne se fondroit pas. Pour essayer la chaleur du four, on y jette un peu de farine quand il est chauffé ; si la farine noircit, c'est qu'il est trop chaud ; il faut que la farine devienne d'une belle couleur jaune.

Si ces gâteaux n'étoient pas légers et comme meringués, il faudroit y mettre plus de potasse qu'on ne l'a prescrit.

Dans toutes ces recettes, il faut un peu d'expérience ; il est rare qu'on réussisse dès la première fois, mais on y parvient sûrement de la deuxième ou troisième, parce qu'il y a toujours à la première fois quelque chose de la prescription qui n'est pas assez clairement expliqué (quelque soin qu'on y apporte), ou mal compris, ou mal exécuté.

CHAPITRE XII.

De la pâtisserie.

LA pâtisserie est en général très-malsaine; les brioches, les tourtes et les petits pâtés à la viande, et toutes les pâtisseries feuilletées sont de pernicieux alimens ; mais les pâtisseries plus massives, sèches et croquantes, telles que les flans, et même ce qu'on appelle le *gâteau de plomb*, sont infiniment moins malsaines. Les pâtisseries d'un autre genre, très-légères, et dans lesquelles il n'entre ni beurre ni graisse, telles que les gaufres, les meringues, les biscuits, ne sont point malsaines. Ainsi je ne donnerai que les recettes de ce genre de pâtisseries. Le lieu du monde où l'on fait la meilleure pâtisserie est Berlin : celle des plus habiles pâtissiers de Paris ne peut lui être comparée. On dit qu'une des choses qui contribuent à sa perfection est la farine d'épeautre qu'on emploie pour la faire, au lieu de la farine de froment.

Voici une recette éprouvée de gaufres très-légères et excellentes, telles qu'on les fait en Allemagne.

Pour six gaufres, vous prenez un quart de pinte de bonne crême que vous battez beaucoup, après cela vous y mettez deux onces et demie de farine et un peu de jus de citron, puis vous faites fondre du beurre pour en graisser la forme ou gaufrier ; remplissez la forme de votre pâte, et faites-la cuire sur un bon feu. Pour voir si elle est assez cuite, vous ôtez la forme du feu un instant, et s'il en sort de la fumée, la gaufre est bonne, et vous la sortez avec précaution du gaufrier.

Gâteaux de mille ans, qui se conservent bons très-long-temps : on en a conservé plusieurs pendant trois mois, qui, au bout de ce temps, étoient toujours excellens.

Recette de Berlin.

Prenez une livre de beurre (1) ; faites-la fondre, mais non roussir, et laissez-la un peu refroidir ; prenez un citron râpé, une livre de sucre râpé aussi et trois œufs, blancs et jaunes ; mêlez bien tout cela, ajoutez-y autant de fine farine qu'il en faut pour pétrir et étendre la pâte, que vous étendrez avec une roulette ; et lorsqu'elle aura l'épaisseur d'un manche de cuillère, vous la découperez en morceaux que vous dorerez avec

______

(1) Je ne sais si la *livre* de Berlin répond exactement à la nôtre : je n'ai fait ces gâteaux qu'à Berlin.

un jaune d'œuf mêlé avec de l'eau ; ensuite
vous mettrez au four peu après que le pain
en aura été ôté.

Gâteau d'amandes.

Mettez sur une table un litron de farine ;
faites un trou dans le milieu pour y mettre
gros comme la moitié d'un œuf de bon beurre,
quatre œufs, blancs et jaunes, une pincée
de sel, un quarteron de sucre fin, six onces d'amandes douces pilées très-fin : pétrissez le tout ensemble, et formez-en un gâteau à l'ordinaire : faites-le cuire, et glacez-
le avec du sucre et la pelle rouge.

Gâteau de Savoie.

Mettez quatorze œufs dans une balance,
et de l'autre côté autant de sucre fin ; ôtez
le sucre et mettez à la place de la farine la
pesanteur de sept œufs ; ôtez la farine pour
la mettre à part, cassez les œufs, mettez
les jaunes dans une terrine et les blancs dans
une autre ; mettez avec les jaunes le sucre
que vous avez paré, et un peu de citron
vert râpé, de la fleur d'orange grillée et hachée ; battez le tout ensemble pendant une
demi-heure ; ensuite vous y mettrez les blancs
d'œufs fouettés et la farine parée que vous
mêlez doucement, en remuant à mesure le
gâteau avec le fouet. Vous avez une casserole de moyenne grandeur et profonde, que

vous frottez d'abord avec du beurre affiné ; essuyez-la bien avec un torchon , et y mettez du beurre affiné, pour qu'il s'étende partout ; mettez-y votre gâteau, et le faites cuire au four d'une chaleur modérée pendant une heure et demie. Quand il sera cuit , vous le renverserez doucement sur un plat ; s'il est d'une belle couleur dorée , vous le servez dans son naturel ; et s'il avoit trop de couleur , il faudroit le glacer avec une glace blanche , qui se fait avec du sucre très-fin , un blanc d'œuf et le jus de la moitié d'un citron ; battez le tout ensemble dans une assiette de faïence avec une cuillère de bois, jusqu'à ce que la glace soit bien blanche , et vous vous en servez pour couvrir tout le gâteau. Ne servez que lorsque la glace sera sèche.

Poupelin.

Mettez dans une casserole un demi-litre d'eau , un demi-quarteron de beurre , une écorce de citron , un peu de sel ; placez la casserole sur le feu ; lorsque l'appareil sera prêt à bouillir, vous passerez un litron de farine au tamis, et vous en mettrez dans la casserole autant que l'eau en pourra boire ; quand la pâte sera épaissie, vous la laisserez refroidir ; après, vous casserez un œuf dedans, vous le mêlerez avec votre pâte , vous en mettrez jusqu'à ce que votre pâte soit molle ; beurrez une casserole pour coutenir la pâte, vous la ferez cuire à un four ; il faut que le poupelin soit un peu sec ; vous le retirerez du feu, et vous le servirez.

Biscuits ordinaires.

Prenez huit œufs que vous mettrez dans une balance et autant pesant de sucre de l'autre côté ; pesez aussi la farine en mettant la pesanteur de quatre œufs, et la mettez ensuite sur une assiette ; cassez les huit œufs, mettez les blancs à part dans une terrine, et les jaunes dans une autre, avec le sucre pendant une demi-heure ; ensuite vous fouettez les blancs jusqu'à ce qu'ils soient bien montés ; mêlez-les avec le sucre, ensuite vous y mettez peu à peu et légèrement la farine, en remuant toujours votre composition de biscuits ; vous avez des moules de fer-blanc ou de papier, qui sont bien beurrés en dedans avec du beurre affiné ; mettez-y votre pâte, ne les emplissez qu'aux deux tiers, jetez du sucre fin dessus, et les faites cuire au four, d'une chaleur douce, pendant une demi-heure ; quand ils seront d'une belle couleur dorée, vous les retirerez des moules à demi-froids.

Meringues.

Prenez quatre onces de pistaches, six blancs d'œufs et trois onces de sucre en poudre ; pelez les pistaches et les mettez à l'é-

tuve ; lorsqu'elles sont bien sèches, pilez-
les au mortier jusqu'à ce que la pâte en soit
déliée, en y ajoutant de temps en temps un
peu de blanc d'œuf ; battez vos six blancs
en neige ; ajoutez-y le sucre, et mettez un
moment le mélange sur des cendres chaudes, en les retirant de temps en temps, et
remuant toujours ; ajoutez ensuite la pâte de
pistaches, et lorsque le tout est bien incor-
poré, vous posez des feuilles de papier sur
des plaques de fer-blanc, vous y mettez
des cuillerées de la pâte à la distance d'un
demi-pouce les unes des autres ; vous les saupoudrez de sucre fin mis dans une poudrette,
et faites cuire à une chaleur très-douce ; quand
elles sont cuites, vous les levez avec un couteau de dessus le papier, et les mettez à l'é-
tuve sur des tamis, pour les entretenir sèches.

CHAPITRE XIII.

Cuisine des enfans.

Je vais donner d'abord la cuisine que l'on
devroit faire pour les enfans et les personnes
au régime. Il faut retrancher de cette cuisine, du moins d'habitude, le beurre, la
chose du monde la plus malsaine lorsqu'il
a bouilli, et surtout *roussi*, et plus malsaine
encore lorsqu'il n'est pas tout frais. C'est
pourquoi la nourriture des pensions est à la

fois mauvaise et malsaine. On y met du beurre et de la graisse dans tous les ragoûts, et il ne faudroit pour la santé ni ragoût ni beurre. Si l'on se décidoit à retrancher le beurre, on trouveroit dans ce retranchement une grande économie, et la cuisine seroit saine et meilleure au goût, non pas meilleure dans ce sens que celle d'un bon cuisinier, mais certainement très-préférable à celle d'une pension, où l'on prodigue la graisse et le beurre fort.

Voici les principes de cette cuisine simple et parfaitement saine.

1° De la viande tendre, et qui ne soit jamais hasardée, ainsi que le poisson.

2° Jamais, ou presque jamais de beurre : les légumes au gras, au bouillon bien dégraissé, au maigre, à la créme sans beurre, et ils sont excellens de cette manière.

3° Jamais de champignons, de truffes, de morilles, et rarement du poivre.

4° Du rôti chaud ou froid, ou des grillades.

5° Pour toutes sauces, l'huile et le vinaigre et quelquefois un peu de moutarde. Ne manger les asperges, les choux-fleurs, les artichauts, les haricots verts, les lentilles, etc., qu'à l'huile et au vinaigre, ou à l'eau.

6° En poisson, jamais d'anguilles, et beaucoup de perches et de limandes bien fraîches.

« Vous savez, mes enfans, que tel est notre régime, et c'est surtout à ce genre de vie que vous devez votre brillante santé. J'ai été quelquefois malade, ce qu'il faut attribuer aux chagrins, aux inquiétudes, à des veilles et à un travail souvent forcé; mais sans ce régime je n'existerois plus depuis long-temps. Je vais commencer par cette cuisine si simple et si sage, ensuite j'en donnerai une autre plus recherchée. »

CUISINE DES ENFANS ET DES GENS SOBRES.

Soupe aux herbes sans beurre.

On met dans une casserole, sur un fourneau, une grande quantité d'herbes d'oseille, de cerfeuil, de pissenlits, quelques oignons, deux ou trois navets, une laitue, un poireau, une racine de céleri, et cinq ou six carottes râpées, tout cela dans une pinte d'eau, c'est-à-dire plein la casserole; on fait bouillir tout cela à petit feu, et très-long-temps, en remuant de temps en temps avec une cuillère de bois : il faut que le tout cuise doucement, pendant deux heures au moins ; ensuite on passe dans une passoire : on a un bouillon assez épais et d'un goût excellent, que l'on verse sur du pain rassis, coupé en tranches minces, après l'avoir légèrement salé. On y peut ajouter quelquefois la liaison d'un jaune d'œuf bien frais. Mais d'habitude il vaut mieux la manger sans liaison.

Soupe allemande dont on a pris la recette dans une ferme du Holstein.

On prend du pain blanc que l'on rompt par petits morceaux, puis on y met assez de lait pour que le pain en soit bien mouillé ; ensuite on fait fondre du beurre , en faisant bien attention qu'il ne roussisse point ; après cela il faut frire le pain blanc dans le beurre fondu ; mais il faut prendre garde qu'il ne s'attache pas à la poêle. Ensuite on le fait refroidir, on y met deux blancs d'œufs et quatre jaunes : à mesure qu'on y met les œufs, on pétrit bien cette pâte, puis avec une cuillère on en prend des morceaux de la forme de la cuillère, on les met dans le bouillon bouillant ; quand ils sont cuits la soupe est faite. Ces morceaux de pâte cuits ont la forme, l'apparence et le goût des quenelles les plus délicates : on ne met point de pain dans cette soupe.

Soupe allemande au sagou.

On lave le sagou deux fois dans l'eau froide, et une troisième fois dans de l'eau chaude. Ensuite on le met au feu en y ajoutant quelques tranches de citron et un peu de cannelle. On laisse bouillir une heure et demie ; cela se réduit à moitié, on remplit avec du bon vin rouge, on met du sucre, on fait bouillir encore une demi-heure, et le potage est fait. Cette soupe est fortifiante et très-saine. On peut la prendre à déjeûner ; la dose de sagou pour une personne est d'une bonne demi-tasse de sagou dans une cafetière de deux tasses d'eau. On peut faire aussi ce sagou à l'eau : on y met alors un peu plus de citron, ou le jus de trois oranges ; alors, en passant le sagou dans une passoire, et laissant refroidir, on a une très-bonne gelée d'orange, beaucoup plus saine que la gelée ordinaire.

Potage à la citrouille.

Prenez un quartier de moyenne citrouille , ôtez-en la peau et tout ce qui tient après les pepins, coupez-la par petits morceaux, met-tez-la dans une marmite avec de l'eau, et faites cuire jusqu'à ce qu'elle soit réduite en marmelade, et qu'il ne reste plus d'eau ; mettez-y un peu de sel : ensuite faites bouillir une pinte de lait, et mettez-y du sucre ce que vous jugerez à propos ; versez votre lait sur la citrouille, couvrez le plat, et le mettez sur la cendre chaude, pendant un quart-d'heure, pour que le pain ait le temps de tremper, ayant soin qu'il ne bouille pas ; en servant, vous y mettez le reste de votre bouillon , bien chaud : ce potage est rafraîchissant et bon pour la poitrine.

Potage à la semoule.

Mettez dans une casserole du bon bouillon, que vous aurez eu soin de passer auparavant au tamis, pour le dégager de ses parties hétérogènes et trop grasses; quand il bouillira, vous verserez votre semoule dedans, et vous la tournerez avec une cuillère, afin d'empêcher la semoule de se mettre en grumeaux; vous la retirerez du feu après une demi-heure, si elle se trouve assez cuite; dégraissez surtout votre potage.

Potage au chapon au riz.

Prenez un chapon que vous viderez et flamberez légèrement; après l'avoir bridé avec une grosse aiguille, et lui avoir assujetti les cuisses et les pattes, vous le mettez dans une casserole remplie de bouillon; lorsqu'il est écumé, vous y mettez deux carottes, deux oignons, deux clous de girofle, une demi-livre de riz lavé à cinq ou six eaux; faites bouillir le tout à petit feu pendant deux heures; débridez ensuite votre volaille, mettez-la dans la soupière, et versez votre riz par-dessus, ayant soin d'en ôter les carottes et les oignons. Tâchez que votre potage soit d'un bon sel.

Bisque.

Vous aurez quarante ou cinquante écrevisses que vous laverez à huit ou dix eaux; vous les mettrez dans une casserole avec du sel, du gros poivre, de la muscade râpée et un demi-quarteron de beurre; placez-les sur un feu modéré, vous les sauterez ou remuerez pendant un quart-d'heure. Vos écrevisses cuites, laissez-les égoutter et retirez-en les chairs que vous pilerez ; vous aurez soin de faire crever du riz dans du bouillon ou de l'eau ; vous égoutterez le riz et le mettrez dans le mortier avec vos chairs d'écrevisses : le tout bien pilé, mettez-le dans une casserole, et le délayez avec un peu de bouillon passé à l'étamine ; votre purée faite, délayez-la avec du bouillon, afin qu'elle ne soit ni trop épaisse ni trop claire ; pilez ensuite les coquilles d'écrevisses, mettez-y un peu de jus, et passez cette purée dans une étamine, elle aura alors une couleur rouge. Vous la mettrez dans une casserole sur un feu doux ; tenez vos purées chaudes et qu'elles ne bouillent point, mettez vos croûtes dans votre soupière, et versez du bouillon bien chaud sur votre pain avant de servir ; ensuite versez votre première purée sur le pain, et versez celle des coquilles sur votre potage. Cette soupe est assez saine, mais très-échauffante.

Sauce piquante.

Mettez dans une casserole un poisson de vinaigre, un peu de poivre, un peu de thym, faites réduire à moitié ; alors vous ajouterez cinq cuillerées de bouillon, faites réduire encore, et mettez le sel nécessaire.

Rémolade.

Ayez plein ou demi-verre de moutarde que vous délaierez dans un vase ; mettez-y un peu d'échalottes, joignez-y six cuillerées d'huile, trois de vinaigre, du sel et du poivre, délayez le tout ensemble, et mettez-y deux jaunes d'œufs crus, que vous remuerez avec votre rémolade; tournez-la bien, afin que votre sauce soit bien liée.

Autre sauce.

Mettez dans une casserole un verre de vin blanc, la moitié d'un citron coupé en tranches, un peu de chapelure de pain très-fine, deux cuillerées à bouche de bonne huile, un bouquet de persil, un peu d'ail, de l'estragon, deux clous de girofle, un peu de bon bouillon, sel, gros poivre; faites bouillir le tout ensemble à très-petit feu pendant un quart d'heure, dégraissez ensuite et passez au tamis.

Il ne faudroit pas se servir souvent de ces sauces, qui sont échauffantes; mais de loin en loin elles ne sont nullement malsaines.

Ragoût allemand très-bon.

Pour trois personnes, vingt petites pommes-de-terre, ou douze grosses, cuites à l'eau la veille. On ôte la peau et on les râpe; on y met très-peu de sel et un peu de râclure de pain; on casse trois œufs qu'on délaie bien à part, on y met deux pincées de muscade en poudre; ensuite on jette ces œufs mêlés dans les pommes-de-terre, on mêle bien le tout, et puis on fait fondre du beurre gros comme un œuf, et quand il est fondu on le jette dans le mélange, on met du sucre en poudre. Cela fait, on a sur le feu un pot d'eau bouillante, on prend dans une cuillère un morceau du mélange, on le jette dans l'eau bouillante, on jette ainsi dans l'eau, par cuillerée, tout le mélange : on retire ensuite ces boulettes, que l'on met dans une compote de poires cuites à l'eau et au vin rouge.

Manière d'accommoder les épinards et la chicorée.

Vous épluchez bien vos légumes, vous les lavez et les égouttez, ensuite vous les jetez dans de l'eau bouillante, vous les y laissez jusqu'à ce qu'ils soient cuits : ayez attention que l'eau bouille toujours, ce qui tient les épinards toujours verts. Mettez-y un peu de sel ; quand ils sont cuits, égouttez-les et jetez-les promptement dans l'eau fraîche ; puis, lorsqu'ils sont refroidis, pressez-les et hachez-les ; ensuite vous mettrez de la crème dans une casserole, et vos légumes assaisonnés dedans ; laissez-les cinq minutes sur le feu, en remuant avec une cuillère de bois ; mettez-y alors un peu de farine et mouillez-les avec de la crème, mais de manière qu'il ne reste point de sauce et qu'ils soient bien humectés. Mettez-y un peu de sucre, remettez-les un moment sur le feu. On accommode la chicorée de la même manière, et lorsqu'on veut ces légumes au gras on met du bon bouillon à la place de la crême.

Veau à l'étouffade.

Il se fait dans un four de campagne : on entoure le veau de marrons rôtis, de pommes-de-terre, de carottes, de navets, d'oignons, de racines de céleri, un bouquet de thym et de marjolaine : tout cela en quantité; on y met du bouillon, et on fait cuire à petit feu; on larde très-légèrement le veau, cinq ou six lardons un peu gros suffisent. Si ce mets étoit difficile à préparer, on le trouveroit l'un des meilleurs de la cuisine. Il faut observer que les carottes ne sont bonnes à manger que lorsqu'on les dépouille extérieurement, et qu'on les réduit à moitié de leur grosseur. On peut faire cette opération avec un couteau, mais il y a une petite machine de cuisine destinée à la faire.

Fricassée de poulets.

Vous videz les poulets et vous les flambez sur la braise; puis épluchez-les, coupez-les proprement, mettez-les dans l'eau tiède, changez plusieurs fois d'eau et égouttez-les; après cela mettez-les dans une casserole avec de l'eau fraîche, faites-les tremper, ensuite mettez-les sur le feu pour les blanchir, écumez-les bien, jetez-les après cela dans l'eau froide, lavez et égouttez-les dans un linge. Vous gardez l'eau dans laquelle ils auront été blanchis; vous la laissez reposer, ensuite passez-la au tamis pour en mouiller votre fricassée. Mettez les poulets dans une casserole avec un morceau de beurre et mettez-les au feu en les remuant bien; lorsqu'ils ont passé au beurre sans être roussis, vous les saupoudrez bien légèrement d'un peu de farine en les remuant toujours; mouillez-les à l'eau que vous avez réservée; assaisonnez-les en y ajoutant un bouquet de persil et d'estragon, et faites-les cuire. Quand vous serez prêt à servir, formez une liaison de jaunes d'œufs et de crême, que vous mêlerez à votre fricassée sans la faire bouillir; ajoutez-y un jus de citron.

Ce ragoût, n'étant point dans les *principes* de notre cuisine, ne sera pour nous qu'un extraordinaire; et alors, comme toutes les choses rares, il nous paraîtra le mets le plus recherché.

Les pannequets. Recette inédite.

Mettez dans un vase deux cuillerées à bouche de farine, que vous détremperez avec un peu de crême; mettez-y neuf jaunes d'œufs et sept blancs, que vous détremperez bien, puis sucrez; ajoutez-y une pinte de crême ou d'excellent lait, et passez le tout à l'étamine, en frottant fort avec une cuillère de bois. Vous prendrez un quarteron de beurre, que vous mettrez dans une petite casserole, placée sur un feu très-doux, et que vous écumerez bien pour le clarifier. Faites un pinceau de plumes, gros comme le doigt, et frottez votre poêle de beurre à chaque pannequet que vous ferez. S'il est trop délicat et qu'il s'attache à la poêle, prenez une demi-cuillerée de farine avec un jaune d'œuf, que vous détremperez et que vous mettrez dans la poêle. S'il est trop épais, ajoutez-y un peu de crême. La mesure d'un pannequet est d'une petite cuillère à ragoût. Vous ferez attention, lorsqu'ils cuisent, s'il se forme beaucoup de petits trous ; c'est la marque qu'ils sont assez cuits. Alors prenez une assiette, renversez-la, puis jetez les pannequets l'un sur l'autre à mesure que vous les faites ; après cela saupoudrez-les de sucre en poudre, et glacez – les avec une pelle rouge.

Crême fouettée.

Mettez **une** pinte de crême fraîche dans une terrine avec du sucre en poudre et le blanc d'un œuf frais, fouettez bien le tout ensemble avec un petit balai de bouleau, et à mesure que la crême monte, levez ce qui est monté avec une écumoire et dressez-la en pyramide dans une jatte ; ensuite on la garnit **tout** autour de lardons d'écorce de citrons verts confits. On peut en les frottant y mettre un peu d'eau de fleurs d'oranger, ou de vanille en poudre. Il faut observer que tout ce qu'on fait à la vanille n'est d'un goût agréable que lorsqu'on y met très-peu de vanille : dès que ce goût est tout-à-fait décidé, il est âcre et en même temps très-fade.

Pour faire avec de la crème fouettée des mousses très-agréables, on procède ainsi : faites fondre dans du vin de Malaga, ou du bon marasquin, ou d'autres liqueurs, un bon morceau de sucre dans un pot de fer-blanc ; mettez-y de la crème selon la quantité de petits pots que voulez faire ; battez le tout avec des verges, ôtez l'écume ou crème montée, dont vous remplirez les petits pots. Vous recommencerez à battre la crème à chaque pot que vous ferez.

Le blanc-manger.

Prenez des amandes suivant la quantité de petits pots que vous voulez faire ; émondez-les et jetez-les à mesure dans de l'eau fraîche ; ensuite égouttez-les et pilez-les, en y mettant quelques gouttes d'eau de temps en temps, de crainte qu'elles ne tournent en huile ; après les avoir bien pilées, mettez-les dans un vase, ajoutez-y autant de petits pots d'eau que vous voulez avoir de ces petits pots de blanc-manger ; laissez-les bien détremper, et versez ensuite le tout dans un linge fort que vous tenez à deux pour passer le lait d'amandes, qui doit être épais ; repassez cela plusieurs fois, en pressant toujours fortement. Ensuite vous mettez dedans de la colle de poisson chaude ; remplissez après vos petits pots et mettez-les à la glace ou au froid pour qu'ils prennent.

Voici comme on prépare la colle de poisson.

Prenez un bâton de colle de poisson, gros comme le doigt, et qui sera suffisant pour quinze ou seize pots ; battez-la bien avec un marteau pour la mettre en petits morceaux ; vous la mettez dans une casserole avec eau suffisante, vous la faites bouillir jusqu'à ce qu'elle soit bien fondue, chose qui demande une bonne heure ; vous la faites réduire à la valeur d'un petit pot, et vous la passez dans un tamis de crin ou de linge, et on la garde ainsi pour l'usage (1).

CHAPITRE XIV.

CUISINE ORDINAIRE.

Miroton.

Coupez votre bœuf, cuit dans la marmite, ou de la veille, en tranches fort minces ; mettez dans le plat sur lequel vous devez le

(1) Pour l'office, voyez à la suite de la cuisine ordinaire.

servir, deux cuillerées de coulis, avec de l'oignon, du persil, de la ciboule, des câpres,
des anchois, une petite pointe d'ail ou d'é-
chalotte, le tout haché très-fin, auxquels vous
ajouterez du sel et du gros poivre ; arrangez
dessus vos morceaux de tranches de bœuf, et
assaisonnez-les par-dessus comme vous avez
fait par-dessous ; couvrez votre plat, et faites-
le bouillir à petit feu sur un fourneau, pendant une demi-heure, plus ou moins, et servez
à courte sauce.

Hachis de bœuf.

Prenez trois ou quatre oignons, que vous
hacherez très-fins, et les mettez dans une
casserole, avec un peu de beurre ; passez-les
sur le feu jusqu'à ce qu'ils soient presque cuits ;
mettez-y deux pincées de farine, que vous
remuerez jusqu'à ce qu'elle soit d'une belle
couleur ; mouillez avec du bouillon, un demi-
verre de vin blanc, du sel et du poivre ; laissez
bouillir jusqu'à ce que l'oignon soit cuit ;
mettez-y votre bœuf haché, faites-le bouillir
assez de temps pour qu'il prenne goût avec
l'oignon ; au moment de servir, vous y verserez un filet de vinaigre, ou une cuillerée de
moutarde.

Fricandeau de veau à la bourgeoise.

Prenez une tranche de rouelle de veau,
épaisse de deux doigts, que vous piquerez

par-dessus avec du lard ; faites-la blanchir un moment dans l'eau bouillante , et ensuite mettez-la cuire avec du bouillon et un bouquet garni. Quand elle est cuite , retirez-la de la casserole , pour dégraisser la sauce ; passez cette sauce dans un tamis , faites-la réduire sur le feu, jusqu'à ce qu'il n'y en ait presque plus ; vous y mettrez votre fricandeau pour le glacer ; quand il sera bien glacé sur le côté du lard , dressez-le sur le plat que vous devez servir ; détachez sur le feu ce qui est dans la casserole, en y mettant un peu de coulis et très-peu de bouillon ; ayez soin que votre sauce soit d'un bon goût, et servez dessous le fricandeau.

Toutes sortes de fricandeaux se font de même.

Des ris de veau.

Les ris de veau sont un manger très-délicat ; ils entrent , de plus , dans une infinité de ragoûts.

Vous les faites dégorger dans de l'eau tiède, les faites blanchir un demi-quart d'heure dans l'eau bouillante , et les mettez dans tel ragoût que vous jugerez à propos.

On s'en sert , piqués de petit lard , cuits à la broche ou en fricandeau.

Fraise de veau.

Après avoir fait dégorger votre fraise dans de l'eau froide , vous la mettez dans un chaudron d'eau bouillante ; quand elle a bouilli

un bon quart-d'heure, à peu près, vous la
replongez dans l'eau froide ; quand elle sera
entièrement refroidie, vous la ficellerez, et
vous la mettrez cuire dans un blanc ; au défaut de blanc, vous pouvez la faire cuire avec
de l'eau, des carottes, des oignons, deux
clous de girofle, du laurier, un peu de
thym, un bouquet de persil et de ciboules,
un verre de vinaigre, du sel ; il faut deux heures
pour cuire votre fraise : la sauce que l'on emploie ordinairement est celle du vinaigre
bouilli avec du sel et du poivre fin ; comme la
fraise est très-fade par elle-même, il faut que
l'assaisonnement soit très-fort.

Côtelettes de veau en papillotes.

Coupez les côtelettes un peu minces, et
mettez-les dans des carrés de papier blanc,
avec sel, poivre, persil, ciboules, champignons, échalottes, deux petits oignons, le
tout haché très-fin, de l'huile ou du beurre ;
tortillez le papier autour de la côtelette, et
laissez sortir le bout ; beurrez le papier en dehors ; faites-les cuire à petit feu sur le gril,
après avoir mis une feuille de papier beurrée
dessous les côtelettes ; servez avec le papier
qui les enveloppe.

Jus de veau.

Mettez dans le fond d'une casserole un peu
de lard, quelques tranches d'oignons, et des

morceaux de veau minces par-dessus, et faites-
les suer à très-petit feu ; attachez ensuite
sans être brûlés, et les mouillez avec du bouillon ; faites-les bouillir une demi-heure, ensuite vous les passerez au tamis, et vous vous
en servirez comme bon vous semblera.

Toutes sortes de jus se font de cette façon.

Côtelettes de mouton sautées.

Vous ôtez de vos côtelettes la peau et les
os, excepté l'os de la côte, en leur donnant
une forme ronde du côté du filet ; faites en
sorte de les approprier tellement qu'on puisse
prendre la côtelette avec les doigts sans toucher à la viande ; mettez-les dans votre sautoir et assaisonnez-les ; vous versez dessus du
beurre tiède. Au moment du service, vous
placerez votre sautoir sur un feu ardent, ayant
soin de tourner vos côtelettes. Pour les cuire
à propos, cinq ou six minutes suffisent ; lorsqu'elles sont fermes, vous les retirez du feu ;
servez dessous une sauce liée, dans laquelle
vous mettrez un jus clair, et au milieu de vos
côtelettes de petites racines tournées.

Côtelettes de mouton grillées panées.

Vous préparez vos côtelettes comme celles
ci-dessus ; après les avoir assaisonnées de sel,
de gros poivre, vous les trempez dans du
beurre tiède ; quand elles en seront imbibées,
vous les saupoudrerez de mie de pain, ayant

soin qu'elles en prennent suffisamment ; vous
les déposez ensuite sur un couvercle de casserole, en y remettant de la mie de pain
dessus et dessous. Un quart-d'heure avant de
les servir, vous les mettez sur le gril, à un
feu un peu chaud ; il faut avoir soin surtout
que vos côtelettes ne cuisent pas trop, et que
votre mie de pain ne brûle. Dressez-les avec
un jus clair dessous.

Cochon de lait rôti.

Plongez votre cochon de lait dans un chaudron d'eau chaude, où vous pourrez endurer
le doigt ; frottez-le avec la main. Si la soie
s'en va, vous le retirez de l'eau ; vous le re-
trempez un instant, et toujours vous enlevez
les soies ; quand il n'en reste plus, vous le
faites dégorger pendant vingt-quatre heures ,
vous le pendez ensuite et faites sécher.

Ainsi préparé, farcissez-lui le ventre d'un
gros morceau de bon beurre , muni de fines
herbes et accompagné de ciboules, oignons
piqués de clous de girofle ; embrochez-le
ensuite , arrosez-le sans cesse d'huile vierge ,
pour lui faire prendre une belle couleur , et
servez.

Poulet à la tartare.

Flambez et videz-le ; faites-le refaire sur le
feu et le coupez par moitié ; cassez-lui un peu
les os et faites-le mariner avec du bon beurre

frais que vous faites fondre ; mettez avec persil, ciboules, champignons, une pointe d'ail, le tout haché ; sel, poivre. Trempez-le dans le beurre, et le panez de mie de pain ; faites-le griller à petit feu, et servez à sec, ou avec une bonne petite sauce claire.

Poulets à l'estragon.

Faites blanchir un demi-quart-d'heure une bonne pincée de feuilles d'estragon, retirez-les à l'eau fraîche, hachez-les fin après les avoir pressées ; flambez et épluchez deux poulets, videz-les et en prenez les foies que vous hachez, et les mêlez avec un morceau de beurre, le quart de l'estragon haché, sel, gros poivre ; mettez une petite farce dans le corps des poulets ; mettez-les dans une casserole après les avoir troussés avec leurs pattes pour les faire revenir dans de la graisse ou du beurre ; mettez une barde de lard sur l'estomac et les faites cuire à la broche, enveloppés de papier. Quand ils seront cuits, mettez le reste de l'estragon haché dans une casserole, avec deux fois gros comme une noix de bon beurre manié d'une pincée de farine, deux jaunes d'œufs, un demi-verre de jus, deux cuillerées de bouillon, un filet de vinaigre, sel, gros poivre ; faites lier la sauce sans bouillir, de crainte que les œufs ne tournent ; servez sur les poulets.

Pigeons à la broche.

Après avoir vidé et flambé vos pigeons, vous les épluchez et les bridez; mettez-leur sous la barde une feuille de vigne, si c'est en automne; une demi-heure suffit pour les cuire.

Pigeons à la crapaudine.

Prenez de bons pigeons, dont vous trousserez les pattes en-dedans; s'ils sont gros, vous les couperez en deux, sinon vous ne ferez que les fendre par-derrière et les aplatir sans beaucoup casser les os; faites-les mariner avec de l'huile fine, sel, gros poivre, persil, ciboules, champignons, le tout haché; faites-leur prendre l'assaisonnement le plus que vous pourrez, et les panez de mie de pain; mettez-les sur le gril, et les arrosez du reste de leur marinade; faites-les griller à petit feu, et d'une belle couleur dorée. Quand ils sont cuits vous les servez avec une sauce faite de cette façon : Vous mettez un oignon coupé dans un mortier avec du verjus; pilez bien le tout ensemble, et faites-en sortir le plus de jus que vous pourrez, que vous mêlez avec bouillon, sel, gros poivre; faites chauffer et servez sous les pigeons. Les mêmes pigeons se servent sans verjus, en mettant une autre sauce claire et un peu piquante. A la place d'huile, vous pouvez vous servir de beurre, saindoux ou bonne graisse de pot.

Perdrix aux choux.

Vous avez deux ou trois perdrix que vous plumez et videz; vous les flambez légèrement, piquez-les de moyens lardons, assaisonnés de sel, gros poivre; vous leur troussez les pattes et les bridez.

Mettez dans une casserole, avec vos perdrix, des bardes de lard, une livre de petit lard bien blanchi et bien nettoyé, un cervelas, quelques tranches de veau; couvrez vos perdrix de bardes de lard; ajoutez quelques carottes et oignons, deux clous de girofle, deux feuilles de laurier; faites blanchir vos choux; ficelez-les, pressez-les et mettez-les par-dessus vos perdrix; vous les couvrirez de bardes de lard; un rond de papier beurré, plein deux cuillerées à pot de bouillon; faites-les migeoter pendant deux heures. Au moment de servir, égouttez, débridez et dressez-les sur votre plat; égouttez aussi vos choux; pressez-les pour les sécher, et dressez-les à l'entour de vos perdrix; coupez votre lard en morceaux, et placez-le de distance en distance sur vos choux avec votre cervelas. Vous mettez déssus une sauce espagnole.

Salmis de bécasses.

Vous avez trois bécasses rôties à la broche, dont vous levez les membres quand elles sont froides; vous les parez et les mettez dans une casserole; concassez vos débris dans un mortier, et ajoutez-y une pincée de persil en feuilles , cinq échalottes, du laurier , une gousse d'ail, du gros poivre ; vous pilez ces débris, que vous mettez ensuite dans une casserole avec un morceau de beurre , et vous les faites revenir pendant dix minutes ; versez-y un verre de vin blanc , six cuillerées d'espagnole et trois de consommé ; faites réduire le tout à moitié ; vous passerez votre sauce à l'étamine et vous la verserez sur vos membres de bécasses , que vous tiendrez chauds, sans les faire bouillir. Au moment de servir , dressez vos membres, et arrangez des croûtes à l'entour.

De la morue salée.

La bonne morue a la chair blanche, la peau noire et de grands feuillets. Il faut la laver après l'avoir écaillée ; on la fait cuire un moment dans un chaudron avec de l'eau de rivière, on la retire, on l'égoutte, on la lave par feuillets, et on la sert avec telle sauce qu'on juge à propos.

Morue à la maître-d'hôtel.

Après avoir fait les préparations nécessaires à votre morue et l'avoir fait cuire de la manière que nous l'avons indiqué, vous mettez dans une casserole un morceau de beurre , du gros poivre, du persil et de la ciboule hachés bien fins ; mêlez-y un peu de farine, remuez votre assaisonnement, placez votre morue par-dessus. Au moment de servir, mettez votre casserole sur le feu et remuez-la sans interruption, afin que votre beurre ne tourne pas en huile; lorsque votre morue sera bien imprégnée de beurre et bien chaude, vous la dresserez sur votre plat; ajoutez-y un jus de citron en la servant.

Morue à la Béchamel.

Après avoir fait cuire votre morue de la manière que nous avons indiquée, vous en ôtez les arêtes. Mettez dans une casserole un bon morceau de beurre, un peu de farine, un peu de sel, du gros poivre, du persil et de la ciboule hachés bien fins; mettez cet assaisonnement avec votre beurre; ajoutez-y un verre de crême, mettez votre sauce sur le feu, et tournez-la jusqu'à ce qu'elle ait jeté un bouillon; il faut qu'elle soit épaisse comme de la bouillie; vous la versez sur votre morue, et la tenez chaude sans la faire bouillir; dressez-la sur votre plat et servez.

Maquereau à la maître-d'hôtel.

Après avoir vidé et bien lavé votre maquereau, faites-le cuire sur le gril dans un papier gras, fendu par le dos, et farci d'un bon morceau de beurre frais, manié de fines herbes.

Petits pois à la bourgeoise.

Prenez un litron et demi de petits pois, que vous laverez et mettrez dans une casserole avec un morceau de beurre, un bouquet de persil, une laitue pommée, coupée en quatre, et un peu de sucre ; faites-les cuire dans leur jus à très-petit feu. Quand ils sont cuits, et qu'il n'y a presque plus de sauce, mettez-y une liaison de deux jaunes d'œufs avec de la crème, faites lier sur le feu et servez.

Choux à la crème.

Vos choux lavés, vous les émincez et les faites blanchir ; mettez une poignée de sel dans l'eau : lorsque les choux fléchiront sous les doigts, vous les rafraichirez, et vous les presserez comme la chicorée ; vous jetez un bon morceau de beurre dans une casserole ; vos choux entr'ouverts par quelques coups de couteau, vous les mettrez dans votre beurre avec du sel et du gros poivre ; passez-les bien ; ajoutez plein une cuillère à bouche de farine, que vous mêlerez avec vos choux, et vous les mouillerez avec de la crème, et les ferez réduire ; arrosez-les avec du bouillon en employant le même assaisonnement.

Des montans de laitues.

On s'en sert pour faire des entremets, et pour garnir des entrées de viande ; après les avoir épluchés, vous les mettez cuire avec de l'eau, dans laquelle vous délaierez une cuillerée de farine. Vous y mettez un bouquet de fines herbes, deux oignons, des racines, un peu de beurre et de sel. Quand ils sont cuits, vous pouvez les servir en maigre avec une sauce blanche, ou avec une liaison de jaunes d'œufs et de lait, comme une fricassée de poulets.

Des cardons d'Espagne.

Après avoir coupé vos cardons de la longueur de trois ou quatre pouces, en rejetant ceux qui sont creux et verts, vous les faites cuire une demi-heure dans de l'eau, et les retirez dans de l'eau fraîche pour les éplucher ; faites-les cuire avec du bouillon dans lequel vous avez délayé une cuillerée de farine ; mettez-y du sel, des oignons, des racines, un bouquet de fines herbes, un filet de verjus, un peu de beurre ; lorsqu'ils sont cuits, retirez-les pour les mettre dans un bon coulis avec un peu de bouillon ; faites-les bouillir une demi-heure dans cette sauce, pour qu'ils prennent goût, et servez-les ensuite.

Si vous voulez les servir en maigre, vous les mettrez dans une sauce, comme nous l'avons indiqué pour les cardes poirées.

Artichauts à la barigoule.

Prenez trois artichauts ; coupez le vert de dessous et la moitié des feuilles ; mettez-les

dans une casserole avec du bouillon et de
l'eau, deux cuillerées de bonne huile, un peu
de sel et de poivre, un oignon, deux racines,
un bouquet garni; faites-les cuire, et réduire
entièrement la sauce; laissez-les frire un moment dans l'huile, pour faire rissoler; mettez-
les après sur une tourtière avec l'huile qui
reste dans la casserole; videz-les de leur foin,
et mettez dessus un couvercle de tourtière
bien chaud, du feu sur le couvercle pour faire
griller les feuilles; quand ils seront grillés
d'une belle couleur, servez avec une sauce à
l'huile, vinaigre, sel et gros poivre.

Concombres à la crème.

Vous couperez les concombres en petits
carrés, après les avoir épluchés; vous mettrez
de l'eau et du sel dans une casserole; quand
elle bouillira, jetez-y les concombres; dès
qu'ils fléchiront sous le doigt, vous les retirerez de l'eau bouillante pour les mettre dans
l'eau froide, et vous les laisserez égoutter dans
un linge; vous ferez une sauce à la crème un
peu liée, et vous les mettrez dedans; vous les
servirez sur votre plat.

Pommes-de-terre à la maître-d'hôtel.

Faites cuire vos pommes-de-terre dans de
l'eau et du sel; vous les couperez en tranches;
mettez-les dans une casserole avec un bon
morceau de beurre, du persil, de la ciboule

hachée, du sel, du gros poivre ; vous les posez sur le feu ; sautez-les avec le beurre et les fines herbes ; au moment de servir, vous mettez du jus de citron.

Pommes-de-terre à la crême.

Vous mettez un bon morceau de beurre dans une casserole, plein une cuillère à bouche de farine, du sel, du gros poivre, du persil , de la ciboule bien hachée ; vous mêlerez le tout ensemble ; vous y mettrez un verre de crême ; vous placerez la sauce sur le feu, et vous la tournerez jusqu'à ce qu'elle bouille ; coupez les pommes-de-terre en tranches , et mettez-les dans votre sauce ; servez-les bien chaudes.

OEufs pochés au jus.

Vous mettez de l'eau aux trois quarts dans une casserole, avec du sel et un peu de vinaigre ; vous la placerez sur le bord du fourneau : en cassant l'œuf, prenez garde d'endommager le jaune ; versez doucement l'œuf dans l'eau ; mettez-en cinq : laissez-les prendre ; tenez toujours l'eau bouillante ; retirez-les de l'eau avec une cuillère percée : s'ils ont un peu de consistance, vous les mettez à l'eau froide.

Pour un entremets, pochez-en douze ou quinze ; vous les changerez d'eau ; un instant avant de les servir, vous les ferez chauffer ;

égouttez-lez sur un linge blanc, et dressez-
les sur un plat ; vous mettrez un peu de
poivre sur chaque œuf et du jus dessous.

OEufs à la tripe.

Prenez un peu de beurre, une cuillerée
de farine, que vous faites roussir sur le feu,
et mettez après une poignée d'oignons coupés en petits carrés ; faites-les cuire dans ce
roux, en y mettant encore un peu de beurre,
et en les mouillant avec du bouillon. Quand
votre oignon sera cuit, vous y mettrez des
œufs durs, coupés par tranches, vous leur
ferez faire un bouillon, et y mettrez un filet
de vinaigre, sel et poivre. Servez à courte
sauce.

Omelette soufflée.

Cassez six œufs, mettez les blancs et les
jaunes à part ; ajoutez plein quatre cuillères
à bouche de sucre en poudre ; vous hacherez bien fin la moitié du zeste d'une écorce
de citron, que vous mettrez avec les jaunes ;
vous les mêlerez avec du sucre et du citron.
Au moment de servir, vous fouetterez vos
blancs d'œufs comme pour des biscuits ; vous
mêlerez bien les jaunes avec les blancs : vous
mettez après cela un quarteron de beurre dans
la poêle sur un feu ardent ; dès que le beurre
est fondu, vous y joignez les œufs ; vous
remuerez l'omelette pour que le fond vienne

dessus : quand vous verrez que l'omelette a
bu le beurre, vous la versez en chausson sur
un plat beurré, que vous mettez sur un lit
de cendres rouges; vous jetterez du sucre en
poudre sur l'omelette : posez dessus le four
de campagne très-chaud; lorsqu'elle sera cuite
à propos, servez.

OEufs à la neige.

Cassez douze œufs; séparez les blancs des
jaunes, fouettez les blancs comme pour des
biscuits; quand ils seront pris, vous y joignez deux cuillerées de sucre en poudre et
un peu de fleur d'oranger; versez dans une
casserole une pinte de lait, une demi-livre
de sucre et un peu de fleur d'oranger : quand
votre lait bouillira, vous y mettrez plein une
cuillère à bouche de blanc; vous faites po-
cher les blancs; vous les laissez égoutter sur
un tamis; quand ils sont tous pochés, vous
ôtez la moitié du lait, délayez les jaunes
et les mettez dans le lait, que vous remuez
avec une cuillère de bois; lorsque vous les
voyez se lier, vous les relevez du feu et vous
passez à l'étamine dans une autre casserole
ce mélange; vous dressez vos œufs sur le
plat et vous versez dessus votre sauce.

Sauce au petit-maître.

Mettez dans une casserole un verre de vin
blanc, la moitié d'un citron coupé en tran-

ches , un peu de chapelure de pain très-
fine, deux cuillerées à bouche de bonne huile,
un bouquet de persil, ciboules, deux gousses
d'ail , un peu d'estragon, deux clous de girofle, un peu de bon bouillon, sel, gros poivre ;
faites bouillir le tout ensemble , à très-petit
feu, pendant un quart-d'heure ; dégraissez
ensuite et passez au tamis.

Beignets de pommes et pêches.

Prenez des pommes de reinette, que vous
couperez en quatre quartiers , ôtez la peau
et les pepins ; faites-les mariner deux ou trois
heures avec de l'eau-de-vie , du sucre, de
l'écorce de citron vert, de l'eau de fleurs
d'oranger ; quand elles ont bien pris goût,
mettez-les égoutter, et ensuite, dans un torchon blanc, avec de la farine, remuez-les
bien dedans pour qu'elles prennent de la farine ; faites-les frire de belle couleur, et gla-
cez-les avec du sucre et la pelle rouge. Les
beignets de pêches se font de la même façon.

Créme au café.

Mettez trois demi-setiers d'eau dans une
cafetière ; quand elle bouillira, vous y mettrez
deux onces de café ; remuez-le avec une cuillère et le remettez au feu pour le faire bouillir
jusqu'à ce qu'il ait monté quatre ou cinq fois ;
laissez-le reposer pour le tirer au clair et le
mettez ensuite dans une casserole avec une

chopine de lait et un morceau de sucre ; faites-
le bouillir jusqu'à ce qu'il ne reste que ce qu'il
vous faut pour la grandeur de votre plat ;
délayez cinq jaunes d'œufs avec une pincée
de farine, et ensuite la crême ; passez-la au
tamis pour la mettre dans le plat que vous
devez servir, qui doit être sur une casserole où il y a de l'eau prête à bouillir ; couvrez d'un couvercle de casserole avec un
peu de feu dessus ; faites bouillir jusqu'à ce
que la crême soit prise ; servez chaudement.

Crême au chocolat.

Râpez deux tablettes de chocolat, et les
mettez dans une casserole avec un demi-quarteron de sucre, une chopine de lait, un demi-
setier de crême ; faites bouillir jusqu'à ce
qu'elle soit diminuée d'un tiers ; quand elle
sera à demi-froide, délayez cinq jaunes
d'œufs ; passez-la au tamis, et la faites prendre au bain-marie comme la précédente.

Crême au caramel.

Mettez dans une casserole une chopine de
lait, un demi-setier de crême avec un petit
morceau de cannelle, une bonne pincée de
coriandre, de l'écorce de citron vert ; faites
bouillir un quart-d'heure, ôtez-la du feu,
et mettez dans une poêle d'office un quarteron de sucre et un demi-verre d'eau ; faites-
la bouillir sur un fourneau jusqu'à ce qu'il

soit au caramel, c'est-à-dire de couleur de cannelle foncée ; ôtez-le du feu et y mettez la crême ; remettez sur le feu jusqu'à ce que le sucre soit délayé avec la crême ; ensuite vous délayez cinq jaunes d'œufs avec une pincée de farine ; mettez-y la crême ; passez au tamis, pour la faire cuire au bain-marie.

Crême à la fraise faite en un quart-d'heure.

Faites bouillir une chopine de bon lait avec du sucre. Pendant ce temps, délayez une cuillerée à bouche de fécule dans un verre à part de ce lait. Quand celui qui est sur le feu sera bouillant, jetez-y votre fécule délayée, et remuez bien avec une cuillère de bois ; ensuite délayez-y quatre jaunes d'œufs frais, après quoi mettez du jus tiède de fraises écrasées et passées au tamis.

Crême blanche au naturel.

Prenez une pinte de lait, une chopine de crême, un morceau de sucre que vous faites bouillir ensemble, et réduire à un tiers, et le mettez refroidir, jusqu'à ce que vous puissiez y souffrir le doigt sans vous brûler. Vous prenez ensuite un peu de présure, que vous délayez avec de l'eau dans une cuillère à bouche ; mêlez-la bien dans la crême, et passez ensuite le tout dans un tamis. Vous prenez le plat que vous devez servir, et le mettez sur de la cendre chaude. Versez ensuite votre crême dedans, et la couvrez d'un couvercle, où vous mettez aussi de la cendre chaude, et le laissez jusqu'à ce que la crême soit prise ; vous la porterez au frais, pour la servir froide.

CHAPITRE XV.

DE L'OFFICE.

Compote blanche de pommes.

COUPEZ par la moitié six grosses pommes de reinette, dont vous ôterez la peau et les pepins ; jetez-les à mesure dans de l'eau fraîche, faites-les cuire avec un grand verre d'eau, le jus de la moitié d'un citron et du sucre. Lorsque les pommes sont cuites, dressez-les dans un compotier ; faites réduire le sirop jusqu'à ce qu'il devienne collant, et versez-le sur les pommes.

Compotes de poires de bon-chrétien, de doyenné, virgouleuse, de saint-germain et autres.

Faites blanchir vos poires tout entières avec leur peau dans l'eau bouillante. Quand elles seront au tiers cuites, vous les retirerez, vous les pelerez après, entières ou par moitié, et les mettrez à mesure dans l'eau fraîche ; faites bouillir votre sucre dans une poêle, avec un demi-setier d'eau ; alors vous mettrez vos poires dedans, avec une tranche de citron, pour qu'elles se conservent blanches. Quand elles seront cuites et d'un bon sirop, servez-les chaudes ou froides, suivant le goût du maître.

Les compotes de poires de rousselet et de blanquette se font de la même façon, à la réserve qu'il faut les servir entières.

Compote de cerises.

Coupez le bout des queues de vos cerises, et les mettez dans une poêle avec un verre d'eau et un demi-quarteron de sucre; mettez-les sur le feu; couvrez-les, et leur faites faire deux ou trois bouillons; arrangez-les ensuite dans un compotier, mettez proprement votre sirop par-dessus, et les servez froides.

Compote de fraises.

Faites cuire un quarteron de sucre avec un verre d'eau, jusqu'à ce que le sirop soit bien fort. Il faut avoir soin de le bien écumer; ensuite vous avez de belles fraises pas trop mûres, épluchées, lavées et bien égouttées; mettez-les dans le sirop, et les ôtez de dessus le feu pour les laisser reposer un moment dans le sirop; faites-leur faire un bouillon, et les retirez promptement.

Compote de groseilles.

Faites un sirop bien fort comme le précédent; ensuite vous avez une livre de belles groseilles lavées et égouttées ; vous y laisserez la grappe si vous voulez ; mettez-les dans le sirop pour leur faire faire trois bons bouillons ; couvrez ; ôtez-les du feu et les écumez avant que de les dresser dans le compotier.

Compote de framboises.

Vous faites cette compote de la même façon que celle de fraises, avec cette différence que vous ne lavez pas les framboises.

Compote d'abricots entiers ou par moitiés.

Faites blanchir vos abricots dans l'eau bouillante. Quand ils seront bien mollets, retirez-les avec une écumoire, et les mettez dans l'eau fraîche ; faites bouillir un quarteron de sucre avec un verre d'eau dans une poêle ; mettez-y vos abricots ; faites deux ou trois bouillons, écumez-les bien et les retirez après pour les arranger dans un compotier ; mettez votre sirop par-dessus pour les servir froids ou chauds, comme vous voudrez.

Compote de pêches.

Les compotes de pêches entières ou par moitiés se font de la même façon que celles d'abricots.

Marmelade d'abricots.

Coupez, le plus mince que vous pourrez, six livres d'abricots pas trop mûrs, et les mettez à mesure dans un chaudron bien propre ; cassez les noyaux, ôtez-en la peau, et les coupez très-fins pour les mettre aussi avec les abricots ; pilez quatre livres et demie de sucre pour les mettre aussi avec les abricots ; mettez votre chaudron sur un feu clair, et remuez toujours avec une écumoire, de crainte que la marmelade ne s'attache au fond : lorsque les abricots sont avancés de cuire, vous descendez de temps en temps le chaudron, pour écraser les morceaux d'abricots qui ne se mettent point en marmelade ; faites-la cuire jusqu'à ce qu'elle se colle dans vos doigts sans trop de résistance, en prenant de cette marmelade dans les doigts et les appuyant l'un contre l'autre ; vous la mettrez ensuite en pots.

Confiture de campagne.

Prenez du vin doux, appelé moût ; vous ne pouvez le prendre trop doux. Vous en prendrez un seau, plus ou moins, suivant la quantité que vous voulez faire de confitures ; mettez-le dans une chaudière, faites-le bouillir sur un feu toujours clair ; faites-le réduire aux deux tiers, pour qu'il ait une bonne consistance, et puisse confire le fruit pour être de garde.

Vous prendrez le fruit que vous voulez confire, soit poires, pommes ou coings ; faites-le cuire dans l'eau, jusqu'à ce qu'il soit amolli : vous le pelerez ensuite, et le mettrez dans votre sirop de vin doux, et le laisserez bouillir jusqu'à ce qu'il soit cuit, et vous aurez soin de bien écumer. Votre connoîtrez sa cuisson quand vous mettrez du sirop sur une assiette. Si vous le voyez demeurer en rubis, et qu'il ne coule point en penchant cette assiette, c'est une preuve qu'il faut retirer votre confiture. Vous la mettrez dans les pots, et vous la couvrirez quand elle sera froide. Il est indifférent que le vin doux soit blanc ou rouge.

Confiture au miel.

Vous choisirez le plus beau miel que vous pourrez avoir, et vous vous en servirez avec la même dose que pour le sucre, parce que toutes les confitures qui sont expliquées ci-dessus pour le sucre se peuvent faire au miel.

Voici la façon de s'en servir et de le clarifier :

Mettez-le dans une poêle sur un fourneau. Quand il bout, il faut le bien écumer ; c'est un des principaux points de sa beauté. Vous connoîtrez sa cuisson en mettant dessus un œuf de poule ; s'il enfonce, sa cuisson est imparfaite ; s'il flotte, c'est signe qu'il est cuit, et vous pouvez vous en servir pour confire toutes sortes de fruits avec la même façon que vous faites pour le sucre. Faites attention que le miel est sujet à brûler, et qu'il faut le faire cuire à petit feu et avoir soin de le remuer souvent avec une spatule de bois.

Du raisiné.

Prenez la quantité de raisins que vous jugerez à propos, vous les égrenerez ensuite et les presserez à mesure dans le chaudron où vous devez les faire cuire ; mettez-les sur un feu clair, et à mesure qu'ils bouillent ôtez-en les pepins le plus que vous pourrez avec une écumoire ; laissez-les réduire au tiers, et vous aurez soin de diminuer le feu à mesure qu'ils épaississent ; remuez-les souvent avec une spatule de bois à mesure qu'il s'épaississent, de crainte qu'ils ne brûlent ; vous les retirerez ensuite pour les passer au travers d'un linge blanc en les pressant bien fort avec les mains : cela fait, remettez-les sur le feu pour leur faire faire quelques bouillons en les tournant continuellement jusqu'à ce qu'ils aient pris assez de consistance ; vous les retirerez du feu pour les mettre dans des terrines. Quand le raisiné sera à demi-froid, vous le mettrez dans des pots ; il faut laisser les pots découverts cinq ou six jours, et les couvrir de papier, en visitant de temps en temps votre raisiné ; si le papier se moisit, vous l'ôterez et en remettrez d'autre ; vous continuerez ce soin jusqu'à ce que toute l'humidité en soit évaporée ; alors il ne se gâte plus, s'il est bien cuit : sinon on le fait recuire un peu pour ensuite le couvrir à forfait.

Gelée de groseilles.

Il faut prendre poids égal de groseilles épluchées et de sucre concassé dans une poêle sur un feu clair et vif; laissez ce mélange prendre un seul bouillon couvert, c'est-à-dire le retirer lorsqu'après avoir bouilli sur les bords il se forme au milieu un bouillon qui en peu d'instans couvre la poêle en entier; il faut passer au tamis de crin sans remuer, et couvrir de framboises le tamis sur lequel on coule la gelée.

Recette inédite de gelée de pommes.

Il faut prendre des pommes de reinette et des pommes douces, les couper en petits quartiers, en ôter avec soin les pepins, les taches et la peau, et les jeter à mesure dans de l'eau fraîche, dans laquelle elles doivent baigner pour ne pas rougir. Vous les sortez ensuite et les mettez dans le vase où elles doivent cuire avec assez d'eau pour les couvrir. Lorsqu'elles sont en marmelade, vous les versez dans un linge fin, d'où elles égouttent jusqu'au lendemain; il ne faut pas presser le marc si l'on veut que la gelée soit claire; vous mettrez ensuite une demi-livre de sucre par livre de jus; vous y ajouterez le suc d'un citron ou deux, et laissez cuire le tout ensemble cinquante minutes sur un feu très-clair; vous les écumez à mesure; vous faites

bouillir dans de l'eau l'écorce de citron,
après l'avoir bien nettoyée, et vous la jetez
un instant dans le jus pour lui donner du
goût : ensuite, après avoir vidé la confiture
dans les pots, vous coupez cette écorce en
tranches que vous mettez dessus.

Sirop d'orgeat.

Prenez quatorze onces d'amandes douces,
deux onces d'amandes amères, trois livres
d'eau commune filtrée, deux onces de fleurs
d'oranger ; après avoir dépouillé et bien pilé
vos amandes, délayez cette pâte avec la plus
grande partie de l'eau prescrite : on la passe
au travers d'une toile forte, qu'on exprime à
deux personnes avec force ; on remet le marc
dans le mortier, on le pile de nouveau en
ajoutant le reste de l'eau ; on l'exprime encore ; ensuite on mêle les deux liqueurs qu'on
met dans une terrine de grès, ou une casserole. On y fait fondre cinq livres de sucre, à
une douce chaleur ; lorsque le sucre est fondu,
on retire le sirop du feu, et l'on y ajoute l'eau
de fleurs d'oranger.

Sirop de gomme.

Prenez un gros de gomme adragant en
poudre, laissez-la infuser dans un verre d'eau
tiède jusqu'à ce que la gomme soit fondue.
Faites fondre une livre de sucre dans une livre
d'eau ; mêlez-y alors l'eau gommée, et laissez
bouillir jusqu'à consistance de sirop.

On connoît qu'un sirop est cuit , lorsqu'é-
tant refroidi la dernière goutte fait la perle.
Pour s'assurer de la cuite d'un sirop , on en
met un peu refroidir sur une assiette ; et
lorsqu'il est refroidi, si la dernière goutte tient
à la cuillère et qu'elle fasse la perle ou la
poire , il est suffisamment cuit : si au contraire , lorsqu'on en verse un peu avec la
cuillère , il tombe comme de l'eau , il n'est
point assez cuit. Si , en s'assurant de la cuite,
on voit qu'il est trop épais, que ses gouttes
ne se détachent point et forment un filet con-
tigu , il est trop cuit ; on ajoute un peu d'eau
pour le ramener à l'état de sirop.

Recette pour faire de l'eau de groseilles que l'on peut garder un an.

Epluchez des groseilles , et sur trois livres
de groseilles ajoutez une livre de framboises
bien fraîches et non trop mûres ; exprimez le
jus et passez-le promptement et légèrement à
travers une étoffe ; versez ce jus dans des demi-
bouteilles de verre ou de grès , bouchez-les et
ficelez-les ; puis, avec du foin , assujetissez-les
debout dans un chaudron rempli d'eau jusqu'à la hauteur du goulot des bouteilles , et
faites prendre à l'eau deux ou trois bouillons ;
ensuite on les laisse refroidir , on les porte à
la cave , on les couche et on les enfouit dans
le sable , où ce jus se garde parfaitement une
année entière.

Des glaces et fromages glacés.

Les glaces sont les sucs de plusieurs végétaux préparés et congelés, au moyen de glaces pilées et de sel , ou , à défaut de sel , avec du nitre ou de la soude.

Il faut pour cela avoir des sabotières d'étain ou de fer-blanc : celles d'étain sont préférables , en ce que les liqueurs qui y sont contenues , se trouvant saisies moins vite , donnent le temps de remuer la composition , et lui procurent un moelleux qu'elle ne peut avoir dans des sabotières de fer-blanc , beaucoup trop minces. Un autre inconvénient de celles-ci , c'est qu'outre que la liqueur forme contre les parois intérieures des glaçons très-gros , qu'on est obligé de casser avec une stapule ou une houlette, elle se trouve altérée par la partie saline qui entre dans la glace ; elle demande plus de sucre, et n'a jamais un goût aussi suave.

Les sabotières , lorsqu'elles sont remplies des sucs propres à la saison , se mettent dans un seau à compartimens ou sans compartimens , et à un doigt de distance l'une de l'autre ; vous avez de la glace toute prête , pilée , broyée et salée, que vous jetez promptement dans le seau tout autour de chaque sabotière , jusqu'à ce qu'elles en soient couvertes.

Quand on désire que les glaces soient promptement faites , on emploie une plus grande quantité de sel. On agite les sabotières en les tournant dans le seau, et on remue de temps en temps les liqueurs avec une houlette de fer-blanc ou avec une cuillère, afin de dissoudre les glaçons qu'elles peuvent former ; car les liqueurs fortement glacées n'ont plus qu'un goût insipide.

Après que les sabotières ont été bien tournées, et les liqueurs qu'elles contiennent bien remuées et suffisamment glacées, vous couvrez les sabotières de glace et de sel pilé. Plus vous augmentez la dose du sel avec la glace, plus tôt les liqueurs se congèlent. Vous ne les tirez du seau qu'au moment de les servir.

Pour cela, vous les dressez en pyramides dans de petits verres de cristal à anse et à pied. Vous pouvez également en servir en fromage, en les mettant dans des moules de fer-blanc de forme pyramidale et à compartimens, pour éviter le mélange de diverses couleurs, lorsque vous les réunissez. Vous remplissez bien le moule en le frappant légèrement par intervalles ; et quand vous êtes assuré qu'il n'existe aucune cavité entre les diverses glaces que vous y faites entrer, vous retirez les morceaux de fer-blanc qui forment les compartimens, et qui doivent s'ôter à volonté. Vous refermez les moules hermétiquement avec leurs couvercles, et les laissez dans la glace salée.

Lorsque vous voulez servir ces sortes de fromages, vous les retirez des moules en trempant ceux-ci le plus promptement possible dans l'eau chaude sans être bouillante. Quand vous les avez bien essuyés, vous enlevez le couvercle, et, renversant le moule de ce côté sur une assiette de porcelaine, vous le retirerez légèrement, et le fromage doit rester bien entier.

Au lieu de tremper le moule dans l'eau, vous pouvez l'essuyer seulement avec un linge bien chauffé.

Pour donner aux glaces la figure de différens fruits, vous faites faire des moules en étain, qui ressemblent aux fruits qre vous désirez. Ils doivent être à charnières pour s'ouvrir en deux. On y pratique un trou à la partie supérieure pour y verser la liqueur, et on bouche hermétiquement les jointures avec un mastic composé comme il suit.

Cire jaune. . . . . 8 onces,
Saindoux. 5
Poix résine. 4

Vous faites fondre d'abord la cire, puis y ajoutez le saindoux et la poix résine ; vous remuez jusqu'à ce que le tout soit fondu ; lorsqu'il est presque froid, vous le jetez sur une table très-propre que vous avez humectée d'eau ; vous pétrissez bien votre mastic, et vous en servez au besoin. Cela fait, vous mettez plusieurs de ces moules dans le seau rempli de glaces et de sel, et les y remuez avec une longue spatule pendant demi-heure ou trois quarts-d'heure environ, jusqu'à ce que la liqueur qu'ils contiennent soit bien congelée ;

ce que vous connoissez lorsque le moule commence à s'ouvrir. Vous retirez la glace du
moule ; et pour lui donner la couleur de son
fruit , vous vous servez d'un pinceau trempé
dans une composition que nous indiquerons
aux recettes qui en traiteront. Pour avoir des
fruits plus moelleux , on peut, dans ce cas,
faire prendre d'abord la composition dans la
sabotière ; on la met en cet état dans les moules
à fruit qu'on laisse dans la glace jusqu'à ce
qu'on veuille les servir.

Glaces à la créme.

```
Lait. . . . . . . . . . . 1 liv. 8 onces.
Crême . . . . . . . . . . . . . 8
Zeste d'un citron.
Sucre . . . . . . . . . . . . . .12
```

Vous mettez le tout ensemble dans une
bassine sur le feu, et le faites bouillir en tournant avec la spatule, jusqu'à ce qu'il commence à s'épaissir. Aussitôt vous le retirez du
feu, et le passez dans un linge au-dessus d'un
vase. Vous le laissez refroidir, et le versez
ensuite dans la sabotière pour le glacer.

Il n'est pas inutile d'observer que lorsqu'on
veut faire des glaces où il entre du lait et de
la crême, il faut toujours prendre du lait du
matin ou de la crême formée du soir au matin ; sans cette précaution, le lait se caille-
roit, ce qu'il faut éviter.

Glaces à l'amande.

Lait . . . . 1 liv. 8 onces.
Crême 8
Amandes douces. 8
Amandes amères. 4
Eau de fleurs d'oranger, ... 2
Sucre. 12

Vous pelez les amandes et les pilez dans un mortier de marbre, en y versant de temps en temps quelques gouttes d'eau ; lorsqu'elles sont bien pilées vous y ajoutez l'eau de fleurs d'oranger, la moitié du lait, et passez le mélange à travers un linge serré fortement à deux personnes. Vous mettez le surplus du lait et de la crême dans une bassine sur le feu, en remuant avec une spatule, jusqu'à ce qu'il soit assez épais ; vous y versez le lait d'amandes ; et après un seul bouillon vous retirez la bassine, et versez la composition dans un vase pour la glacer quand elle est refroidie.

Glaces à la vanille.

Lait. . . . . 1 liv. 8 onces.
Crême. 8
Vanille. . . . . 4 gros.
Sucre.. . . . . 12 onces.

Vous fendez la vanille et la coupez par petits morceaux ; vous la pilez avec un peu de sucre dans un mortier de marbre jusqu'à ce qu'elle soit en poudre. Alors vous la mettez dans une bassine sur le feu avec le lait, la crême et le sucre : vous les faites bouillir jusqu'à consistance un peu épaisse. Vous passez la composition à travers un linge, et lorsqu'elle est refroidie vous la mettez dans des sabotières pour la glacer.

Glaces à la fraise.

```
Fraises.  .  .  .  .  .  .  .  .  .  2 liv. 8 onces.
Groseilles rouges.  .  .  .  .  .  .  .  . 8
Eau.  .  .  .  .  .  .  ,  .  .  .  .  .  .  1 chopine.
Sucre.  .  .  .  .  .  .  .  .  .  .  .  1 liv.
```

Vous écrasez les fraises et les groseilles dans un tamis, pour séparer les pepins de la pulpe, que vous recevez dans une terrine ; ensuite vous versez l'eau sur le marc que vous pressez, et la recevez dans le même vase. Vous faites fondre le sucre avec un peu d'eau sur le feu ; vous le réunissez à la pulpe, et mettez le tout dans la sabotière, ou dans des moules qui imitent la fraise.

Marrons glacés.

Il faut prendre des marrons, et choisir les plus plats ; vous les fendez un peu par la tête, puis les mettez dans l'eau bouillante, afin de les faire cuire. Pour connoître lorsqu'ils seront cuits, vous prendrez une épingle, et vous en piquerez un par l'endroit du marron que vous avez levé ; si l'épingle y entre facilement, ôtez-les de dessus le feu ; pelez-les les uns après les autres, le plus chaud que vous pourrez, et les mettez sur un tamis à sec. Quand ils seront tous pelés vous ferez bouillir d'autre eau, et les mettrez dedans pour leur faire jeter les eaux rousses : il ne faut point les mettre sur le feu. Ensuite vous les retirerez bien proprement avec une écumoire, et les jetterez dans un sucre clarifié ; mettez-en assez pour qu'ils baignent ; faites-leur prendre un bouillon tout doucement ; ôtez-les de dessus le feu, et laissez prendre sucre pendant cinq à six heures ; après quoi égouttez-les bien de leur sirop, et avec le sirop et encore d'autre sucre clarifié, que vous mettrez parmi pour l'augmenter, vous le ferez cuire à la plume, puis vous mettrez vos marrons l'un après l'autre le plus légèrement que vous pourrez ; vous les remettrez sur le feu et ferez revenir votre sucre à la plume ; vous les retirerez du feu et vous les laisserez reposer. Remuez votre poêle tout doucement pour amasser l'écume au milieu, que vous leverez avec le dos de votre écumoire aussi tout doucement ; ensuite vous prendrez une écumoire avec le dos de laquelle vous frotterez les bords de la poêle de la largeur de la main, afin de faire troubler votre sucre. Dans ce trouble-là vous ferez passer vos marrons l'un après l'autre, les tirerez avec deux fourchettes, et les mettrez sur un clayon, sous lequel il y aura une terrine ou plat pour recevoir le sucre qui pourroit couler ; et s'il y a quelques marrons qui se soient lâchés dans votre sucre, vous tirerez les morceaux avec l'écumoire et les mettrez en forme de rocher sur le clayon ; ce ne sont

pas les plus mauvais; ensuite vous les serrerez
proprement dans des boîtes sur du papier, et
les mettrez en lieu sec.

CHAPITRE XVI.

DE LA DISTILLATION ET DES PARFUMS.

Vaisseaux distillatoires.

Les vaisseaux qui servent aux distillations
les plus ordinaires sont des alambics d'argent,
de cuivre étamé et d'étain. On ne fait point la
cucurbite avec ce dernier métal, à cause de sa
fusibilité au feu nu.

L'alambic dont on fait le plus d'usage, et
qui est connu sous le nom d'alambic à bain-
marie, est composé de trois pièces :

1° La cucurbite, qui est de cuivre étamé,
et qui entre dans le fourneau ; elle est plus ou
moins grande, selon la capacité de l'alambic.
Aux trois quarts de sa hauteur, cette pièce
est bombée de manière à faire un rebord saillant, et sur la partie la plus bombée de ce
rebord se trouve un petit tuyau que l'on
ferme avec un bouchon de liége ; on introduit
par ce tuyau de l'eau à mesure qu'elle s'éva-
pore, sans discontinuer la distillation ; la cucurbite est aussi garnie de deux anses pour en
faciliter l'usage, et son ouverture est renforcée
extérieurement par un cercle ou collet de
cuivre tourné ; il se trouve dans la cucurbite
un rond ou grille en cuivre vernissé et percé

de plusieurs trous. Ce rond en remplit la capacité : il est garni de deux petites anses et coupé en deux parties, qui sont réunies par deux charnières, et qu'on replie sur elles-mêmes lorsqu'on veut retirer le rond de la cucurbite ; il s'y trouve aussi trois pieds qui l'éloignent de deux pouces environ du fond de la cucurbite, en sorte que, lorsqu'on veut distiller à feu nu, les substances qui sont posées sur cette grille ne sont point exposées à être brûlées. Quand on distille au bain-marie, ce rond devient inutile, on le supprime.

2.º La pièce nommée bain-marie est supportée par la cucurbite dans laquelle elle entre ; cette seconde est un vase d'étain épais de deux lignes environ, et garni, à son extrémité supérieure, d'un collet d'étain assez saillant pour poser sur celui de la première pièce et s'y trouver de niveau ; il y a aussi deux anses du même métal à cette extrémité ; il est tourné dans l'intérieur d'un pouce et demi, et creusé d'une ligne et demie environ pour former un petit rebord intérieur propre à recevoir le col du chapiteau : indépendamment de son usage pour l'alambic, on se sert de cette pièce pour plusieurs infusions ; alors on y ajoute un couvercle plat, aussi d'étain, qui la ferme exactement.

3.º La troisième pièce, appelée chapiteau, est d'étain et a une figure conique, dont la base a le même diamètre que l'orifice de la cucurbite et du bain-marie. Cette base est un fort collet et une emboîture d'un pouce et demi, qui entre et pose sur le rebord intérieur de l'un ou de l'autre, afin qu'on puisse distiller à feu nu ou au bain-marie, suivant le besoin. On pratique, dans l'intérieur du chapiteau, une gouttière qui répond à un tuyau d'étain, qui se trouve à la base, et qu'on appelle le bec du chapiteau. Il peut avoir quatre à cinq pouces de diamètre à son ouverture, pour peu que l'alambic soit grand, et n'avoir que trois ou quatre lignes à l'extrémité opposée, sur une longueur à peu près de quinze à dix-huit pouces. Quelquefois il se trouve très-court, afin d'y ajouter à volonté d'autres tuyaux d'étain, qui emboîtent exactement, et qu'on appelle tuyaux de rapport.

On voit des alambics où le chapiteau est garni, à l'extérieur, d'une espèce de seau de cuivre étamé, soudé exactement à la base du cône, de manière à embrasser la gouttière, et dont la hauteur dépasse d'un pouce environ la pointe du cône ; on l'évase un peu vers le bas, et il s'y trouve un robinet du plus grand débit possible : cette pièce se nomme réfrigérant ; on l'emplit d'eau froide, pour faciliter la condensation des vapeurs qui s'exhalent de la cucurbite, viennent reprendre l'état fluide, et, se glissant le long du plan incliné intérieur du cône, se rendent dans la gouttière, d'où elles tombent en liqueur, par le bec du chapiteau, dans le récipient qu'on y adapte. Comme cette eau froide du réfrigérant ne tarde pas à s'échauffer, on la fait écouler par le robinet, et on lui en substitue de la fraîche.

Les chimistes et les distillateurs de nos jours, s'étant aperçus que la plupart des liqueurs qu'on distille ont besoin d'être rafraîchies plus que ne le peut faire l'eau du réfrigérant, même en la changeant très-souvent, ont supprimé entièrement cette pièce de leurs alambics, et l'ont remplacée avantageusement par le serpentin. C'est un long tuyau d'étain, tourné en spirale, dont on soutient les pas à distances égales par des triangles d'étain perpendiculaires qui y sont soudés; on le place dans un seau de cuivre rouge étamé, vers le fond duquel se trouve un robinet, et qui est garni au dehors de deux poignées de cuivre, pour en faciliter le transport. On élève ce seau sur une escabelle, de manière que l'extrémité supérieure du serpentin s'ajuste au bec du chapiteau, et on adapte à celle inférieure un vaisseau nommé récipient, qu'on pose sur un coussinet, et qui est destiné à recevoir les produits de la distillation.

1º On met de l'eau très-froide plein le seau, avant de distiller, et on pose, dans le milieu de son diamètre, un long entonnoir de fer-blanc, qui le dépasse un peu, et qui a pour support un pied peu élevé, de forme conique et percé de trous. A mesure que l'eau contenue dans le seau s'échauffe, on verse dans cet entonnoir de l'eau très-froide, qui, par son poids, occupant la partie inférieure, fait refluer vers le haut l'eau chaude, qui est plus légère, ce qui dispense de la renouveler en entier : lorsqu'après avoir ainsi versé de l'eau dans cet entonnoir, le volume ne peut en être contenu dans le seau, la portion surabondante s'écoule par un tuyau de décharge, adapté à un orifice qui se trouve à l'extrémité supérieure du seau. On dispose ce tuyau à son gré, et on donne à l'eau une issue qui la porte hors du laboratoire.

Le serpentin, plongé dans l'eau, a de grands avantages sur le réfrigérant. Les vapeurs qui passent dans son intérieur son condensées et rafraîchies successivement, en parcourant toujours de nouvelles couches d'eau fraîche. Par ce moyen on perd infiniment moins de parties volatiles des substances qu'on distille, et les liqueurs n'ont jamais d'odeur empyreumatique.

Outre que toute l'eau du réfrigérant s'échauffe très-promptement et en même temps, qu'il faut la changer très-souvent, sans que pour cela la liqueur qui distille soit aussi bien rafraîchie que lorsqu'elle passe par le serpentin, un autre inconvénient de cette même précaution, indispensable pourtant, c'est que ce changement subit d'eau très-froide après de l'eau très-chaude nuit à la condensation des vapeurs, les fait retomber dans la cucurbite, et retarde souvent l'opération.

Pour procéder à la distillation, on dispose la cucurbite dans le fourneau, comme nous l'avons dit : lorsqu'on distille à feu nu, on met les substances sur la grille, et on remplit la cucurbite environ aux deux tiers; on

la couvre de son chapiteau, au bec duquel
on adapte le serpentin, dont on a rempli
le seau d'eau froide, et à l'extrémité inférieure duquel on dispose un récipient ou matras, pour recevoir la liqueur à mesure qu'elle
distille.

La distillation au bain-marie, qui doit toujours être employée pour les liqueurs spiri-
tueuses, a le grand avantage de ne point
être sujette aux accidens lorsqu'on distille à
feu nu ; dans ce cas, après avoir mis dans
le bain-marie les substances que l'on veut distiller, on les plonge dans la cucurbite placée
sur le fourneau, et dans laquelle on met suffisante quantité d'eau : on adapte ensuite le
chapiteau au bain-marie, et le serpentin étant
placé comme dessus avec le récipient, on
lute les jointures des vaisseaux avec du papier imbibé de colle de farine, et on allume
le feu dans le fourneau.

Le feu, qui est l'agent de cette opération,
doit être conduit avec attention, surtout lorsqu'on distille à feu nu ; le degré convenable est assez difficile à saisir et à être main-
tenu également ; car, pour peu qu'on augmente la quantité de feu et de charbon, le
feu passe tout-à-coup du degré le moins actif
à un degré beaucoup trop vif ; et le grand
inconvénient, c'est que la liqueur en contracte un goût d'empyreume.

La distillation au bain-marie n'encourt pas
ces inconvéniens ; il suffit d'entretenir toujours bouillante l'eau de la cucurbite. En gé-

néral, il faut commencer par un degré de feu très-tempéré, que l'on augmente ensuite progressivement, et selon le besoin. On opère bien, lorsqu'on entretient un petit filet ; car, si on se contente de distiller goutte à goutte, on pourroit bien ne retirer qu'une liqueur spiritueuse très-peu imprégnée d'huile essentielle ; le feu poussé avec trop de violence fait monter le flegme avec l'esprit et l'huile, ce qui rend la liqueur détestable : on a même vu les substances tomber dans ce réfrigérant ; la seule ressource alors est de verser ce qui s'y trouve dans la cucurbite par le tuyau de celle-ci, et de recommencer la distillation. Les substances dont l'huile est fort pesante, telles que le girofle, la cannelle, etc., se distillent au fort filet ; cependant il faut observer de ne pas pousser le feu de manière à faire monter le flegme ; ensuite on distille le premier produit au petit filet, ce qui s'appelle cohober.

Comme le flegme, la terre, le sel fixe, font partie de toutes les substances, et qu'on ne les soumet à la distillation que pour les en dégager et en extraire la partie spiritueuse et l'huile essentielle, on ne doit pas retirer même quantité que celle employée. Sur dix pintes d'une infusion quelconque, on doit en retirer cinq qui ne sentent ni le flegme, qui est un goût fade, insipide et désagréable ; ni l'empyreume, qui est un goût de feu. Lorsqu'on a employé de l'eau-de-vie de première qualité, on peut en retirer un peu plus de moitié.

Lorsqu'on veut distiller certains aromates au bain de sable, on pose sur un fourneau portatif une chaudière de fonte remplie de sable fin ou de sablon, sur lequel on place une cornue de verre, qui contient la substance à distiller : la cornue est une espèce de bouteille de figure ovale, terminée par un col ou tuyau qui diminue insensiblement en largeur, et est légèrement incliné; la portion ovale de la cornue pose sur le sablon, et le col sort au-dehors pour recevoir le récipient qu'on y adapte. On lute bien les jointures, et, après avoir allumé un feu de charbon, on procède à la distillation, qui doit être surveillée avec la plus grande attention, surtout pour la conduite du feu, auquel on donnera un degré qui n'excédera jamais celui nécessaire pour entretenir l'eau bouillante, comme lorsqu'on distille au bain-marie.

Distillation de l'eau commune.

On met de l'eau de rivière ou de puits dans la cucurbite, on la recouvre du chapiteau, au bec duquel on ajuste le serpentin, dont on remplit la cuve d'eau très-froide. On adapte un récipient au bec du serpentin, et tout étant ainsi disposé, on lute les jointures des vaisseaux, puis on procède à la distillation pour tirer environ les sept huitièmes de l'eau qu'on a employée, et qu'on reçoit, réunie en gouttes, dans des vaisseaux de verre très-propres.

L'eau qu'on obtient par ce procédé est très-pure, parce qu'elle a laissé dans la cucurbite les sels et autres principes fixes qui en altéroient le degré de pureté, indispensable dans plusieurs compositions, et qui ne nous est point offert par l'eau dans son état naturel.

Eau odorante simple.

Je comprends sous cette dénomination tous les produits aromatiques qu'on obtient en employant l'eau simple pour dissolvant.

Eau de rose.

Vous choisirez les roses lorsqu'elles commencent à s'épanouir ; vous les placerez sur la grille de la cucurbite, et, après les avoir foulées à diverses reprises, vous versez l'eau par-dessus. Vous disposez votre appareil comme ci-dessus, et procédez à la distillation.

Des pastilles odorantes à brûler.

On appelle ainsi des compositions où il entre divers aromates ; on leur donne assez ordinairement une figure conique ou triangulaire ; on y met le feu pour parfumer les appartemens ; elles brûlent en scintillant, et exhalent une fumée qui répand une odeur très-agréable.

Pastilles à brûler.

Civette. . . . . .36 grains.
Benjoin. . . . . 2 gros.
Storax calamite. 1
Bois d'aloès. 4
Ecorce d'orange sèche. 1
Deux muscades.
Girofle. 1
Labdanum.. 2
Charbon. . . . . 1 once.
Sucre fin. . . . . 1 once.
Sel de nitre. . . . . 4 gros.
Esprit d'ambre. 2

Quantité suffisante de mucilage de gomme adragant à l'eau de rose.

Vous réduisez en poudre les dix premières substances dans un mortier de fer ; vous y ajoutez le sel de nitre et l'esprit d'ambre, et avec le mucilage de gomme adragant vous donnez au tout la consistance d'une pâte, que vous réduisez, sur la table de marbre, en petits rouleaux de la grosseur de tuyaux de plumes, et que vous contournez ensuite sur eux-mêmes, en forme de coquillages, de la hauteur d'environ un pouce, et d'une pâte proportionnée, ou vous leur donnez une forme triangulaire, pyramidale, etc. On les fait sécher à l'ombre, et on les enferme dans des bocaux bien bouchés.

Il y a beaucoup de parfumeurs qui ne font point entrer de nitre dans la composition de ces pastilles ; il est cependant d'autant plus nécessaire, qu'il facilite leur combustion.

Autres pastilles à brûler.

Zeste de cédrats. . . . . 2 gros.
Zeste de limons. 2
Zeste d'orange. 2
Roses muscades. 2
Romarin 2
Santal rouge. 2
Calamus aromaticus. 2
Storax. . . . . 1 once.
Labdanum. 1
Clous de girofle. . . . . 36 grains.
Iris de Florence. 36
Oliban. . . . . 5 onces.
Nitre. . . . . 4 gros.
Charbon. . . . . 1 once.

Toutes ces substances doivent être sèches.
Vous réduisez ces substances en poudre très-fine, et les incorporez avec suffisante quantité de mucilage de gomme adragant, fait à l'eau de fleurs d'oranger ; vous en formez une pâte, dont vous composez vos pastilles, que vous mettez sécher.

Eau de miel ; recette rapportée d'Angleterre.

Prenez trois livres d'esprit-de-vin ; miel blanc, coriandre, de chaque huit livres ; de vanille, trois gros ; écorce récente de citron, un gros ; girofle, six gros ; muscade, benjoin, storax, calamite, de chaque quatre gros ; esprit de roses, de fleurs d'oranger, de chaque cinq onces. Mettez le tout macérer dans l'esprit-de-vin et les autres esprits pendant vingt-quatre heures ; distillez ensuite jusqu'à siccité ; après cela , rectifiez par une seconde distillation pour l'usage.

Pot-pourri.

Violette.	4 onces.
Marjolaine.	2
Thym.	3
Roses rouges.	2
Mélilot.	2
Myrte.	3
Lavande.	8
Fleurs de romarin.	demi-once.
Jeune baume.	
Laurier franc.	
OEillet.	8 onces.
Fleurs d'oranger.	12
Roses muscades.	2
Clos de girofle.	2 gros.
Cannelle.	demi-once.
Poivre blanc concassé.	2 gros.
L'écorce râpée d'un citron.	

A chaque fois que l'on met une des choses ci-dessus, il faut saupoudrer une poignée de sel , couvrir le pot , et n'y pas toucher de quarante-huit heures. Après ce temps , remuez le tout avec une cuillère de bois ; ensuite lutez le pot avec de la pâte , et le laissez ainsi jusqu'à la Saint-Martin , sans y toucher ; alors débouchez et ôtez la pâte ; remuez bien le tout , et continuez ainsi deux fois par semaine. Il faut boucher avec de la cire les petits trous du couvercle du vase. Lorsque vous boucherez le pot avec de la pâte, vous déboucherez quelques-uns de ces petits trous ; deux ou trois suffisent.

Lorsque le pot-pourri ci-dessus est fait, si vous en voulez un au vinaigre, prenez-en un tiers que vous mettrez dans un plus petit pot, avec une pinte de fort vinaigre. Remuez avec une cuillère de bois ; tenez toujours les trous du couvercle bien bouchés. Pour le premier pot-pourri, il faut un vase de douze pouces de haut sur huit de diamètre, et pour celui au vinaigre, de neuf pouces de haut sur huit de diamètre.

Pommade pour les lèvres gercées.

Prenez cire vierge trois gros ; faites-la fondre à une douce chaleur dans une demi-once d'amandes douces ; ajoutez-y un morceau de racine d'orcanette, pour la colorer, et coulez ensuite dans des cartes ployées ; afin de la laisser refroidir pour l'usage.

Vinaigre des quatre-voleurs.

Sommités de deux absinthes, de romarin, de sauge, de menthe, de rue, de chaque une demi-once ; fleurs de lavande, deux onces ; calamus aromaticus, cannelle, girofle, noix muscade, gousse d'ail, de chaque deux gros ; camphre, une demi-once ; vinaigre rouge, huit livres. On prend tous

ces ingrédiens que l'on pile grossièrement,
on coupe les gousses d'ail par tranches, et
on met le tout dans un matras ou une
grande bouteille ; on le laisse digérer pendant un mois ; alors on le tire pour l'usage,
et on ajoute le camphre, qu'on aura auparavant dissous dans un peu d'esprit-de-vin.

CHAPITRE XVII.

*Des provisions, et de la conduite de la maison
et des domestiques.*

L'ARTICLE des provisions de la maison est
très-important. Il faut, pour les domestiques,
du beurre fondu, du lard, du petit-salé, du
fromage, etc. ; l'huile pour les domestiques et
les lampes, la chandelle, etc.

Pour toute la maison, des pommes-de-
terre, de l'oseille conservée en pots pour l'hiver, etc. On doit charger de ces provisions
un domestique de confiance ; il faut s'en
faire rendre compte, et savoir ce qu'elles
doivent durer.

Il est d'autres provisions plus précieuses,
dont la maîtresse de la maison et ses filles doivent se charger : le riz, le vermicelle, la
semoule, le sucre, le miel, les confitures, les
pruneaux et les autres fruits secs, le pain-
d'épice, les sirops, le café, le chocolat, le
thé, l'huile fine et la bougie. Ces choses

doivent être rangées en ordre dans des armoires ; on doit savoir au juste quelle en doit être la distribution , c'est-à-dire ce qu'il faut donner de riz ou de vermicelle pour un potage, suivant le nombre des personnes , et de même pour le thé , le café, etc.

Il faut veiller avec soin à la distribution et à l'emploi de la chandelle , de l'huile de lampe et de la bougie ; établir à cet égard des régles économiques , calculées sur les saisons ou la durée du jour.

L'article de la lingerie demande aussi la plus grande surveillance. Il faut avoir au moins trois grandes armoires, placées dans une pièce à l'abri de l'humidité , et destinée au repassage. Dans l'une , on met le gros linge de table et de lit des domestiques ; dans l'une des deux autres, le linge courant de table et de lit des maîtres ; dans la seconde , le linge de table , de lit et de toilette , réservé pour les étrangers. Chaque armoire doit renfermer un livret contenant l'état du linge qu'elle renferme, signé par la personne qui se charge du linge , et qui répond du linge déposé dans l'armoire. Cette personne doit être chargée aussi de sécher le linge avant de le serrer , de le visiter , et de le faire soigneusement raccommoder ; et quelque confiance qu'on ait en elle, les maîtresses de la maison doivent toujours la surveiller, pour connoître si elle exécute exactement les ordres qui lui sont prescrits : car le domestique le plus sûr et le plus affectionné se relâchera toujours un peu sur ses devoirs , s'il voit dans ses maîtresses de l'insouciance et un dénûment total de surveillance. A l'égard du linge de corps et de toilette des maîtres, il doit être dans leurs appartemens, et il exige les mêmes soins.

On peut réduire en principes l'art si difficile de bien conduire les domestiques d'une grande maison.

1° Les traiter avec une bonté constante, mais sans familiarité, sans conversations inutiles ; ne s'entretenir avec eux que pour leur bien expliquer ce qu'on désire d'eux, ou pour leur parler de leurs intérêts ; les soigner affectueusement quand ils sont malades ; payer exactement leurs gages, chose bien essentielle, et sans laquelle les domestiques sont à la fois mécontens et insolens. Un domestique bien payé, qui sait qu'on peut le renvoyer à toute heure, sans éprouver aucun embarras d'argent, est toujours respectueux et soumis. On doit encore les bien nourrir, et leur donner quelquefois des gratifications.

2° Leur persuader deux choses : qu'on les aime et qu'on les estime ; qu'on les croit incapables de manquer à la probité, mais qu'en même temps on regarde comme un devoir de tout examiner, de tout voir par soi-même, de manière qu'ils ne puissent considérer la plus exacte surveillance que comme une habitude. Alors cette surveillance les contiendra sans les blesser.

3° Montrer aux domestiques une extrême économie dans les plus petites choses, et l'aversion de toute espèce de gaspillage : si d'ailleurs on est en général libéral avec eux, ce caractère gagnera leur estime, et aura la plus heureuse influence sur leur conduite, et il contribuera beaucoup à établir et à maintenir un ordre désirable dans la maison.

4° Leur donner en toutes choses l'exemple du respect pour la religion ; exiger d'eux qu'ils en remplissent les devoirs extérieurs, comme d'aller à la messe, de faire maigre les jours prescrits, etc. ; ne pas aller plus loin. Leur ordonner d'aller à confesse est une absurdité, puisqu'on risque par cet ordre indiscret de leur faire commettre des sacriléges. On ne peut les engager à remplir ce devoir sacré que par insinuation et par l'exemple ; mais si l'on a parmi ses domestiques des enfans, il faut être leurs instituteurs, et faire pour leur instruction religieuse ce qu'on feroit pour ses propres enfans.

5° Des maîtres doivent, à de certaines époques de l'année, donner à leurs domestiques ces repas extraordinaires, qui répandent tant de gaîté parmi eux ; on leur doit le *dindon de la Saint-Martin* ; un *festin* particulier le jour *des rois*, le *mardi gras*, etc.

6° Il faut que, dans une maison, chaque domestique ait son emploi fixe et déterminé ; qu'un ou deux domestiques, tout au plus, soient chargés de faire les mémoires de dépenses sur des livres, et que ces mémoires soient examinés et arrêtés tous les jours.

Une maîtresse de maison, lorsqu'elle a bien

réglé toutes ces choses, peut, avec de l'intelligence, ne donner aux soins de sa maison qu'une heure et demie chaque jour ; et quand elle reçoit du monde, elle n'a point l'air affairé, elle a ce calme qui sied si bien quand on fait les honneurs d'une maison. Des domestiques ne viennent point à chaque instant interrompre la conversation pour lui parler à l'oreille ; elle a tout prévu, ses ordres sont donnés d'avance, tout s'exécute sans gêne, sans agitation, sans embarras ; et cette aisance, preuve d'un ordre parfait, donne à une maison une bonne grâce et une noblesse que l'on trouve rarement dans l'intérieur des femmes qui se piquent d'être *bonnes ménagères*, car les prétentions (et même les plus estimables) gâtent tout ; et en ceci particulièrement, en voulant se faire valoir, on se déjoue.

Je n'oserois conseiller aux bonnes ménagères de porter des poches lorsqu'elles sont dans leurs maisons de campagne ; cependant il est très-difficile de bien conduire une maison en égarant sans cesse toutes ses clefs ; mais ne pourroient-elles pas, pour joindre l'élégance à la solidité, porter à leur côté une jolie clef bien façonnée, suspendue à une chaîne d'acier bronzé, ou même d'or ? Cette clef renfermeroit le trousseau de toutes les autres clefs, et ce symbole d'ordre et de sûreté seroit l'attribut naturel d'une femme, et une parure digne d'elle.

CHAPITRE XVIII.

Du voisinage et de la considération en province.

Volnis en étoit là de la lecture de sa *Maison rustique*, lorsqu'il reçut des lettres d'Amérique, d'un frère chéri établi à Philadelphie avec sa famille depuis le commencement de la révolution. D'Orsaine, frère jumeau de Volnis, avoit quitté la France dès les premiers orages de la révolution; il s'étoit réfugié en Amérique avec Lucie, sa femme (l'une des plus belles personnes de l'ancienne cour) , et un fils unique âgé alors de cinq ans. D'Orsaine, expatrié depuis onze ans, brûloit du désir de revenir dans son pays, et il chargeoit son frère de faire à ce sujet les démarches nécessaires. Volnis se détermina sur-le-champ à faire le voyage de Paris, afin d'obtenir le rappel de son frère. Il fut décidé qu'il laisseroit la conduite des bâtimens, déjà très-avancés, sous la direction d'Elmire, du bon curé et de Girard, et qu'il partiroit le lendemain. Le soir, veille du départ, la conversation se prolongea jusqu'à minuit; Charles demanda à son père si, lorsqu'il habiteroit le château, il recevroit souvent ses voisins. « Oui, mon fils, répondit Volnis, le voisinage amical tient aux bonnes mœurs; nous devons à tous nos voisins bon accueil et bons offices quand nous le pouvons. On n'a point de voisins dans les villes, parce qu'il faut être isolé pour que le voisinage devienne un lien de bienveillance et d'amitié ; mais dans la olitude, dans les champs, ceux qui se rouvent à de petites distances les uns des autres semblent placés là par la Providence pour communiquer ensemble et pour s'entr'aider au besoin. — Cependant, reprit Elmire, nous avons deux voisins qui ont affiché, durant la révolution, des opinions bien contraires aux vôtres, et qui même alors se sont montrés vos ennemis. — Ma chère Elmire, répondit Volnis, voilà ce qu'il faut oublier. Des fugitifs rendus à leur patrie, des *amnistiés* doivent-ils rapporter dans leurs foyers des sentimens de haine et de vengeance ? Puisque nous avons demandé, obtenu grâce, faisons-la nous-mêmes à nos anciens ennemis ; lorsqu'après tous les maux qu'entraînent l'anarchie et la discorde meurtrière, la paix intérieure est enfin rétablie, ne seroit-il pas affreux de la troubler, autant qu'on le peut, par de vieilles rancunes et d'odieux souvenirs ? Ah ! pour abjurer aujourd'hui la haine, ne suffit-il pas de songer aux crimes qu'elle a fait commettre ? — Mais mon père, dit Charles, des visites de voisinage nous feront perdre bien du temps ? — Mon fils, répondit Volnis, il n'est pas du tout nécessaire, pour bien employer son temps, d'être sauvage, impoli, et de renoncer à tous les devoirs de société. Si nous étions à Paris, vous n'auriez pas fait cette réflexion ; elle eût cependant alors été plus raisonnable , car les visites et les dîners , à Paris, font perdre un temps prodigieux, parce qu'on y veille jusqu'à deux ou trois heures après minuit, qu'on est forcé de se lever tard , et qu'avec ce genre de vie on n'a ni soirées ni matinées libres. D'ailleurs, à Paris, les conversations des cercles, communément fort insipides, toujours frivoles, souvent dangereuses, ne sont jamais instructives ; il n'en est pas ainsi en province, à la campagne. Ceux qui passent leur vie dans leurs terres ont ordinairement, par la lecture , des connoissances solides, ou du moins l'expérience leur donne toujours de grandes lumières sur l'agriculture et sur l'économie domestique. Une visite de Paris ne m'apporte que des nouvelles de la ville, dont je ne me soucie guère ; mon voisin m'entretient de ses travaux champêtres, il m'instruit en me parlant de ce qui l'intéresse ; à son tour il m'écoute avec plaisir; je puis le consulter et recevoir de lui d'excellens conseils. Le Parisien , l'homme de la cour, ne s'amuse à la promenade que dans un vaste jardin à l'anglaise ; il lui faut de belles eaux , des cascades, de superbes fabriques. Mon voisin me suit avec joie dans mes bois, dans ma vigne ; et quand je le mène voir mes ouvriers, il ne me gêne point, ne n'interrompt point, parce qu'il prend part à tout ce que je fais d'utile , et que mes occupations lui retracent les siennes. — Je crois, dit Elmire, qu'avec de la franchise et de la bonhomie il est facile de n'être pas importuné par les visites de ses voisins. Il suffit pour cela de se réserver toutes ses matinées, et de convenir avec ses voisins qu'on n'ira mutuellement les uns chez les autres qu'aux heures des promenades. — Il faut aussi, reprit Volnis, pour l'agrément réciproque du voisinage, régler les heures de ses repas sur celles de ses voisins; et ces heures, en province, sont toujours très-raisonnablement calculées pour la santé, les occupations et les affaires. En se conduisant ainsi, lorsqu'on vit dans ses terres, on a toute la considératon désirable. »

Ici, Charles pria son père de lui donner une définition claire et précise de ce mot *considération* : « Mon fils, répondit Volnis, vous me demandez de vous définir une chose presqu'entièrement passée de mode, et surtout à Paris, mais dont on retrouve encore une idée saine en province. La considération est l'approbation générale qu'on accorde à la réunion du mérite, de la conduite sage et soutenue, et d'une place éminente et honorable. — Ainsi la considération est l'estime ? — Non, on peut estimer un domestique, et l'on ne peut dire qu'on a de *la considération* pour lui. La considération ne s'obtient qu'avec un rang élevé ou un état distingué dans la société. Il est possible d'être parfaitement estimable et de n'avoir aucune considération, parce que l'inconséquence, même dans les petites choses, l'étourderie et les ridicules, de quelque genre qu'ils soient, ne peuvent s'allier avec la considération; mais quand l'estime s'unit à la considération, il en résulte le sentiment de la plus juste admiration. Autrefois on vouloit de la considération, et non de la gloire. Le désir de la considération peut s'allier avec un dénûment total d'ambition, et même avec la piété la plus austère, parce que la considération vient de la décence, de la dignité, de la sagesse, qu'elle est nécessaire pour honorer l'emploi qu'on exerce, et pour donner l'autorité la plus désirable. Quand on n'est pas dans une place très-éminente, le désir ardent de la gloire rend intrigant; il faut se faire louer au loin. Dans les particuliers, la renommée nuit toujours de quelque manière à la considération; elle excite l'envie, produit les calomnies; on devient brillant, on paroît moins estimable; on est loué, mais déchiré, et même en s'en tirant bien on est rarement révéré; la vénération est le fruit particulier d'une haute considération. J'ai toujours remarqué que la considération est plus équitablement accordée en province que dans les villes capitales. A Paris, un bon cuisinier, une maison dans laquelle on donne des fêtes, influent beaucoup sur la considération, ou du moins attirent des égards qui peuvent y ressembler ou en tenir lieu. En province on est plus délicat sur les procédés et sur la conduite, on se voit de plus près, on se juge mieux, on est moins indulgent, parce que là les travers, les torts et les vices ne se perdent point dans la foule. Aussi toute personne qui jouit en province d'une grande considération est toujours une personne estimable. Sachez de bonne heure, mes enfans, apprécier de tels suffrages ; nos voisins nous connoissent parfaitement, leurs censures sont sévères; mais jamais ils ne refusent leur approbation au mérite et à la vertu : et croyez qu'un homme vicieux, ou seulement impertinent et dédaigneux, quels que soient son rang et sa fortune, n'obtiendra en province que des hommages forcés et quelques flatteries subalternes, mais qu'au fond il n'y jouira jamais d'une véritable considération. »

Ces réflexions terminèrent la soirée. Volnis partit pour Paris le lendemain ; il laissa à sa famille le premier volume de sa *Maison rustique*, que l'on relut plusieurs fois durant son séjour à Paris, qui fut beaucoup plus long qu'on ne l'avoit prévu ; il y resta près d'un an : lorsqu'il revint, il trouva les bâtimens achevés ; mais il fallut s'occuper des boiseries, des peintures, et ces travaux suspendirent encore pendant quelques mois les lectures de la *Maison rustique*. Au bout de ce temps, Volnis, qui n'avoit pu terminer les affaires de son frère, fut obligé de retourner à Paris ; il y resta aussi long-temps qu'à son premier voyage ; enfin, tout étant fini à sa satisfaction, il vola dans sa terre, et fut agréablement surpris en voyant son château entièrement achevé, et les plantations très-avancées. Il fut décidé que, selon les anciennes règles de la prudence, trop souvent négligées, on n'habiteroit le château que lorsque trois hivers, ayant passé sur les murs, auroient suffisamment séché les plâtres; il falloit attendre encore une année, qui s'écoula comme les précédentes dans la ferme de Girard. Pendant cette année, Elmire et Julie, qui depuis long-temps s'occupoient de l'ameublement du château, y travaillèrent plus assidûment que jamais avec l'aide de leurs femmes de chambre, de Jeanneton et de quelques jeunes filles du village. On reprit les soirs la lecture de la *Maison rustique*, qui fut régulièrement continuée, comme on le verra dans les chapitres suivans.

CHAPITRE XIX.

De la médecine en général et de ses différens systèmes, et de la médecine domestique.

Puisque dans toutes les Maisons rustiques on a consacré quelques chapitres à la pharmacie et à la médecine domestique, je ne dois pas omettre ces articles importans, surtout à la campagne, où les secours prompts manquent si souvent. Je n'ai rien pris sur ce point dans ces ouvrages, j'ai formé mes chapitres de recettes éprouvées et particulières, la plupart de M. Tronchin (1), et d'extraits tirés des ouvrages de M. Herrenshwan, de Tissot, de M. Alibert, et d'un livre très-ancien, celui de madame Fouquet, mère du fameux surintendant. Cette femme vertueuse exerça pendant quarante ans la médecine pour les pauvres, médecine très-peu savante, qui consistoit en un grand nombre de recettes pour tous les maux possibles. Ces recettes n'ont été imprimées qu'après sa mort. Ainsi, lorsque dans cet ouvrage on trouve à plusieurs recettes des notes de madame Fouquet, qui affirment que ces remèdes sont de la plus grande efficacité, on doit la croire ; ce n'est point pour se faire valoir qn'elle donne cette assurance, puisqu'elle n'écrit que pour elle, et il est impossible de lui refuser sa confiance. Aussi la plupart de ces recettes ont été adoptées depuis par les auteurs des Médecines domestiques, qui se sont bien gardés de parler de madame Fouquet : on peut sans conséquence piller les ouvrages d'une femme, mais comment s'abaisser à les citer ?..... Il faut pourtant convenir que la bonne madame Fouquet, en prescrivant un grand nombre d'excellens remèdes, en propose aussi de ridicules et fait beaucoup de raisonnemens qui ne le sont pas moins (2).

(1) Premier médecin de la maison d'Orléans.

(2) Je n'oserois pourtant pas affirmer que ces recettes fussent réellement ridicules, car on en

Cependant son livre est revêtu de l'approbation de la faculté de médecine de ce temps; et l'on comptoit alors de très-habiles médecins. On a fait de grands changemens dans la pratique de la médecine depuis cette époque : une chose remarquable, c'est que de quelque manière que soit exercée la médecine, quelque système que l'on suive, les calculs sur la durée de la vie humaine (suivant la température des pays) se retrouvent toujours à peu près les mêmes. On a remarqué qu'il y avoit à la cour de Louis XIV, sur la fin de son règne, beaucoup plus d'octogénaires, et même de centenaires, que nous n'en avons vu depuis; mais lorsque le souverain est très-avancé en âge, toute la cour a vieilli avec lui : au commencement d'un nouveau règne tous les vieillards disparoissent; les uns sont congédiés, les autres se retirent, et la cour se repeuple de jeunes courtisans; ainsi nous ne pouvons pas aujourd'hui y voir même des septuagénaires. On s'étonne encore que la pratique de la médecine de nos jours étant aussi différente de celle des siècles derniers, on ait pu vivre alors,

trouve d'aussi étranges dans plusieurs ouvrages de médecine très-estimés. Par exemple, M. Tissot, dans son *Avis au peuple*, propose comme un bon remède contre le mal de dents de s'enduire de miel tout le visage. Et dans l'Encyclopédie un grand médecin proteste qu'un remède certain contre l'incontinence d'urine la nuit durant le sommeil, pour les enfans, et même pour les adultes qui ont cette infirmité, c'est de manger des souris.

ou qu'avec la science perfectionnée, attribuée à notre médecine moderne, on puisse mourir aujourd'hui. Le fait e t que l'on meurt comme on mouroit jadis, ni plus ni moins, et qu'au vrai les médecins célèbres du temps passé ont mérité leur réputation, ainsi que ceux du temps présent méritent celle qu'on leur accorde, quoique ces derniers aient des systèmes tout-à-fait différens, parce que les systèmes en médecine doivent nécessairement changer suivant les mœurs, les usages. le régime, le genre de vie, qui forment diverses constitutions physiques, et donnent lieu à plusieurs maladies dominantes ; et par exemple, dans le dix-septième siècle, la saignée étoit excessivement à la mode. Guy-Patin conte dans ses mémoires qu'en 1653 M. Cousinot, qui fut depuis premier médecin du roi, fut, par un violent rhumatisme, saigné soixante-quatre fois en huit mois, par ordonnance de son père et de son beau-père M. Bouvard, et qu'ensuite on purgea copieusement le malade. Guy-Patin ajoute que pour une pleurésie il a saigné treize fois un enfant de sept ans. Enfin, durant tout ce siècle, on se faisoit saigner ainsi, non-seulement lorsqu'on étoit malade, mais on ne manquoit pas de se faire saigner encore en parfaite santé *par précaution*, au printemps et en automne. Mais c'est qu'alors la maladie dominante et presque universelle, et à tout âge, étoit l'apoplexie sanguine et foudroyante. On trouve dans les mémoires ma-

nuscrits de Dangeau une liste mortuaire faite
exactement et sans interruption pendant quarante ans, de toutes les personnes en place,
ou ayant un état honnête à la ville et dans
les provinces, que l'auteur a vues mourir dans
cet espace de temps, et l'on apprend que
toutes ces personnes, sans exception, sont
mortes de coups de sang, d'apoplexie ou de
la petite-vérole, mais surtout d'apoplexie.
On avoit donc raison alors de se faire saigner.
Louis XIV n'évita l'apoplexie que par les
saignées de précaution. Monsieur, et son
fils le régent, qui négligèrent ce moyen,
moururent d'apoplexie, ainsi que Louvois et
son frère l'archevêque de Reims, et son fils,
ses petits-fils, arrière-petits-fils, et même
ses arrière-petites-filles, madame la marquise
de Puisieulx et madame la maréchale d'Es-
trées.

Pourquoi donc ces apoplexies héréditaires
et universelles? En cherchant bien il est certain qu'on en trouveroit la cause, comme je
l'ai dit, dans la manière de vivre, dans le régime et même dans le costume. Il étoit d'u-
sage alors de se couvrir excessivement la tête,
surtout la nuit; les femmes portoient d'épais
bonnets piqués; les hommes, des bonnets de
nuit très-chauds, et dans le jour d'énormes
perruques; ces coiffures devoient faire porter
le sang à la tête. Dans ce temps on avoit beaucoup moins de légumes et de fruits, on en
mangeoit très-peu; on mangeoit infiniment
plus de viande, la nourriture étoit plus abon-

dante, plus nourrissante; on dînoit et on soupoit, on faisoit moins d'exercice, et même les femmes n'en faisoient point du tout; on étoit plus robuste, on avoit le sang plus épais, etc. D'autres causes encore pouvoient se joindre à celles-ci. Enfin, l'usage du café, du thé, celui du tabac, ont dû avoir une influence physique sur la santé; alors d'autres constitutions, d'autres maux, ont rendu nécessaires des modifications, et même un bouleversement dans la pratique de la médecine. Si, avant de se moquer de nos pères, ou de critiquer les modernes, en citant les exemples du temps passé, on se donnoit la peine de réfléchir et de remonter aux causes, on trouveroit presque toujours que les choses universellement établies ne le sont point sans un fondement raisonnable. Ce qui doit vous prouver, mes enfans, une vérité qu'il est bon de connoître, c'est que les esprits qui sont le plus disposés à la censure ne peuvent être solides; les gens moqueurs ne savent rien approfondir, ils sont toujours superficiels.

Quant à ces petites recettes et à ces remèdes applicables dans certains maux pressans, dans des cas où l'on ne peut se méprendre (1); enfin à ces soins du moment, qu'on appelle *médecine domestique*, il est bien nécessaire de se persuader 1° que le zèle et la charité ne donnent pas la science; que par conséquent une femme qui n'a point fait d'études soigne-

____

(1) Tels que les remèdes administrés aux noyés, etc.

roit des pauvres et des malades pendant cinquante ans sans être un bon médecin; et que
même, si elle ne se rendoit pas justice à cet
égard, elle seroit très-mauvaise garde-malade,
parce qu'elle n'auroit pas pour le médecin
l'obéissance exacte et si indispensable qu'elle
doit avoir; 2° qu'il est essentiel encore, pour
exercer ces soins charitables, d'acquérir quelques connoissances : par exemple, il faut connoître les plantes usuelles, fraîches et sèches,
telles qu'on les vend chez l'herboriste; deux
petites études différentes, qui demandent de
l'attention et de la mémoire, et connoissance
sans laquelle on ne peut prévenir de fâcheux
quiproquos; car les herboristes, quelquefois
très-peu instruits, donnent souvent une plante
pour une autre. Comme il est possible que les
garçons de boutique d'un pharmacien puissent se tromper, il est très-utile aussi de
connoître, à la seule inspection, les drogues
les plus usitées en médecine. Elle doit encore
connoître les propriétés de tous les alimens,
savoir panser une plaie simple, poser et conduire un vésicatoire, et traiter parfaitement
tous les maux pour lesquels on n'appelle point
ordinairement de médecin. Il est même quelques maladies dont les caractères ne sont pas
équivoques, qui peuvent subitement survenir
en voyage, ou qui demandent de prompts
secours, et qu'elle doit savoir traiter en cas
de besoin, mais ce qu'elle ne doit jamais faire
dès qu'elle peut appeler les gens de l'art;
3° qu'il faut enfin savoir soigner les malades,

les fortifier, les égayer ou les consoler. Il y a
un art certain de calmer ceux même qui sont
en délire; il faut doucement les engager à ne
point parler, surtout ne pas les contrarier,
ne paroître ni effrayé ni surpris lorsqu'ils
extravaguent; les ramener peu à peu à la raison en expliquant simplement ce qu'ils disent,
pour peu qu'il soit possible d'y donner un
sens raisonnable ; ne point faire de bruit autour d'eux, ne pas causer tout bas, et leur
montrer toujours un grand calme et une extrême douceur; profiter des momens lucides
pour les faire boire; ne jamais convenir avec
eux qu'ils ont eu le transport, les assurer, s'ils
se rappellent leur état, qu'ils n'ont fait que
rêver un peu tout haut.

Une femme exerçant la médecine domestique dans sa maison et chez les pauvres ne
peut passer ces bornes; si elle prétend à plus
de science, si elle a la folie de croire qu'elle
peut, sans une absolue nécessité, suppléer au
médecin, elle n'exercera qu'un empirisme
aussi ridicule que dangereux.

Une dame de charité ne doit aller chez les
pauvres malades que pour leur porter des secours, ou pour leur mener un médecin. Sa
meilleure manière de les soigner est de leur
procurer le moyen d'avoir de bon bouillon.
Cette réflexion me rappelle un trait bien touchant, et qui en même temps fait frémir. Peu
de temps avant la révolution, un médecin
habile, M. Gastelier, fut envoyé dans une
province par la faculté de médecine, pour

examiner les caractères d'une fièvre épidémique qui faisoit les plus grands ravages parmi le peuple; il s'agissoit de donner un nom à cette fièvre qui avoit des symptômes singuliers, entre autres celui d'un affoiblissement extraordinaire, auquel on succomboit sous peu de jours. M. Gastelier, dans son rapport à la faculté de médecine, appela ces maladies des *fièvres d'inanition*. En effet, il les guérit toutes avec un peu de vin, du bouillon et de la nourriture!... et cette touchante et sainte médecine est la seule que les dames de charité puissent pratiquer sans consultation; elles peuvent encore, lorsqu'elles sont mères, porter d'utiles secours aux femmes en couches et aux pauvres petits enfans nouveau-nés, et ces secours consistent surtout à leur donner du linge et les alimens convenables à leur état.

Beaucoup de personnes désapprouvent les livres de médecine faits pour les gens du monde; je crois, en effet, que ces livres ne doivent jamais être scientifiques, et qu'ils ne devroient être écrits que dans la seule vue de former de bonnes garde-malades, et d'offrir tous les conseils que les ignorans peuvent suivre sans inconvénient; et c'est ainsi que, d'après de bons extraits, je composerai ma médecine domestique.

Je n'ai pas mis dans ma *Maison rustique* la description d'un petit jardin des plantes usuelles, parce que j'ai fait sur ce sujet un ouvrage à part (1). Je n'y mets pas non plus le détail

____

(1) Cet ouvrage, orné de plantes en miniature,

d'une apothicairerie domestique, puisque je donne l'énumération des drogues médicinales, de leurs doses, etc., d'après laquelle chaque mère de famille pourroit former à son gré cette petite pharmacie. Je vous invite, ma chère Julie, à vous composer en outre un cabinet d'herboriste, c'est-à-dire contenant la plupart des plantes usuelles desséchées, non en herbier collé sur du papier, mais en paquets, comme on les vend chez les herboristes. Elles sont alors si défigurées, que l'œil même du botaniste pourroit les méconnoître. Il faut pourtant qu'une maîtresse de maison, une mère de famille, ne puisse s'y tromper, afin d'être en état, lorsqu'elle sera garde-malade, de prévenir des quiproquos fâcheux, beaucoup plus ordinaires pour les plantes que pour les drogues, parce que malheureusement les herboristes ignorans sont très-communs.

CHAPITRE XX.

Explication de quelques mots de médecine.

ABRASION, irritation que produisent sur la membrane interne de l'estomac et des intestins les médicamens violens, comme les purgatifs drastiques.

est fait pour servir à l'éducation de la jeunesse, et par conséquent le seul de ce genre.

Acescence, disposition à l'acidité.

Achore, espèce de teigne ou d'ulcère qui se forme sur la peau de la tête.

Acme, vient du grec *acme*, pointe. Il signifie le plus haut point d'une maladie, qu'on divise en quatre états, qui sont : 1° l'*arche* ; 2° l'*anabasis*, l'augmentation ; 3° l'*acme*, le plus haut point ; 4° le *paracme*, le déclin.

Aduste, du latin *adustus*, brûlé. On dit : sang aduste, bile aduste, etc.

Albugo, ou *taie*, ou *leucoma*, maladie où la cornée perd sa couleur, et devient blanche et opaque.

Alchimie, mot composé de l'arabe et du grec, qui signifie *chimie sublime*, ou la *chimie par excellence*. On ne trouve aucune apparence d'alchimie dans les auteurs, depuis Homère jusqu'à 400 ans après Jésus-Christ. Le premier auteur qui parle de faire de l'or est Zozime, qui vivoit dès le commencement du cinquième siècle. Il a composé en grec un livre sur l'art divin de faire de l'or et de l'argent.

Alexitère, ou *alexipharmaque*, contre-poison.

Alopécie, maladie de la tête, qui se trouve dépouillée de cheveux.

Amaurose, privation de la vue, synonyme de goutte sereine.

Amblyopie, obscurcissement de la vue. On en compte de quatre espèces :

La *myopie*, la *presbytie*, la *nyctalopie* et l'*amaurosis*.

Amnios ou *amnion*, membrane qui enveloppe le fœtus dans le sein de la mère.

Analepsie, recouvrement des forces après une maladie.

Analeptiques, remèdes fortifians.

Anamnétiques, médicamens propres à réparer ou fortifier la mémoire.

Anétiques ou *parégoriques*, c'est-à-dire calmans.

Anévrisme, mot qui vient du grec, et qui signifie dilater. C'est une tumeur faite de sang, par la dilatation ou l'ouverture d'une artère. Il y a le vrai et le faux anévrisme.

Angina, angie, angine, mots pris du latin, qui signifient esquinancie. Ce dernier mot vient du grec.

Ankilose; c'est l'union de deux os, articulés et soudés ensemble par le suc osseux ou une autre matière : ceci est la vraie ankilose. Il y a la fausse ankilose.

Anthelmentiques, remèdes qu'on emploie dans les maladies vermineuses.

Antiloïmiques, nom qu'on donne aux préservatifs de la peste. Le *mouvement péristaltique* est une contraction des fibres des intestins du haut en bas, et le mouvement *anti-péristaltique* est une contraction du bas en haut.

Anti-ophtalmique, bon pour les yeux.

Anti-phlogistiques, propres à diminuer la chaleur.

Anti-putrides, qui s'opposent à la pourriture ; on s'en sert pour l'intérieur.

Anti-septiques, qui s'opposent à la gangrène ; on s'en sert en topiques , c'est-à-dire à l'extérieur.

Anti-spasmodiques, qui calment les nerfs.

Apéritif , qui facilite le cours des humeurs.

Aphrodisiaques, remèdes qui agitent le sang.

Aponévrose, l'extension ou l'expansion d'un tendon à la matière d'une membrane.

Aréotiques , se dit des remèdes qui tendent à ouvrir les pores de la peau.

Asthme , *dyspenée* ou *orthopnée* , sont la même chose , c'est-à-dire difficulté de respirer.

Astringent et *stiptique* , qui resserre.

Atonie , foiblesse , relâchement.

Atrophie , marasme , maigreur excessive.

Borborigme , bruit excité dans le ventre par des vents.

Cachexie , mot tiré du grec *kakos* , mauvais, et *exis* , constitution ; signifie mauvais état , mauvaise constitution du corps.

Cardialgie , des mots grecs *cardix*, cœur , et *alzeo* , je souffre ; douleur violente, qui se fait sentir à l'orifice de l'estomac , que les anciens appeloient aussi le cœur. Cette fausse dénomination a donné lieu à une façon impropre de parler, qui est de dire : *j'ai des maux de cœur.* Lorsqu'on a envie de vomir , ce mouvement contre nature est absolument dépendant de l'estomac , et ne l'est en aucune façon du cœur.

Caprisant , épithète du pouls irrégulier et sautillant.

Carus, de *karos*, sommeil profond, espèce de léthargie, accompagnée de fièvre, diffèrent du *coma*, en ce que, dans le coma, le malade répond. Le carus diffère de l'apoplexie, en ce que la respiration est libre ; diffère de l'épilepsie, en ce qu'il n'y a ni agitation ni écume ; diffère de la syncope, en ce que le pouls est élevé et le visage rouge.

Carminatif, qui chasse les vents.

Catagmatique, médicament propre à souder les os. Les principaux catagmatiques sont le bol d'Arménie, la gomme adragant, l'ostéocole, les noix de cyprès, l'encens, l'aloès, l'acacia, etc.

Catalepsie, maladie soporeuse, qui saisit tout d'un coup le malade, le met dans l'attitude où il étoit au moment de l'accès, et le prive du sentiment. Les deux branches de la médecine sont la *physiologie* et la *pathologie*. La *physiologie* considère la constitution, les fonctions et toute l'économie des parties qui composent le corps animal. La *pathologie* étudie les altérations qui peuvent troubler le corps, comment on peut prévenir les accidens et y remédier.

Catartique, médicament qui évacue par les selles.

Catholicon, épithète de certains électuaires anciens, qu'on regardoit comme universels, ou comme purgeant toutes les humeurs.

Céphalique, bon pour la tête.

Chronique, épithète qui se donne aux maladies de longue durée.

Chalibe, remèdes chalibés ou martiaux , nom générique des remèdes tirés du fer.

Coagulant, terme consacré en chirurgie , pour exprimer la *partie rouge du sang.*

Colature , en pharmacie , espèce de filtra-tion imparfaite ; on appelle aussi *colature* toute liqueur passée ou filtrée.

Colliquatif se dit des poisons ou des ma-ladies qui causent la dissolution des humeurs et du sang. *Colliquative* est synonyme de dis-solution.

Colostre , premier lait qui se trouve dans le sein des femmes , après la délivrance.

Contagieux : les mots de contagion et con-tagieux viennent du verbe latin *tangere* , tou-cher , affecter.

Crase, du mot grec *crasis*, mélange , tem-pérament , état parfait du sang , où l'on trouve , dans une juste proportion , les dif-férens principes qui doivent le composer ; *discrase* est le contraire, c'est un mélange vi-cieux , etc.

Cucuphe , et *demi-cucuphe*, bonnet pi-qué , garni de poudre céphalique , qu'on met sur la tête des malades.

Danse de Saint-Weit , selon les Alle-mands , ou *de Saint-Guy*, selon les Français ; espèce de maladie convulsive.

Dartre, s'appelle en grec *erpes*, d'où quel-quefois en français on l'appelle *herpe.*

Détersif, qui nettoie.

Diacydonium, suc de coing épaissi, ou en gelée.

Diagnose, se dit de la connoissance que l'on peut avoir par des signes de l'état présent d'un homme sain ou malade. On appelle *diagnostics* les signes au moyen desquels on acquiert cette connoissance.

Diagrède ; c'est la scammonée préparée ou corrigée, pour les usages de la médecine.

Diaphœnix, électuaire dont les dattes sont la base. Ce mot, tiré du grec, signifie *fait de dattes* ; de *phonoi*, dattes, et *phonix*, le palmier qui porte les dattes.

Diaphorétique, qui excite la transpiration.

Dispensaire ; c'est ainsi qu'on nomme les livres de pharmacie dans lesquels est décrite la composition des médicamens que les apothicaires doivent tenir dans leurs boutiques. Ces livres se nomment aussi *formules pharmacopées, antidotaires*. Le dispensaire de Paris s'appelle *codex medicamentarius*. On dit aussi dispensaire de l'endroit où se font les dispensations des médicamens composés.

Distichiasis, incommodité des paupières, qui consiste à avoir deux rangs de cils ; de *dis*, deux fois ; *stikos*, ou *stocikos*, ordre, rang.

Diurétique, qui fait uriner.

Dyspepsie, digestion laborieuse.

Dyspne, difficulté de respiration.

Dysurie, difficulté d'uriner.

Ecbolique, qui précipite l'accouchement.

Eccoprotiques, purgatifs doux, qui débarrassent seulement les intestins.

Eclegme, remède pectoral. C'est la même chose que *looch*.

Ecphractiques, médicamens apéritifs.

Ecrouelles ; ce mot vient du latin *scropha ;* se forme de *scropha*, truie, parce que ces animaux sont sujets à de pareilles tumeurs sous la gorge. On appelle aussi cette maladie *strumœ*.

Éléphantiase, ou *éléphantie*, on *elephantia*, nom que les Grecs ont donné à la maladie que les Arabes appellent *lèpre*.

Embrocation, arrosement sur une partie malade, avec une éponge.

Emphysème, signifie toute tumeur formée par l'air.

Emprosthonos, maladie spasmodique, dans laquelle tout le corps est courbé.

Ephélide, nom grec des taches de rousseur.

Epinyctide, espèce d'exanthème ou d'éruption cutanée, en forme de pustule livide, etc.

Epithème, synonyme de fomentation ou de cataplasme.

Epulide, excroissance de chair aux gencives.

Escarotique, remède extérieur appliqué sur les chairs, et qui produit, en brûlant, des croûtes, des escarres, etc.

Exanthème, terme employé pour expliquer l'éruption qui se fait sur la peau.

Excipient, substance, soit molle, soit liquide, qui sert à rassembler et à lier les différens ingrédiens d'une composition pharmaceutique, ou qui fournit un véhicule ou une enveloppe à une drogue simple. L'excipient d'une médecine est ordinairement de l'eau commune.

Excoriation, dépouillement de l'épiderme ou du repli de la peau, tant des parties externes que des parties internes.

Eximination, évacuation.

Exomphale, descente du nombril.

Fébrifuge, bon pour la fièvre.

Fic, tumeur qui ressemble à une figue.

Fèvre pétéchiale, fièvre maligne, avec des taches rouges sur la peau.

Gibbosité, courbure contre nature de l'épine du dos.

Hemvé. C'est ainsi qu'on appelle ce qu'on nomme par périphrase *la maladie du pays :* on dit le *hemvé.*

Héroïques, remèdes violens.

Horripilation, sorte de frissonnement, par l'effet duquel la peau se ride et se tend alternativement, ce qui fait hérisser les cheveux, etc.

Huile de cade, huile fétide qui se tire de l'oxycèdre et du genévrier. Elle est très-résolutive ou topique. On s'en sert pour les bestiaux et pour les chevaux.

Humeurs peccantes, c'est-à-dire humeurs du corps qui sont vicieuses.

Hydréléon, huile commune et eau battues ensemble : pris par la bouche, fait vomir ; en topique, est anodin et suppuratif.

Hydrotique, sudorifique.

Hygiène. Ce mot vient du grec, et sert à désigner la première des deux parties de la méthode médicinale , concernant la conduite qu'il faut tenir pour la conservation de la santé actuellement existante ; comme la deuxième partie de cette méthode est la thérapeutique, qui traite de la manière de rétablir la santé lorsqu'on l'a perdue.

Hypnotique , tout médicament dont la vertu est de procurer le sommeil.

Hypocatharse. Ce terme signifie une purgation foible.

Ichoreux. On appelle *sanie* ou *ichoreuse* l'humeur séreuse et âcre qui découle de certains ulcères.

Idiocrase. On entend par ce mot la nature, la disposition, le tempérament propre d'une chose, d'une substance animale, minérale ou végétale.

Idiopathie, terme employé pour distinguer la maladie qui affecte une partie quelconque, qui ne dépend pas du vice d'une autre partie, parce que la cause de cette affection a son siége là où se manifeste la lésion des fonctions.

Idiosyncrase, particularité de tempérament.

Incession, espèce de demi-bain médicinal. Dans l'*incession* le malade s'assied jusqu'au nombril.

Incisif, qui divise les humeurs.

Insufflation, action de souffler dans quelque cavité du corps, pour transmettre à quelque partie affectée le remède qui lui convient. Les lavemens de fumée de tabac sont une espèce d'insufflation.

Jactation. Il est à peu près synonyme d'anxiété, et surtout d'inquiétude.

On fait usage en médecine de l'huile de *jaïet*, soit noire, soit rectifiée, pour certaines maladies de femme.

Jaunisse, ou *ictère*, est la même chose.

Jectigation, tremblement, palpitation, mouvement convulsif.

Julep, liqueur composée, diaphane, d'un goût agréable.

Lénitif, remède qui adoucit.

Les compositions officinales sont celles qui sont toutes composées chez les apothicaires. Les compositions magistrales sont faites sur l'ordonnance du médecin.

Lienterie, flux de ventre *alimenteux*, où l'on rend des alimens indigérés tels qu'on les a pris.

Lippitude, maladie des yeux, chassie.

Lippopsychie, état de défaillance où le pouls manque, et où la chaleur naturelle a abandonné le corps. Ce terme est synonyme d'*ipothymie*.

Lithiase, un des noms de la maladie nommée la *pierre* ou *calcul ; lithiasée* ou *lithisis* est aussi une maladie des paupières, qui consiste dans de petites tumeurs pétrifiées, engendrées sur leur bord.

Lypirie, fièvre continue avec ardeur d'entrailles et grand froid extérieur.

Minoratifs, purgatifs légers.

Minoration, purgation légère.

Miva, synonyme de gelée de fruits. La gelée

de coings est principalement connue sous ce nom dans les boutiques.

Dans les formules le mot mêlez , *misce*, s'écrit en abrégé par cette lettre initiale *M*. On ajoute quelquefois l'expression suivante : *selon l'art, secundùm artem* ou *ex arte*.

Mondicatif, synonyme de détersif.

Mydrias , indisposition de l'œil , qui consiste dans une trop grande dilatation de la prunelle.

Myurus , signifie un pouls qui s'affoiblit par degrés insensibles.

Narcotique, qui fait dormir.

Natta , espèce de loupe. On dit aussi *nasa, nasda, napta*.

Nécrose , mortification complète de quelque partie. C'est la même chose que *sidération* et *sphacèle*.

Néphélion , petite tache blanche sur les yeux , produite par la cicatrice d'un ulcère. On donne aussi ce nom à ces espèces de petits nuages qui flottent sur l'urine , et aux petites taches blanches sur la surface des ongles , qui ressemblent à de petits nuages.

Nervins, toniques, roborans , sont synonymes.

Neuritique , ou nervin , sont encore synonymes.

Nosologie. Du grec *nosos* , maladie , et *logos* , discours. Partie de la pathologie, qui est particulièrement employée à disserter sur la maladie en général , abstraction faite des symptômes et des causes.

Nostalgie, maladie du pays ; synonyme de *hemvé*.

Obésité. C'est dans le corps humain une surabondance de graisse.

Odonthalgique, bon pour les dents.

Odaxisme, mot employé pour désigner une sensation désagréable, plus forte que la démangeaison et analogue à la brûlure.

OEsype, graisse ou axonge, que l'on nomme aussi *saintx*, qui est adhérente à la laine des moutons et des brebis. On s'en servoit jadis en médecine.

Pachintyques, remèdes incrassans.

Paracentèse, ponction.

Parégoriques. Les parégoriques, les épicératiques et les anodins sont la même chose. On les ordonne en linimens, en fomentations.

Prothèse, opération par laquelle on ajoute au corps humain quelques parties artificielles en la place de celles qui manquent.

Psoriques, remèdes bons contre les maladies de la peau.

Ptyalisme, crachement presque continuel.

Purgatifs drastiques, très-violens.

Pyrétiques, médicamens bons contre la fièvre. Le premier exemple que nous ayons de la saignée remonte à la guerre de Troie. Podalire, en revenant, fut jeté sur les côtes de Carie, où il guérit Syrna, fille du roi Amathus, tombée du haut d'une maison, en la saignant des deux bras. Elle l'épousa en reconnoissance.

Remède incrassant, qui épaissit le sang, les humeurs.

Remèdes sialagogues, synonyme de sa-livans.

Remèdes syncritiques, d'une nature astrin-gente.

Séméïotique, en médecine, signifie *science des signes*.

Sporadique, maladie qui a des causes par-ticulières : opposé à épidémique.

Sinapisme, médicament externe, âcre et chaud, composé en partie de moutarde. Ce mot vient de *sinapis*, moutarde.

Symphyse, c'est une sorte de connexion ou d'union des os.

Symptomatique, terme employé pour mar-quer la différence entre les causes primitives et les causes secondaires des maladies. Par exemple, une fièvre causée par la douleur se nomme *symptomatique*, parce qu'elle ne provient que de la douleur, etc.

Synovie, en latin *mucilage*, liqueur muci-lagineuse, qui sert, tant qu'elle est dans son état naturel, à oindre et lubréfier les liga-mens et cartilages des jointures. Copton Ha-vers est le premier des modernes qui ait exac-tement décrit la nature de la synovie.

Tetanus ou *tetanos*, sorte de maladie con-vulsive.

Tonique, qui augmente la force.

Trochisque, est une forme de remède, faite pour être tenue dans la bouche et s'y dissoudre peu à peu.

Typhomanie, espèce de maladie du cerveau, où l'on ne peut dormir, quoiqu'on ait les yeux fermés. On l'appelle aussi *coma vigil*.

Vulnéraires, propres à la guérison des plaies.

CHAPITRE XXI.

EXPLICATION DE QUELQUES DROGUES DE LA PHARMACIE.

Manne.

La manne est le plus doux de tous les purgatifs, et le seul à employer continuellement et avec sécurité dans tous les cas possibles. On la prend à la dose de deux ou trois onces, fondue dans un bouillon ou dans de l'eau de chicorée. Elle entre dans toutes les médecines, comme un correctif des purgatifs résineux qui en font la composition.

Tamarins.

Les tamarins sont anti-bilieux, anti-putrides et rafraîchissans ; la dose, depuis une once jusqu'à deux, bouillie dans cinq demi-setiers réduits à une pinte ; leur usage est de les mettre dans la tisane, ou de les unir aux purgatifs.

Rhubarbe.

Elle s'emploie avec succès dans le cours de ventre ; elle fortifie l'estomac, elle excite l'appétit, elle tue les vers, elle purge doucement la bile ; si on veut qu'elle soit purgative, on la prend à la dose de vingt-quatre grains dans une cuillerée de potage lorsque l'on se met à table pour dîner, et on mange la soupe par dessus. On peut également la prendre le matin en bol dans du pain à chanter, ou délayée dans un verre d'eau.

Si la dose de vingt-quatre grains n'est pas suffisante pour purger, on l'augmentera d'une demi-dose, ce que l'on répétera trois ou quatre jours de suite ; le lendemain on se purgera avec deux onces de manne et un gros de rhubarbe. Si l'on veut que la rhubarbe n'agisse que comme stomachique, la dose de douze grains suffit quelquefois ; mais alors on la continuera plus long-temps. On la donne aussi en infusion, soit pour remplir les mêmes vues, soit pour purger en la joignant à la manne ; la dose est dans ce cas de demi-gros jusqu'à un gros.

Quinquina en poudre.

Le quinquina est un spécifique pour la fièvre intermittente ; on le prend comme stomachique à petite dose, tel que six à douze grains avant la soupe.

Avant que d'en faire usage dans les fièvres, il est souvent nécessaire d'avoir été saigné, et même d'avoir pris l'émétique, ou purgé, selon le tempérament du malade.

Il se prend comme fébrifuge en poudre à la dose de douze à vingt-quatre grains, et même un gros, de trois en trois heures, hors de l'accès, dans une cuillerée d'eau et de vin; ou en opiat, avec du miel ou du sirop, ou en infusion, soit dans de l'eau ou dans du vin : pour cet effet, on met une once de quinquina concassé grossièrement dans une pinte d'eau; après avoir fait bouillir le mélange quelques minutes, on le laisse infuser près du feu pendant deux heures avec des plantes amères et apéritives, telles que la chicorée sauvage et la bourrache, puis on passe la liqueur pour en avoir une bouteille, dont le malade prend un verre de trois en trois heures.

On fait aussi infuser le quinquina dans du vin à froid pendant vingt-quatre ou quarante-huit heures, on le passe en l'exprimant, et on le conserve dans une bouteille bien bouchée, pour en donner au malade deux cuillerées de trois en trois heures, comme un stomachique, une ou deux cuillerées avant le repas.

On met deux onces de quinquina concassé par pinte de vin; à cette même dose, ou même en la doublant, il devient un spécifique des plus puissans pour arrêter les progrès de la gangrène.

La pinte de Paris est de trente-deux onces.

Quand on a de bon quinquina en poudre, il ne faut pas le laisser dans du papier, il s'éventeroit promptement; il faut l'enfermer dans une bouteille bien bouchée, sur le bouchon de laquelle on mettra un capuchon de parchemin soigneusement ficelé. On doit prendre les mêmes précautions pour la magnésie.

Séné et follicules.

Elles sont purgatives et entrent en concurrence avec la manne dans les médecines, à la dose de deux gros jusqu'à demi-once pour les grandes personnes, et d'un jusqu'à deux gros pour les enfans.

Emplâtre, vésicatoire et mouches cantharides.

On emploie les vésicatoires avec succès toutes les fois qu'il faut détourner promptement une humeur dangereuse; pour les appliquer, on étend l'emplâtre sur de la peau de la grandeur de la main, et pour leur donner de l'activité, on les saupoudre avec les cantharides.

Si cependant le sujet est fort délicat, ou qu'il ait quelque maladie inflammatoire, ou ardeur d'urine, on se contente de mettre l'emplâtre sans être saupoudré.

Il faut observer que pendant les douze à vingt-quatre heures que dure l'application des vésicatoires, il faut que le malade boive abondamment des boissons délayantes et rafraîchissantes ; et si malgré cela il survient quelque chaleur ou ardeur d'urine, on ajoute à sa boisson douze ou vingt-quatre grains de nitre par pinte, et on en boit de quart-d'heure en quart-d'heure.

Quand le vésicatoire a fait sa cloche, on l'ôte, on ouvre la poche, et on enlève la peau avec des ciseaux ; on y applique au premier pansement du beurre frais étendu sur de la poirée, et on panse ensuite de douze en douze heures avec un digestif, composé de parties égales d'onguent de la mer et de basilicon, auxquels on ajoute depuis vingt-quatre grains jusqu'à un gros de cantharides en poudre par once d'onguent, dans le cas où la suppuration n'est pas assez abondante.

On se sert aussi pour entretenir les vésicatoires d'une pommade qu'on trouve toute faite chez les apothicaires, sous le nom de pommade *épispastique*. Dans toutes ces pommades il entre des mouches cantharides, et ces emplâtres causent toujours une irritation dangereuse à la longue. Voilà pourquoi, lorsqu'on est obligé de recourir souvent aux vésicatoires, il vaudroit mieux prendre le parti de se faire mettre un cautère que l'on entretient sans emplâtre. Les mouches cantharides ont une propriété si corrosive, qu'il est très-dangereux de s'endormir sous les arbres sur lesquels elles se rassemblent : ces arbres sont surtout les frênes. On prend beaucoup de précautions pour recueillir ces insectes pour l'usage de la médecine; on se masque le visage, on se couvre les bras; on ne va à cette chasse qu'au point du jour, on étend au pied de l'arbre de grands draps, on secoue l'arbre, les insectes, engourdis et couverts de rosée, tombent; on les enferme dans un linge en forme de nouet, et on les suffoque à la vapeur du vinaigre; ensuite on les fait sécher dans une étuve afin de les conserver pour l'usage.

Baume de Fioraventi.

Le baume de Fioraventi est d'un prompt secours pour toutes les plaies, les meurtrissures et les coups à la tête; on l'emploie aussi avec succès pour les rhumatismes : dans ce cas il faut frotter la partie affligée avec des serviettes chaudes, ensuite avec le baume, et couvrir la partie malade avec du papier brouillard qui en soit imbibé, et des serviettes chaudes. Il est bon aussi dans les maladies des yeux, comme foiblesse et goutte; pour en faire usage dans ce cas, on fait chauffer dans un réchaud de braise une cuillerée à moitié pleine d'eau, dans laquelle on ajoute une quarantaine de gouttes de ce baume; on tient cette cuillerée très-proche des yeux; la vapeur que la chaleur de la cuillerée fait élever frappe les yeux et les fortifie :

on en frotte aussi les mains, que l'on présente
en forme de godets aux yeux.

Baume du Commandeur.

Ce baume est un excellent vulnéraire
pour les coupures, surtout à celles des nerfs
et des tendons, sur lesquelles on assujettit
de la charpie imbibée de ce baume dans le
premier instant.

Il est aussi bon pour les légères brûlures.

Il enlève souvent les rages de dents, en l'y
appliquant sur du coton. Il convient aussi
pour conserver les gencives en bon état ; on
en met pour cela quelques gouttes avec le liquide dont on se rince la bouche.

Gouttes anodines, ou laudanum liquide de Sydenham.

Elles sont très-utiles pour calmer les inconvéniens convulsifs, le spasme, les toux opiniâtres, les coliques, les grandes douleurs et
les épreintes.

On les prend à la dose de trois ou quatre
gouttes jusqu'à dix ou douze, et quelquefois
au-delà dans quelque liqueur convenable.

Dans les insomnies, on les prend le soir en
se mettant au lit, observant de ne les prendre
que deux heures après la dernière nourriture ;
dans les autres cas, on en réitère la dose
plusieurs fois le jour, selon le besoin ; mais
pour lors on n'en donne que cinq à six gouttes

à la fois : c'est encore un grand remède pour calmer les vomissemens et arrêter les super-purgations.

Extrait de Saturne et eau végéto - minérale.

Il ne faut jamais s'en servir intérieurement; c'est un excellent dessiccatif pour guérir les écorchures, les brûlures, les ulcères; pour cela on en met une cuillerée à bouche, avec quatre cuillerées d'eau-de-vie, dans une pinte d'eau, c'est ce qu'on appelle eau végéto-minérale; on lave les plaies avec cette eau, et on y en applique des compresses imbibées.

Pour la brûlure un peu profonde, on préfère un onguent fait avec une cuillerée d'extrait de Saturne et trois cuillerées d'huile d'olive mêlées et battues ensemble. Un autre onguent excellent pour la brûlure en suppuration est un mélange de deux parties d'eau de chaux et d'une partie d'huile de noix bien battues ensemble; mais avant d'avoir recours aux onguens, il faut ôter l'inflammation avec des compresses d'eau de guimauve froide et très-mucilagineuse.

Alkali volatil-fluor et eau de Luce.

On la respire dans les défaillances, les syncopes et les rages de dents, les asphyxies et accidens excités par la vapeur du charbon ou des lieux renfermés. On en frotte avec succès les parties affectées de rhumatismes et les morsures de vipères et insectes venimeux. Pour la morsure de vipère, on en prend aussi depuis cinq jusqu'à dix gouttes, dans un peu de vin, d'heure en heure, pour exciter une sueur abondante.

On s'en sert encore pour ôter la douleur et empêcher la formation de la cloche dans les légères brûlures, en appliquant fréquemment des compresses imbibées d'eau fraîche, sur chaque tasse de laquelle on ajoute trente à quarante gouttes d'alkali volatil-fluor. Il faut tenir le flacon bien bouché.

Confection d'hyacinthe.

C'est un bon cordial et un stomachique très-doux ; elle convient dans les foiblesses d'estomac accompagnées d'aigreurs ; elle provoque la transpiration : la dose est de demi-gros jusqu'à un gros seul ou délayé dans du vin.

Diascordium.

Il est très-salutaire dans les dévoiemens, les fontes qui suivent les indigestions et les dysenteries : la dose est d'un demi-gros ou d'un gros le soir en se couchant ; on peut unir avec succès à chaque prise un grain d'ipécacuanha, et en prendre jusqu'à trois fois par jour à distances égales.

Thériaque.

C'est un excellent stomachique et contre-poison ; elle excite la sueur, calme les quintes de toux opiniâtres ; la dose est de vingt-quatre à trente-six grains, c'est-à-dire la grosseur d'une petite noisette. Elle est encore un excellent antidote ; elle arrête le dévoiement, mais convient peu aux tempéramens échauffés.

Kermès minéral.

Il se donne en concurrence avec l'émétique dans le cas ci-dessus énoncé ; mais il est beaucoup plus doux et beaucoup moins émétique que lui ; il est d'un grand secours dans les catarrhes, les toux de pituite, l'asthme et la coqueluche. On en prend alors demi-grain le matin à jeun, mêlé à un peu de sucre et dans une cuillerée d'eau. On en prend une seconde prise avant de se coucher ; et si le malade est robuste, il en prend une troisième prise dans la journée. Pour les personnes délicates, on n'en donne qu'un quart de grain à la fois, et on répète cela quatre fois par jour à trois heures de distance ; on n'en donne aux enfans que deux ou trois prises par jour. Les personnes qui font usage de kermès doivent se préserver du froid, parce que la sueur est souvent le moyen qu'il choisit pour agir efficacement.

Émétique ou tartre stibié.

L'émétique, comme le remède le plus prompt et le plus efficace à employer sur-le-champ dans la paralysie et l'apoplexie, se donne dans ce cas-ci à très-forte dose, telle que quatre grains fondus dans un verre d'eau, et donnés par cuillerées de moment en moment. Ce remède ainsi administré et soutenu ensuite de distance en distance, débarrasse l'estomac et les entrailles, leur donne des secousses qui rappellent leur élasticité, et rendent souvent le malade à lui-même. L'émétique se donne aussi en lavage dans une chopine ou une pinte d'eau. On fait usage avec grand succès, dans les fièvres putrides, de quatre grains d'émétique fondus dans huit cuillerées d'eau, et dont on met une cuillerée à café dans chaque verre de boisson que prend le malade, et on le répète.

Ipécacuanha.

L'ipécacuanha pris par quart de grain, par demi-grain, de trois en trois heures, est excellent pour les toux de pituites et catarrhales ; à la dose de trois ou quatre grains une ou deux fois dans la matinée, et répété pendant plusieurs jours ; il est excellent pour vaincre les coqueluches les plus opiniâtres, dont il est le spécifique.

Cette dose est celle des enfans. Pour les grandes personnes, on en donne une plus forte dose, en observant toujours que pour guérir la coqueluche il faut vomir souvent, et toujours avec l'ipécacuanha.

L'ipécacuanha est encore un excellent remède pour le dévoiement et la dysenterie, et doit presque toujours précéder les purgations ; car , outre l'avantage que l'on retire des secousses que le vomissement procure à l'estomac , l'ipécacuanha a la vertu de donner du ressort à l'estomac , et le fortifie.

Sel de nitre.

Le nitre est rafraîchissant , apéritif, diurétique. Il convient dans les ardeurs d'urine , et toutes les maladies accompagnées d'inflammation. La dose est de six grains , ou douze grains , ou vingt-quatre grains par pinte de boisson.

Le nitre ou salpêtre, appelé par les chimistes modernes *nitrate de potasse*, doit son origine à la nature, et la perfection de sa combinaison à l'art ; on en retire, quand on le prépare en grand , des plâtres des vieux édifices , etc.

Sel de duobus.

Le sel de duobus est un très-bon apéritif ; il pousse par les urines, il provoque les selles. On le prend à la dose d'un cu deux gros , le matin à jeun, dans du bouillon rafraîchissant , ou dans une médecine , comme antibilieux.

Dragées à vers.

On en donne un paquet le matin à jeun , et on continue pendant trois jours, et le quatrième jour on purge.

Mouches d'opium.

On les humecte avec un peu de vinaigre, et on les applique avec succès sur les tempes, pour les fluxions et les migraines.

Créme de tartre.

La crème de tartre est un anti-putride. Elle est rafraîchissante, un peu purgative. On peut la prendre par cuillerée seule ou avec un peu de sucre. On s'en sert pour cailler le lait et faire du petit-lait : on en met un demi-gros par livre de lait. Comme purgatif, on la donne à la dose de deux gros à une once.

Sel de seignette.

Le sel de seignette est un bon purgatif, très-doux seul, à la dose d'une demi-once fondue dans une pinte d'eau pure ou minérale.

Sel de Sedlitz.

Il s'emploie comme le précédent.

Boule d'acier, boule de mars, boule de Nancy.

Elle est propre à guérir les plaies accompagnées de contusions, et les écorchures. Pour cela on en râpe de la grosseur d'un pois, que l'on met dans un petit verre d'eau avec une cuillerée d'eau-de-vie, et on en applique des compresses sur la partie malade.

Pour prévenir les accidens d'un crachement de sang survenu après une chute, ou un coup à la poitrine, on met la dose ci-dessus dans une pinte d'eau avec deux cuillerées d'eau-de-vie, et on en donne au malade de trois en trois heures un petit verre. Lorsque l'on fait tremper cette boule dans l'eau jusqu'à ce qu'elle soit couleur de paille, l'eau acquiert la propriété d'être désopilative, et est excellente pour les pâles couleurs et les maux d'estomac.

Explication des abréviations usitées dans les formules.

℔	signifie livre.
℞.	signifie prenez.
℞. ℔ɪ	signifie prenez une livre.
℔ɪᴠ	quatre livres.
ß	demie ou moitié.
℔ß	une demi-livre.
aa	de l'un et de l'autre
℥	once.
℥ɪ	une once.
ʒ	gros ou drachme.
ʒɪ	un gros.
℈	scrupule.
℈ɪ	un scrupule.
gr	grain.
gr.ɪ	un grain.
Coch.	cuillerée.
Coch. ɪ	une cuillerée.
La pinte de Paris contient.	℔ɪɪ ou ℥xᴠɪ.
La chopine.	℔ɪ ou ℥ᴠɪɪɪ.
Le poisson ou le verre.	℥ɪᴠ.
La cuillère à bouche.	℥ß.
La cuillère à café.	ʒß.

L'once contient. . . . . . gr. ʒviii.
Le gros . . . . gr. lxii ou Əiii.
Le scrupule.. . . . . gr. xxiv.
Le grain est le poids d'un grain d'orge.

Pour l'unité des poids, on a choisi la millionième partie du poids d'un mètre cube d'eau, qui pèse, en anciens poids, deux mille quarante-quatre livres six onces quarante grains. En divisant ce poids en fractions décimales, on parvint à un petit poids auquel on s'arrêta. On lui donna le nom de gramme, et il fut choisi pour l'unité des nouveaux poids.

On a donné à un poids de la pesanteur de dix grammes le nom de décagramme.

On a donné à un poids de la pesanteur de cent grammes, ou de dix décagrammes, le nom d'hectogramme.

On a donné à un poids de la pesanteur de mille grammes, ou de cent décagrammes, ou de dix hectogrammes, le nom de kilogramme.

Enfin on a donné à un poids de la pesanteur de dix mille grammes, de mille décagrammes, ou de cent hectogrammes, ou bien de dix kilogrammes, le nom de myriagramme.

On a également donné à un poids de la pesanteur de la dixième partie d'un gramme, le nom de décigramme.

On a donné à un poids de la pesanteur de la centième partie d'un gramme, ou de la dixième partie d'un décigramme, le nom de centigramme.

On a donné à un poids de la pesanteur

de la dixième partie d'un centigramme, ou de la centième partie d'un décigramme, ou bien de la millième partie d'un gramme, le nom de milligramme.

Voici le tableau de ces poids, comparés aux anciens :

TABLEAU DE COMPARAISON
DES NOUVEAUX POIDS AVEC LES ANCIENS.

Nomb.	Poids nouveaux.	Livres	Onces	Gros.	Grains	Fractions.
1	Myriagramme,	20	7	0	58	
1	Kilogramme.	2	0	5	49	
1	Hectogramme.	0	3	2	12	1
1	Décagramme.	0	0	2	44	41
1	Gramme.	0	0	0	18	841
1	Décigramme.	0	0	0	1	8841
1	Centigramme.	0	0	0	0	18841
1	Milligramme.	0	0	0	0	101841

très-exactement.

En pharmacie il y a certaines mesures vaguement déterminées, qui sont la *fascicile*, *la poignée*, la *pincée*, etc. La fascicule est ce que le bras ployé en rond peut contenir ; la poignée est ce que la main peut empoigner ; la pincée, ce qui peut être pris entre les trois doigts. On désigne dans les formules ces mesures par les lettres initiales de leur nom latin. On met *cyath.* (cyathus) pour verre. *Coc.* ou *cochl.* (cochlear) pour cuillerée (1).

G ou *gut.* (gutta) pour goutte. *F* ou *fasc.* pour *fascicule* (fasciculus). *M* ou *man.* (manipulus) pour poignée. *Pug.* (pugillum) pour pincée. *Cong.* (congius) ou quatre pintes pour la moitié d'une poignée. *P. E.* parties égales. *S. A.* (*secundùm artem*), conformément à l'art. *Q. S.* quantité suffisante. *Q. Pl.* (quantùm placet) autant qu'il vous plaît. *P. P.* (pulvis patrum), c'est-à-dire *poudre des ʃpères*, quinquina. *aa* signifie de chaque.

<hr>

CHAPITRE XXII.

De la chirurgie domestique.

On ne connut l'anatomie dans l'antiquité que très-imparfaitement. L'Égypte, sous le règne de Ptolomée Soter, dut aux décou-

(1) De ce mot latin vient le nom de *cochlearia,*

vertes d'Érophile et d'Érasistrate une grande
réputation dans cette science. Avant eux, la
dissection passoit pour un sacrilége. Après les
fondateurs de l'anatomie, Érophile et Érasistrate, parurent Lycus, Quintus, Marinus.
Vint ensuite Arétée, et après lui Rufus l'E-
phésien, qui vécut sous les régnes de Nerva et
de Trajan. Galien succéda à Rufus ; il a laissé
de bons ouvrages sur l'anatomie, et surtout
Administrations anatomiques, et un autre
ouvrage intitulé *De l'usage des parties du
corps humain*. Soranus fut un anatomiste con-
temporain de Galien. Théophile écrivit sous
le règne d'Héraclius : Oribase ne fut que le
copiste de Galien.

L'*anatomie comparée* est cette partie de
l'anatomie qui s'occupe de la recherche et de
l'examen des différentes parties des animaux,
considérée relativement à leur structure particulière et à la forme qui convient le mieux à
leur manière de vivre et de satisfaire à leurs
besoins ; et cette étude démontre combien la
Providence est admirable dans tous ses ouvrages : par exemple, dans l'anatomie comparée des estomacs, on observe que les animaux qui ont de fréquentes occasions de se
nourrir ont l'estomac très-petit en compa-
raison de ceux qui, étant évités par les autres
animaux dont ils font leur nourriture, se
trouvent souvent dans la nécessité de jeûner.

ou *herbe aux cuillères*, ainsi nommée parce que
les feuilles de cette plante ont la forme d'une
cuillère.

Le premier des anciens qui se soit livré à cette étude est Démocrite. Alcméon, disciple de Pythagore, passe pour avoir le premier anatomisé des animaux, parce que ses écrits ont eu un sort plus heureux que ceux de Démocrite, qui ont été perdus ; mais ce qui nous reste des ouvrages d'Alcméon ne méritoit guère d'être conservé, car il prétendoit que les chèvres respirent par l'oreille. Ce fut Aristote qui se rendit le plus célèbre dans cet art. L'art de l'*injection* est une invention moderne. C'est Jacques Béranger de Scarpi qui le premier a fait des injections ; il s'en tint à l'eau simple. Swammerdam, et surtout Ruisch, perfectionnèrent cette invention.

Je ne prétends pas, mes enfans, vous enseigner l'anatomie ; mais puisque nous désirons avoir quelques notions de médecine, je veux du moins vous donner une idée superficielle de l'anatomie, d'autant mieux que ce détail ne tiendra que deux pages dans notre ouvrage.

Voici le squélette de l'homme :

Le crâne est composé de huit os : le *coronal* ou *frontal*, les deux *pariétaux*, les deux *temporaux*, le *sphénoïde* et l'*ethmoïde*. La mâchoire supérieure est composée de treize os, savoir : de deux *os maxillaires*, qui sont les plus grands, de deux *os propres du nez*, de deux os de la *pommette*, de deux *os unguis*, des deux lames inférieures du nez, des deux os du *palais* et du *vomer*, et *seize dents*, quatre *incisives*, deux *canines* ou *œillères*, et dix *molaires*. La mâchoire inférieure est d'un seul os qui contient seize dents, quatre incisives, deux canines et dix molaires.

Le tronc du corps humain est divisé en trois parties : une commune, appelée l'*épine*, et deux propres, le *thorax* ou la poitrine, et le *bassin*. L'épine du dos est composée de vingt-quatre *vertèbres*, distinguées en *cervicales*, en *dorsales* et en *lombaires* ; et de l'os *sacrum*, à l'extrémité duquel se trouve l'os *coccix*.

La poitrine est formée 1° par vingt-quatre *côtes*, douze de chaque côté, dont on appelle les sept supérieures *vraies*, et les cinq inférieures *fausses*; 2° par le *sternum*; 3° par les *vertèbres dorsales*.

Le *bassin* est fait de deux grands os dits *innominés*, ou les os des *hanches*, qui sont attachés par-derrière à l'os sacrum.

Les extrémités du squelette sont au nombre de quatre, deux supérieures et deux inférieures. Chaque extrémité supérieure est divisée en épaule, en bras, avant-bras et main ; l'épaule est faite de deux pièces, la *clavicule* et l'*omoplate*; le bras est d'un seul os, l'*humerus*. L'avant-bras en a deux, l'os du *coude* et le *rayon*. La main est en trois parties ; en *carpe* ou poignet, qui est composé de huit os ; en *métacarpe*, qui en a quatre, et en *doigts*.

Chaque extrémité inférieure est en *cuisses*, en *jambes* et en *pieds*. La cuisse est d'un seul os , le *femur ;* la jambe de deux grands, le *tibia* et le *péroné,* et d'un petit , la *rotule ;* le pied , en trois parties comme la main, en *tarse ,* en *métatarse.* Le tarse est de sept os, l'*astragale ,* le *calcaneum ,* ou os du talon, l'os *naviculaire ,* ou *scaphoïde ,* le *cuboïde* et les trois *cunéiformes.* Le métatarse est de cinq pièces. Il y a encore plusieurs petits os que l'on ne conserve pas ordinairement dans le squelette. On compte cinquante-quatre os à la tête, cinquante-quatre au tronc, et cent vingt-quatre aux extrémités ; en tout deux cent trente - deux , sans compter plusieurs petits os.

De la saignée.

A moins de cas très-pressans , il ne faut jamais se faire saigner que par ordonnance de médecin ; et souvent la diète, l'exercice et les boissons rafraîchissantes peuvent suppléer aux saignées.

Une bonne palette de sang doit faire quatre onces.

Lorsqu'on saigne une personne, et qu'on laisse reposer son sang , il se fige et se sépare en deux parties , que l'on distingue par les noms de *cruor* (crassamentum), et de sérosité, ou de *lymphe* (serum). Dans les sujets robustes, le cruor est plus abondant que dans les foibles , et la même différence a lieu dans les maladies. Lorsque la lymphe est en moindre quantité que le cruor, on doit , dans les maladies , employer la saignée, les délayans, et diminuer la nourriture, et l'on doit faire le contraire quand la lymphe prédomine, et surtout dans l'hydropisie.

Il faut ne se faire saigner que par un chirurgien habile, ou se faire saigner au poignet. On sait combien peut être dangereuse la saignée du bras. Les trois veines du bras sont la *médiane* (celle du milieu, et la plus dangereuse); la *céphalique* (celle qui est le plus près de la tête, d'où lui vient son nom grec), et la *basilique* (du côté opposé à la céphalique). Quand on est obligé de recourir à un chirurgien dans lequel on n'a pas une entière confiance, il faut se faire saigner à la basilique, la veine la moins dangereuse du bras.

Depuis quelques années, on ne se fait tirer du sang, communément, que par les sangsues.

Il y a des sangsues de plusieurs espèces; quelques-unes sont réputées venimeuses; il faut savoir les choisir. La sangsue médicinale doit être prise dans des eaux claires, courantes et bien vives. Il faut prendre plusieurs précautions en les posant au fondement, de peur qu'elles ne se glissent dans le rectum. Si ce malheur arrivoit, il faudroit sur-le-champ donner abondamment des lavemens d'eau salée, jusqu'à l'expulsion des sangsues. Si l'on en avaloit, il faudroit boire beaucoup d'eau salée; on donne aussi l'émétique dans ce cas. L'esprit de corne de cerf, le poivre, les liqueurs acides, sont aussi des poisons pour les sangsues.

M. Alibert, dans son excellent ouvrage intitulé *Nouveaux élémens de thérapeutique*, cite le fait suivant : Une dame eut le malheur d'avaler une sangsue. Elle tomba bientôt dans un état déplorable ; on lui fit boire quatre demi-verres d'excellent vin rouge, à un quart-d'heure de distance les uns des autres ; aussitôt les accidens se calmèrent. La quatrième dose suscita un vomissement qui fit rendre à la malade la sangsue morte et desséchée, et beaucoup de matières glaireuses, mêlées de quelques caillots d'un sang noirâtre. A ce remède on fit succéder un régime adoucissant, l'eau de gruau, etc. Dans l'espace de huit jours, la malade fut entièrement rétablie. On sait, en effet, que les sangsues, plongées dans le vin pur, ne tardent pas à perdre la vie.

Lorsqu'on fait usage des sangsues, on frotte la partie sur laquelle on veut les poser avec un peu de lait ou d'eau sucrée ; un peu de sang les attireroit mieux que toute autre chose ; dans ce dessein, on fait quelquefois à la peau une petite blessure superficielle. On détermine le nombre des sangsues suivant la quantité de sang qu'on veut obtenir. Une sangsue, d'une grandeur ordinaire, peut tirer environ une once de sang. Lorsque les sangsues sont remplies, elles tombent d'elles-mêmes. Il seroit dangereux (dit M. Alibert) de les arracher avec violence ; car les dents pourroient rester attachées à la peau, et y occasionner des blessures difficiles à guérir. Quand la foiblesse du malade oblige à les ôter, un peu de sel, mis sur le dos de ces animaux, suffit pour les faire tomber. Quand les sangsues ont abandonné la place qu'elles occupoient, on peut entretenir plus ou moins l'écoulement du sang, en dirigeant une vapeur de guimauve vers la partie affectée ; dans le cas contraire, on arrête le sang avec des éponges imprégnées de vinaigre. Le pansement des piqûres consiste à les couvrir de compresses imbibées de vinaigre, et contenues par des bandes de toile.

Traitement d'une plaie simple.

On lave à fond d'abord la plaie avec du vin ou de l'eau de sauge tiède, afin d'en enlever le sang caillé. S'il s'y trouve quelques corps étrangers, on les en ôte doucement; on distille ensuite dans la plaie un peu de baume vulnéraire, ou, à son défaut, de l'eau d'arquebusade, ou de l'eau-de-vie tiède. On rapprochera parfaitement les bords de la plaie ; on couvrira la plaie avec un plumasseau trempé dans de l'eau-de-vie, et on laissera la plaie trois jours sans la panser.

Traitement des clous, de différens abcès, du panaris, et manière de conduire un cautère.

Voici comment on traite une inflammation externe sans fièvre : on la fomente avec de l'eau plus chaude que tiède, mêlée avec un sixième d'eau-de-vie. Si les douleurs étoient fortes, on appliquera sur ces fomentations le cataplasme émollient suivant : Prenez demi-once de farine de graine de lin en poudre, et la mie d'un pain blanc de deux sous ; faites bouillir le tout avec du lait, jusqu'à la consistance de bouillie, et délayez-y un jaune d'œuf battu. Appliquez ce cataplasme chaudement, et renouvelez-le quand il se refroidira. Il faut, d'ailleurs, un régime rafraîchissant, et tenir le ventre libre. Si l'inflammation paroît devoir suppurer, on continuera ce cataplasme jusqu'à la maturité de l'abcès ; quand il sera bien mûr, on l'ouvrira s'il ne perce pas naturellement, et on le pansera avec le baume d'*Arceus*, ou avec le baume vulnéraire suivant : Prenez les feuilles récentes de plantain, de sanicle, de pervenche, de chaque trois poignées ; des sommités de mille-feuilles, quatre poignées ; fleurs blanches de lis, de millepertuis et de bonhomme, de chaque deux poignées ; mêlez le tout après l'avoir coupé menu. Mettez toutes ces plantes dans deux livres et demie d'eau-de-vie, et dans un bocal à gros goulot bien bouché. Faites infuser cette composition au soleil, sur la cendre ou au four, le plus long-temps possible. Quand on en fera usage, on passera la dose nécessaire pour être employée pure sur les plaies qui ne sont pas irritées. Mais pour peu qu'il y ait d'irritation à la plaie, on battra ce baume avec moitié d'huile d'olive.

Le *phlegmon* est une tumeur grosse comme un œuf ; on le traite comme les inflammations externes. Le *pannus* diffère du phlegmon en ce qu'il est moins gros, moins enflammé, mais plus douloureux ; il se traite de même. Le *panaris* abcède au doigt. Il faut, dès les premières atteintes, tremper le doigt constamment dans de l'eau très-chaude. Si l'on ne guérit pas, il faut appliquer un cataplasme fait avec de la graine de lin pulvérisée, cuite dans du lait. Si la suppuration n'avançoit pas, on ajouteroit au cataplasme émollient quatre oignons blancs cuits sous la cendre, et trois cuillerées de miel. Dès que la peau sera blanche dans toute l'étendue de l'abcès, on l'ouvrira à sa base, on exprimera doucement la matière, et l'on trempera, pendant un quart-d'heure, le doigt dans du vin blanc tiède, infusé sur de la sauge. On appliquera ensuite l'emplâtre de Nuremberg. On changera, matin et soir, cet appareil, jusqu'à guérison. Si les premières douleurs avoient été profondes, il y auroit lieu de craindre que la membrane qui couvre immédiatement l'os n'eût été enflammée ; dans ce cas la matière deviendroit brune et fétide : comme alors il y auroit de la carie à l'os, il ne faudroit pas différer à consulter un habile chirurgien. Le *phyma* est un petit phlegmon qui vient aux fesses, et qui est commun chez les enfans ; suivant sa situation, il peut causer une fistule ; dans ce cas, il faut aussi consulter un chirurgien.

Lorsqu'on a des clous (ou furoncles), il faut les faire suppurer. Pour accélérer la maturité, on y applique une pâte de farine de graine de lin et de miel ; quand ils ont percé, on y met l'onguent digestif suivant : Prenez térébenthine de Venise deux onces ; le jaune d'un œuf frais ; du miel, une once ; de la myrrhe et de l'aloès, de chaque un gros ; mêlez-les en onguent, qu'on appliquera tiède. Le *théréminte* est une sorte de petit clou au centre duquel est une pustule noire. Le *charbon*, ou anthrax, est une tumeur sèche et ardente qui ne suppure point. On y met un cataplasme composé d'une demi-once de farine de graine de lin, la mie d'un petit pain blanc, un jaune d'œuf, le tout dans du lait, avec une once de gomme ammoniaque en poudre, et sur le tout un sixième de thériaque. On donne des boissons qui excitent la transpiration ; quand l'escarre est tombée, on se sert d'onguent basilic.

L'*épinuctis* est une espèce de charbon ; on le traite à peu près de même.

Lorsqu'on se fait mettre un cautère au bras, il faut bien combiner sa place, qu'il ne soit ni trop en-dedans du bras, ni trop en-dehors ; ni trop haut, le bandage ne tiendroit pas ; ni trop bas. On ne le panse que toutes les vingt-quatre heures. Il faut qu'il y ait un fil fin dans le pois, afin de ne pas trop tourmenter la plaie pour le tirer. On met souvent dessus les pois des feuilles de lierre ; mais les espèces d'emplâtres rouges appelées *paradrap* valent beaucoup mieux. Il faut ne mettre des pois d'iris que tous les six jours, et journellement des pois ordinaires. Quand la plaie s'envenime, il faut y mettre de la charpie fine, c'est-à-dire râclée avec un couteau, sur une toile blanche de lessive (1).

Traitement des coups à la tête.

Se bien garder d'appliquer une pièce de métal sur la bosse causée par le coup; faire boire sur-le-champ le suc exprimé d'un citron; mettre sur la contusion une compresse trempée dans de l'eau fortement salée; assujettir la compresse par une bande, mais qui ne soit pas trop serrée; mouiller la compresse quand elle sèche; couvrir la tête moins que de coutume; éviter avec soin le soleil ou l'ardeur du feu; avoir durant la nuit la tête un peu plus haute; respirer pendant six jours de l'eau de bon ferme, soir et matin et pendant le même temps; prendre à jeun deux petites

(1) Lorsqu'on met derrière l'oreille une mouche vésicatoire, on la garde trente heures; ensuite on y met des feuilles de poirée enduites de beurre frais, pendant deux jours; après quoi on y applique sur des morceaux de toile de la pommade épispastique; on panse soir et matin. Si la plaie s'envenime, on y remet, pendant un jour ou deux, de la poirée avec du beurre. Quand on ferme le vésicatoire, on ne panse plus qu'avec cette poirée, sur laquelle, au bout de quelques jours, on ne met plus de beurre. On finit par panser avec du cérat.

tasses de vulnéraire suisse, et mettre, à jeun aussi, les jambes dans de l'eau un peu plus que tiède, et n'y rester qu'un quart-d'heure; enfin, prendre beaucoup l'air. Si le coup avoit été assez violent pour causer un grand étourdissement après la commotion, il faudroit, dans les vingt-quatre heures, se faire mettre cinq ou six sangsues au pied, et prendre une petite prise de poudre Saint-Ange tous les matins, pendant plusieurs jours.

Des coupures, écorchures, hémorragies, etc.

Lorsqu'on s'est coupé il faut laisser couler le sang, et ensuite, si c'est au doigt, mettre le doigt dans l'eau, et le laisser saigner ainsi pendant quelques secondes; ensuite, si le sang continuoit à couler avec trop de force, il faudroit saupoudrer le doigt de sucre en poudre, après cela mettre sur la coupure de la baudruche et du taffetas d'Angleterre par-dessus. Pour les piqûres d'abeilles, du miel est ce qu'il y a de mieux, car la nature a constamment placé le remède à côté du mal. Pour les piqûres des autres insectes, on peut appliquer avec succès un petit morceau de gazon fraîchement coupé. Dans les saignemens de nez très-violens, et qui deviennent alarmans, on jette au visage et sur la nuque du malade une couple de verres d'eau froide; on introduit bien avant dans la narine d'où coule le sang un tampon imbibé d'eau stiptique; si l'on ne peut atteindre le vaisseau

ouvert on injectera doucement dans la narine
de l'esprit-de-vin rectifié, ou de l'eau
stiptique.

Voici la composition de l'eau stiptique,
donnée par le docteur Herrenschwand.

Prenez demi-livre d'alun de roche en poudre; jetez sur les deux tiers une livre d'eau
bouillante; remuez le mélange sur les cendres
chaudes, jusqu'à ce que l'alun soit dissous;
ajoutez-y alors peu-à-peu le reste de l'alun,
que vous ferez dissoudre de même; versez ensuite la liqueur claire par décantation (1) dans
une bouteille, et conservez-la pour l'usage.

Voici, du même médecin, la recette d'une
émulsion calmante, dans le même cas d'une
hémorragie violente par le nez : Faites infuser
deux têtes de pavots blancs, coupées en quartiers et dépouillées de leurs graines, dans huit
onces d'eau bouillante; broyez l'infusion avec
demi-once de graine de courge ou de melon,
pour en faire une émulsion adoucie avec
demi-once de sucre, à prendre en deux fois,
à deux ou trois heures d'intervalle.

Poudre tempérante pour le même sujet.

Prenez du nitre dépuré, deux gros; des
yeux d'écrevisses saturés avec du vinaigre dis-

______

(1) *Décanter* une liqueur, c'est la verser doucement par inclinaison d'un vase dans un autre,
de manière à laisser tout le marc dans le premier
vase.

tillé, deux gros et demi ; du cinabre (1) d'antimoine préparé, un scrupule. Faites-en une poudre, dont on prendra, de deux en deux heures, vingt grains dans une cuillerée d'eau distillée de fleurs de tilleul, ou dans un verre d'eau fraîche.

Traitement des entorses, foulures, efforts, etc.

Madame Fouquet donne, pour les entorses, la recette suivante :

Prenez son de froment. . . . . demi-livre.
Eau commune. . . . . deux tiers.
Vinaigre. . . . . un tiers.

Mêlez ensemble ces drogues sur un peu de feu, jusqu'à la consistance de bouillie. Faites un cataplasme que vous appliquerez sur la partie deux fois le jour.

Pour les foulures et les efforts, il faut verser un peu d'eau-de-vie camphrée dans une eau de savon, y tremper un morceau de flanelle d'Angleterre, et l'appliquer sur le mal.

Opération de la cataracte.

La *cataracte* est l'opacité du cristallin. Le cristallin, dans son état naturel, est transparent, c'est à travers sa substance que les

(1) Cinabre ou vermillon, appelé par les chimistes *sulfure de mercure*, est le produit d'une combinaison de mercure avec le soufre, d'une couleur

rayons passent pour arriver à la *rétine* (1) ; quand il s'épaissit jusqu'à un certain point, on ne voit plus clair. Il s'agit donc d'enlever ce cristallin, qui forme alors dans l'œil un voile épais qui dérobe la clarté du jour.

Autrefois on se contentoit d'abattre le cristallin avec une aiguille ; le cristallin restoit dans l'œil, ce qui exposoit le malade à des rechutes ; maintenant on enlève le cristallin. C'est à M. Daniel, fameux oculiste, que l'on doit cette découverte, il y a environ soixante ans. Le cristallin emporté est remplacé par l'humeur vitrée, dans laquelle il est enchatonné, et qui dans la suite en fait à peu près les fonctions ; cette opération n'est point douloureuse, on peut la faire en moins d'une minute. Le malade communément voit dans le moment même de l'extraction du cristallin ; ensuite on lui bande les yeux, on le met à un régime doux et rafraîchissant (2). S'il n'arrive point d'accidens, on lui rend la lumière par degrés, et au bout de quinze jours ou trois semaines il est en pleine convalescence.

rouge. La nature présente encore le mercure combiné avec le soufre, d'une couleur grise foncée ; il prend, dans cet état, le nom d'éthiops minéral.

L'art fait aussi un cinabre, ou vermillon artificiel, qui s'emploie en peinture.

(1) La *rétine* est une partie de l'œil sur laquelle se fait l'impression des images, par le moyen des rayons de lumière qui partent de chaque point de l'objet.

(2) Il faut aussi, par ce même régime, se préparer à cette opération.

CHAPITRE XXIII.

Médecine domestique des enfans.

On a indiqué déjà le régime qui leur convient ; jamais de beurre dans les légumes et dans les sauces ; point de champignons et d'épiceries, de viande salée ; point de jus, de pâtisserie, etc. Les enfans, jusqu'à sept ans, ne doivent point manger de viande, mais on doit leur donner d'excellent bouillon, en potage et dans les légumes. Ils doivent faire quatre repas, à quatre ou cinq heures de distance les uns des autres ; ou un déjeûner, un bon dîner, un goûter, et un souper léger ; ou deux déjeûners, un dîner et un souper, toujours très-léger. Les heures de ces repas doivent être invariablement réglées. Jusqu'à sept ans les enfans ne boiront point de vin. Et l'on peut assurer que par la suite les enfans auroient une constitution plus saine, plus robuste, s'ils ne buvoient jamais de vin durant tout le temps de leur éducation.

Il faut, avant tout, bien étudier et bien connoître la constitution de l'enfant ; s'il est maigre et bilieux, le fortifier doucement sans l'échauffer, ne lui point donner de laitage, etc. S'il est frais et sanguin, un régime toujours rafraîchissant, du laitage, etc. Il faut à tous les enfans du mouvement et de l'exercice, mais sans fatigue ; à chaque promenade engager les enfans à sauter et à courir, augmenter par

gradation les courses et les sauts. Le grand
art est d'accoutumer les enfans à la fatigue
sans les fatiguer ; c'est-à-dire de les ameuer
à faire sans lassitude des choses extraordinaires dans ce genre. Quand l'exercice fatigue il énerve ; il n'est salutaire, il ne fortifie
que lorsqu'il est toujours proportionné aux
forces. Il faut aussi insensiblement accoutumer les enfans à coucher sur la dure, et dans
tous les cas ils doivent au moins ne coucher
que sur des sommiers de crin, et dans des lits
sans rideaux.

Rousseau veut qu'on n'apprenne rien aux
enfans, et qu'on attende, pour commencer à
les instruire, qu'ils aient atteint l'adolescence.
A ne considérer ce système que relativement
à la santé des enfans, il ne vaut rien. Car,
puisqu'il faut les instruire un jour, il est nécessaire, dès leur première enfance, de les
accoutumer gradativement à l'application ,
afin que lorsqu'on exigera des études longues
et suivies l'élève n'en soit pas rebuté et qu'il
ne succombe pas à cette espèce de fatigue,
s'il a le courage de vouloir la supporter. Il est
très-bon, pour épargner de la peine aux enfans, et pour mettre à profit tous les momens,
de rendre, autant qu'il est possible, leurs ré-
créations instructives ; mais en les amusant,
même utilement, il faut, par les raisons qu'on
vient de dire, leur faire prendre l'habitude
de l'application sans attrait, et par un pur esprit de docilité, de devoir et de raison. En
même temps il faut toujours proportionner

ces premiers essais d'application à la foiblesse de l'enfance. Trois quarts-d'heure d'études sérieuses, à trois reprises, trois leçons chacune d'un quart-d'heure, avec de longs intervalles, suffisent depuis l'âge de cinq jusqu'à six (ı); on ajoutera ensuite une leçon de plus. De huit à neuf, l'enfant, ainsi conduit, supportera sans fatigue trois leçons d'une demi-heure, ce qui fera une heure et demie par jour, puis quatre, et toujours ainsi par gradation; mais dans aucun temps, durant son éducation, on ne le laissera assis et appliqué de suite plus d'une heure; on coupera les leçons plus longues, au bout d'une heure, par dix ou douze minutes de mouvement; il marchera, descendra un escalier; enfin, il s'agitera et reviendra ensuite reprendre sa leçon. On coupera aussi les leçons sérieuses par des exercices nécessaires que l'on saura placer dans ce dessein; la danse, et, pour les garçons, les armes, etc. Avec ces soins bien réglés, bien dirigés, on obtiendra de la jeunesse une véritable application, une étude suivie et prodigieuse, et qui ne nuira jamais à sa santé.

A sept ans on commence à donner de la viande aux enfans, mais de la viande blanche, et seulement à dîner; à huit ans on ajoute de temps en temps du bœuf et les autres viandes, à l'exception du porc.

On doit veiller le sommeil d'un enfant :

(ı) On aura commencé, dès qu'ils auront atteint l'âge de trois ans, à leur donner des petites leçons réglées à leur portée, de quelques minutes.

quand il est agité, quand son appétit diminue, quand son visage change, quand es sécrétions naturelles ne sont pas bien réglées, et deviennent ou trop rares, ou trop abondantes, il est menacé d'une maladie que l'on peut toujours prévenir quand on s'y prend à temps. Lorsqu'un enfant n'a point de vices de constitution, il doit vivre, la nature le veut; les sources et les germes de la vie sont en lui dans toute leur vigueur; l'intempérance, les veilles, les passions, n'ont pu les affoiblir encore; car je suppose qu'étant bien élevé il ne sera ni colère ni fantasque; et dans ce cas un enfant ne meurt jamais que d'une maladie épidémique (malheur qu'on ne peut souvent empêcher), et il n'a toute autre maladie que par la négligence ou par l'ignorance de ceux qui le soignent. Les enfans n'ont des maladies (non épidémiques) ou ne dépérissent que lorsqu'on n'a pas su observer les petits changemens qui surviennent dans leur santé, ou lorsqu'on les a drogués mal à propos.

Aussitôt qu'on observe la plus légère altération dans la santé d'un enfant, il faut lui retrancher un peu de nourriture, surtout la viande, le dissiper, l'égayer, sans avoir l'air de le croire malade; s'il est constipé, on le fera déjeûner avec du miel, souper avec des pruneaux : on pourra même employer les lavemens relâchans, etc. S'il a le dévoiement, on ne l'arrêtera point d'abord, on retranchera de son régime non-seulement toute viande , mais tout bouillon gras, On le nourrira avec du riz à l'eau, bien blanc, bien crevé, fait avec soin pour ne pas le dégoûter ; avec des soupes au lait d'amandes, des perches à l'eau, quelques œufs frais du jour, de la compote de coings et de poires, etc. Au bout de trois jours, s'il n'y a point d'accident, on lui donnera pour boisson, à ses repas, de l'eau de riz légère, et à son déjeûner du sirop de gomme, un bon verre un peu fort de sirop dans lequel il trempera du pain. Son dévoiement bien passé, on lui fera prendre le matin à jeun un petit verre d'eau de rhubarbe ; il en boira à dîner pendant quelques jours. Si l'appétit revient et l'état parfait de santé, on en restera là. Si la langue continuoit à être chargée, on le purgeroit bien doucement.

Lorsque, sans dévoiement, l'enfant mange moins et ne paroît pas être dans son état naturel, il faut le mettre au régime, et lui faire prendre pendant six ou sept jours, le matin à jeun, deux tasses d'infusion de chicorée sauvage ; on mettra entre ces deux boissons l'intervalle d'un bon quart-d'heure, et l'on versera dans chaque tasse plusieurs gouttes de jus de citron. Cette boisson est d'un excellent usage pour les enfans et pour les adultes ; elle peut épargner beaucoup de purgations, qui, sans ce lavage, seroient souvent nécessaires. On peut l'employer aussi comme préparation à une médecine jugée indispensable.

En été, on donnera tous les jours aux

enfans de bons fruits fondans, et surtout bien mûrs, à déjeûner seulement, et très-rarement des fruits crus à leurs autres repas. On ne leur donnera point de bigarreaux, mais des cerises et du raisin parfaitement mûrs, presque à discrétion le matin ; les autres fruits fondans avec mesure. Dans le temps des fruits, on retranchera, non le bon bouillon, mais presque entièrement la viande ; durant le temps des fruits acides, les cerises et les groseilles : on évitera de leur donner du laitage ; et dans tous les temps on aura l'attention de soustraire, autant qu'il est possible, la graisse de leurs alimens ; que leur bouillon soit parfaitement dégraissé ; qu'on ne leur serve point de viande chargée de graisse ; qu'ils ne mangent jamais de moelle, etc. ; mais qu'on les accoutume à se contenter, en général, des mets les plus simples, des pommes-de-terre cuites à l'eau, sans autre assaisonnement que du sel, ainsi que les asperges et les artichauts.

On leur donnera, à l'huile et au vinaigre, des fèves, des lentilles, des haricots verts, des choux cuits dans du bouillon : tous ces alimens, un peu lourds, formeront leur principale nourriture, mais on ne les leur donnera qu'à dîner seulement.

On doit préserver les enfans de toute humidité, surtout aux pieds ; leur couvrir un peu la tête pendant la nuit durant l'hiver, la laisser nue l'été ; autant qu'il est possible, éviter de les faire suer avec excès ; éviter avec soin les transpirations arrêtées. Pendant l'hiver, quand ils sortent (et ils doivent sortir tous les jours, quand il n'y a ni pluie ni brouillard épais), leur bien couvrir les bras, la poitrine et l'estomac.

Une chose essentielle est de bien aérer leurs chambres dans toutes les saisons ; que les fenêtres en soient ouvertes, pour peu que le temps le permette. Les enfans doivent aussi dormir tant qu'ils veulent, et se coucher de très-bonne heure, afin de se lever de grand matin, surtout en été ; car rien ne leur est plus salutaire que de respirer l'air du matin.

Les enfans demandent des soins particuliers à l'approche et au commencement du printemps et de l'automne : c'est alors que les rougeoles, les fièvres rouges et d'autres maladies de la peau sont communément épidémiques ; et comme elles sont presque toujours inflammatoires, il faut rafraîchir les enfans. S'il y a épidémie, changer d'air, quand on le peut ; sinon ne jamais conduire les enfans dans des lieux d'assemblées, ni même dans les églises ; redoubler de propreté, leur laver les mains et le visage plusieurs fois par jour, et leur mettre aussi les pieds dans l'eau le matin à jeun, mais seulement dix ou douze minutes.

Enfin, dans les temps d'épidémie surtout, il faut bien s'assurer que les enfans n'aient point de vers, parce que les vers, joints à une maladie, peuvent causer des accidens mortels. Ainsi, on leur fera prendre de la mousse de Corse; remède pour les vers un peu passé de mode , mais qui est excellent (1).

Enfin , il faut avec soin entretenir la gaîté chez les enfans ; le rire bien franc et bien naturel vaut mieux pour eux que tous les médicamens du monde.

A l'égard des soins relatifs aux dents des enfans , j'en parlerai à l'article général *Conservation des dents*.

Je terminerai ce chapitre par un conseil bien gothique , mais dont une longue expérience m'a prouvé la bonté : c'est de faire porter aux enfans des deux sexes , jusqu'à l'âge de neuf ou dix ans , des corps baleinés, longs de taille , très-larges de la poitrine, et fort légèrement baleinés par-devant, contenant le ventre , sans le gêner ; baleinés plus fortement par-derrière vers le haut des épaules , afin de rétrécir doucement ce qu'on appelle par-derrière *la carrure*, et par conséquent d'ouvrir la poitrine. Les corps baleinés, comme on les portoit jadis, étoient à la fois défectueux et malsains ; ils serroient ridiculement le bas de la taille, comprimoient douloureusement le ventre , etc. ; cependant ils avoient l'avantage , en rétrécissant les épau-

(1) Un autre remède passé de mode est la poudre de Carignan, pour les convulsions des petits enfans ; j'en ai vu de véritables miracles. On en trouve encore chez tous les pharmaciens, avec un imprimé qui indique la manière dont on doit s'en servir.

les, de donner beaucoup plus de largeur à la poitrine, et de mettre les poumons plus à l'aise. J'ai eu entre les mains un enfant, fils et petit-fils de parens poitrinaires, et qui, à cinq ans, annonçoit déjà, par la conformation étroite de sa poitrine, le germe de cette maladie : je lui fis porter sous ses gilets des corps baleinés, tels que je viens de les proposer ; je lui en donnois de neufs tous les trois mois, en rétrécissant imperceptiblement l'entre-deux des épaules ; je parvins ainsi à donner à sa poitrine une extrême largeur, et il n'a jamais eu la moindre atteinte du mal, dont il avoit certainement apporté le germe en naissant ; ce qui m'a prouvé que ce mal est beaucoup plus dans la conformation que dans la disposition des humeurs. On peut attacher aux corps baleinés des aiguillettes et des jarretières, qui dispenseroient les garçons de se servir de bretelles, et de jarretières en ligatures attachées au-dessus du genou, deux choses très-pernicieuses ; l'enfant habillé ainsi, avec un gilet et un pantalon à la mode, n'aura pas l'air d'avoir un corps, et aura beaucoup meilleure grâce que les enfans vêtus comme on les habille ordinairement, car ils ont tous le dos rond, et la poitrine étroite et renfoncée. Les corps baleinés rendent les chutes des enfans beaucoup moins dangereuses ; ils contribuent aussi à leur former des estomacs plus vigoureux, parce qu'avec cette cuirasse, quelque légère qu'elle soit, ils ne peuvent, ni en lisant ni en travaillant, se ployer en deux, chose si contraire à la digestion ; enfin, leur taille, par la suite, est plus droite et plus régulière. Mais, je le répète, il faut que ces corps ne leur fassent pas éprouver la plus petite gêne.

FIN DU SECOND VOLUME.

TABLE

DES CHAPITRES

CONTENUS DANS LE SECOND VOLUME.

FIN DE LA TABLE DES CHAPITRES DU SECOND VOLUME.